K・ラウスティアラ／C・スプリグマン

パクリ経済

コピーはイノベーションを刺激する

山形浩生・森本正史 共訳
山田奨治 解題

みすず書房

THE KNOCKOFF ECONOMY

How Imitation Sparks Innovation

by

Kal Raustiala
Christopher Sprigman

First published by Oxford University Press, 2012

ララ、クラーク、ウィレム、
そしてアン、アリン、イアインへ

パクリ経済▒目次

はじめに　7

第1章　コピー商品とファッションの虜たち　29

第2章　料理、コピー、創造性　85

はじめに

毎年春になると、世界中の何百万人という視聴者が、アカデミー賞授賞式の中継にチャンネルを合わせる。オスカーは、表向きにはその年の最も優れた映画を表彰することになっている。でも実のところ多くの人にとって、オスカーはファッションの祭典だ。高価なデザイナー・ドレスを身にまとったハリウッド・スターが、レッドカーペットでポーズを決めるのをひと目見ようと、ファンやパパラッチたちがロープから身を乗り出す。テレビカメラも集結して、レッドカーペット・ファッションショー(そして必ずある場違いなファッション)を世界中に中継する。こうして映画界とファッション界の両方のキャリアが築かれては崩れる。

同じように、ファヴィアナのデザイナーたちも何年にもわたりオスカー中継を見守ってきた——眼を見開いて。ファヴィアナはニューヨーク7番街に本社を置くアパレル会社だ。ファヴィアナのウェブサイトには、「スターのような装い」というリンクがある。[1] このリンクをたどると、テレビ、映画、そして最も重要なオスカーのような授賞式で女優たちが着ていたものを、そのままコピーしたドレス・コレクションにつながる。実はそのドレスを区別するのに使われているのは、アンジェリーナ・ジョリー、サラ・ジェシカ・パーカーらスターが、オリジナルのドレスを着た写真なのだ。

ファヴィアナのビジネスのなかでこれらのコピー商品は重要な位置を占めている。これはそのウェブサイトで明言されている。「過去7年間、わが社の「デザインの魔術師たち」は、ハリウッドで最もグラマラスなスターたちのレッドカーペットでの装いに、解釈を加えてきました」。そしてこの会社は、それがレッドカーペットの装いの「解釈」以上のもの、すなわちコピーであることを隠そうとしていない。それどころかファヴィアナはこの事実を平気で宣伝する。どんな授賞式でもそのテレビ放送の10分後には、ファヴィアナのデザインチームは最新の「セレブそっくりのドレスに着手している」とCEOのオミッド・モラディはインタビューで誇らしげに語っているのだ*。

ファヴィアナの製品の値段は200ドルから500ドル——安くはないが、それらが真似た何千ドルもするデザイナー製品に比べればずっと安い。このような価格ではファヴィアナの「デザインの魔術師」の腕をもってしても、高価な素材やオリジナルの多くが持つ職人技までは再現できない。だがそもそも本物を買えない女性にとって、そんなことは問題ではない。彼女たちにとって安い複製品でもないよりはましだ。コピーとキャッチフレーズ作りに秀でたこの会社は、自社製品を「倹約型ゴージャス」と呼んでいる。

ファヴィアナ（あるいはABS、プロムガール、その他の多くの類似ブランド）のような企業の存在は、創造性とコピーの関係についての興味深い問題を提起している。ほとんどのクリエイティブ産業で、コピーは違法だ。ソファーに座ってネットフリックスの最新作を見るとき、誰でも次のような警告を見たことがあるはずだ。映画などの創作物を「複製」、あるいはコピーするのは違法行為だ。著作権法《コピーライト》——もっと一般的には知的財産法——は、コピーを防止するために存在し、その根幹には自由なコピーは最終的にクリエイティブ産業を壊滅させるという考えがある。クリエーターの努力の成果を他人が簡単にコピーしていいなら、誰もわざわざ最初に新しいものを創作しようとしなくなるというわけだ。ではなぜファヴィアナのような企業による、他人がデザインしたドレスのあからさまなコピーがまかり通るのか？　そしてもっと重要な問題として、なぜこのようなコピーが蔓延しているのに、ファッション産業は壊滅していないのだろう？

驚いたことに、ファッション・デザインは著作権法で保護されていない。ファヴィアナが行っていることは完全に合法――そして実によくあることなのだ。[2]ファッション・ブランドの商標は厳しく保護されている。グッチやマーク・ジェイコブズといったブランド名のコピーは違法で、コピーした者は高給取りの弁護士からすぐに訴えられることになる。でもその根底にある服のデザインは、好きにコピーしてかまわない。ファッション業界の企業は、高級ブランドから安物まで他のデザインをコピーしている。単に既存のデザインからインスピレーションを得たり、「参考」にしたりするだけの場合もある。あからさまなコピーもある。でもこれらすべてのコピーが、自由かつ合法とされている。

しかし、頼もしいくらい分厚い『ヴォーグ』9月号にざっと目を通せばわかる通り、ファッションの創造性は終わってなどいない。新しい服飾デザインは、目もくらむようなスピードで日々進歩し続けている。実際アメリカのファッション産業は空前の創造性を見せている。あれだけコピーがあっても、ファッション産業は死に絶えはしなかった。実は、コピーがあってもファッションは生き残ってきたとい

＊　ファヴィアナやその同業者のコピーが、映画スターに留まらないことを知っても誰も驚かないだろう。ケイト・ミドルトンのロイヤル・ウエディング・ドレスだけでなく、妹のピッパ・ミドルトンのブライドメイド・ドレスの詳細なコピーでさえ買える。

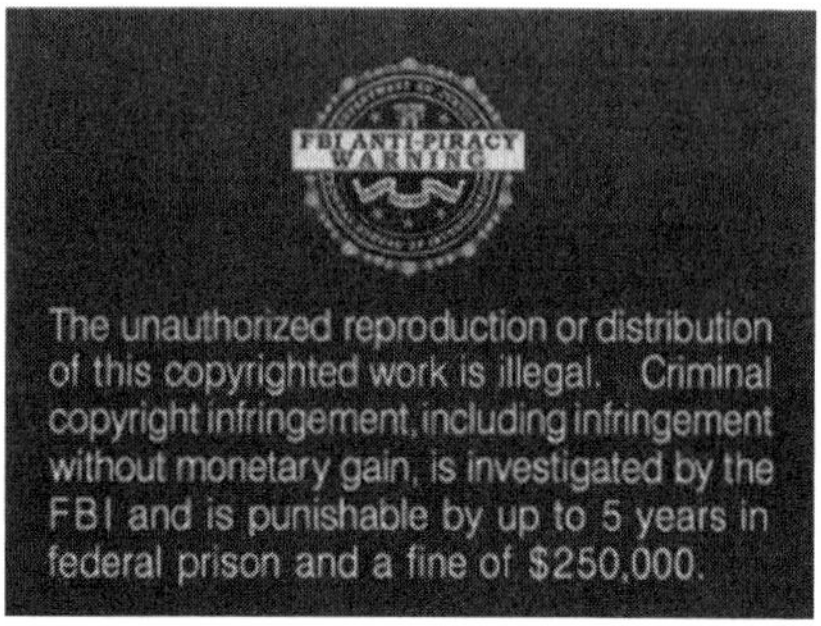

図 I-1 FBI著作権侵害防止警告——この著作物を複製、あるいは頒布することは違法である。金銭的利益を伴わない侵害行為を含む、犯罪的著作権侵害はFBIの捜査対象となり、連邦刑務所で最高5年の懲役と25万ドルの罰金によって罰せられる。

うだけではない。コピーのおかげで栄えてきたのだ。この本では、その理由を検討しよう。そしてファッション、アメフト、料理、金融、そして他あまりなじみのない産業の主役たちの物語が、コピーがこれまでになく安価かつ容易になった世界でのイノベーションの未来について、何を教えてくれるのかも示そう。

イノベーションは現代経済の中核だ。そして多くの人が、「知的財産権」——なかでも著作権と特許権——という御旗の下に分類されるコピーに関するルールこそ、イノベーション維持の基本だと信じている。* 知的財産、あるいは省略して知財と呼ばれるものの力への信仰は、インターネット、コンピュータ、いや電球の出現以前から存在する。またそれは合衆国憲法起草者たちの重要な懸案事項でもあった。合衆国憲法は、「科学と有益な技芸の進歩を推し進める」ための手段として、連邦議会が特許権と著作権を「限られた期間」付与する権限を明確に認めている。

もちろん私たちのような市場経済は、物とサービスの価格を低く抑え、品質を向上させるために、競争に依存している。そして多くの競争にはコピーが関係している（ピンクベリーを考えてみればわかる。その成功は、キウイベリー、ヨーグルトランド、その他幾多のトッピング可能なタルトとフローズンヨーグルトを売りにした独自の各種店舗を生み出した）。ではなぜ私たちはコピーを禁止するのだろう。禁止すれば競争が抑制されてしまうのに?[3]　合衆国憲法が謳うように、イノベーションをコピーから護るのは、イノベーションがよい結果をもたらすからで、そもそも最初にイノベーションが生まれるためには、コピーの制限は欠かせないと思われているからだ。

これらの制限に、重要な道徳的側面もあると信じている者もいる。他人の成果をコピーするのは不正であり、盗みと同じだというわけだ。合衆国憲法の起草者たちは、おおむね違う見方をしていた。[4]　よく知られているようにトマス・ジェファーソンは次のように書いている。アイデアはテーブルやテレビと同じではないと。

もしも自然が独占財産のなかでその他あらゆるものよりも、影響をこうむりにくいものを一つでも創りあげているとしたら、それはアイデアと呼ばれる、考える力による作用だ。またその特異な性質は、他のみんながそのすべてを所有するがゆえに、誰もが同じように所有するところにある。私からアイデアを授かる者は、私のアイデアを減らすことなくその方法を教わる。ちょうどそれは、私のろうそくから自分のろうそくに火を灯す者は、私のほうを暗くすることなく火を授かることができるのと同じだ。[5]

つまり私たちがあなたの車を取ったら、車はこっちの手元にあってあなたの手元にはない。でもアイデアをコピーしても、それを作った人からは何も奪わない。作った人はまだそれを持っているし、コピ

＊　この本で知的財産権と言う時、基本的には特許権と著作権――イノベーションのインセンティブ提供に焦点を絞った二つの知財形態――を指す。商標法には、消費者が何かを買う時にそれが間違いなく買いたいと思っているものであることを保証するという別の狙いがある。商標についてはまた後で詳しく述べる。

ーしたほうもそれを持つ。だからアイデアのコピーは、車のような普通の有形財産の盗みに比べて、道徳的に曖昧となる。

つまりアメリカ法制度がコピーを規制する第一の理由は、道徳的ではなく現実的な問題のせいだ。本、歌、映画などを保護する著作権と、薬、機械、ビジネス手法に関する有益な発明を保護する特許権は、イノベーション誕生にコピーの制限は欠かせないという考えに基づいている。イノベーションには、誰がそれをコピーしてよいかを——自分自身がコピーを作るか、他人にライセンスを売ることで——生み出した人がコントロールできる取り決めが必要だ。つまり創作者にはコピーを作る権利の独占権が必要だということだ。この本では、これをイノベーション**独占理論**と呼ぶ。(6)

なぜ創作者に創作物に対する独占権が必要だと考えるのか？　イノベーションの多くは考案は難しいが、コピーは簡単だ。独占理論によると、もしもコピーが許されるなら、模倣者が——創作に必要なコストを負担しなくてすむため多くの場合ずっと安価に——オリジネーターの成果を複製するため、新しいイノベーションと創作への投資は妨げられる。ジェファーソンの言葉で言えば、みんながこちらの炎でろうそくの火を灯すなら、わざわざ最初に自分のろうそくに火をつけようとはしなくなるだろうということだ。

コピーは創造性の息の根を止めてしまうという主張は、直観的にわかりやすい。他人が好きに真似していいなら、誰がわざわざ新しいものを創り出そうとするだろう？　この考えの支持者たちは、創造性の泉を絶やさないために、強力な特許、著作権法が欠かせないのは自明のことで、保護は手厚ければ手厚いほどよいと思い込む傾向にある。

これが１７９０年にアメリカ著作権法が定めた28年という保護期間が、現在では１００年以上にまで延長されている理由の一つだ。また特許の範囲が、綿織機や薬品といったものから、ビジネス手法――例えばオンライン小売業のアマゾンが持つワンクリック購入についての特許権――といった、人によっては馬鹿げたことだと思うところまで広げられた理由の一つでもある[7]（よほどおめでたい人でない限り、このような適用範囲拡大のもう一つの理由――イノベーション支配には多額の金がからんでいるので、関連する権利を持つ人には権利を可能な限り強くするよう推し進めるインセンティブが大量にある――を無視したりはしないだろう）。独占権拡大の理由は単純だ。知的財産が増えれば増えるほど、保護範囲も拡大し、それによってさらなる創作が生まれる。あるいはそう思われているからだ。

この本では、イノベーションとイミテーションに関する世間一般の通念に異議を申し立てる。そして、そのやりかたも新しい方法を採る。これらの問題に関する議論の多くは、音楽業界（著作権）、製薬業界（特許権）など、コピー禁止の厳しい規則を支持する者が大半を占める既存産業を中心に語られてきた。私たちはむしろ、著作権や特許権が適用されない、あるいは利用されないファッション、データベース、コメディといった様々な産業や芸術を検証する。すなわち、コピーが制限されない状況では、何が起こるだろうか？

ふたを開けてみると、これらの産業では他人が自由にコピーできても、驚くくらい創造性が繁栄している。これから、必ずしもコピーで創造性が葬られたり損なわれたりしない産業群を検討する。実はいくつかの産業では、コピーがイノベーションを促進している――この効果を私たちは「著作権侵害のパラドックス」と呼ぶ。また社会規範によってオリジネーターの利益が護られ、イノベーションが順調に進んでいる産業もあった。模倣を避けるため、イノベーターがコピーしにくい形で創作物を構築せざるを得なくなる場合もある。詳細は様々だが、これらすべての事例でコピーが殲滅ではなく変革へと導く傾向が見られた。

　私たちの主要メッセージは、楽観的なものだ。驚いたことに、創造性はしばしばコピーと共存できる。そして条件次第では、コピーが創造性の役に立つことさえあるのだ。

　これは、テクノロジーの急速な進歩によってコピーが簡単になった世界では、大きな意味を持つ。今や「デジタル・パラサイト」による無制限のコピーによって、次から次へとクリエイティブな芸術が破壊されてしまうような、文化、経済の衰退期に入りつつあると信じる者もいる。[8] 創造と情報が自由に解き放たれ、万人に提供される心のユートピアが間近に迫っていると予測する者もいる。私たちは、現実はこのどちらの考えよりもずっと複雑でずっと面白いと思っている。確かにコピーは創造を損なうこともあるし、何らかの規則は必要だ。私たちは知財権廃止論者ではない。[9] だからといってコピーの創造への影響は、独占理論が示すほど単純ではない。私たちが検証した産業を見ると、創造性は一般に信じられているよりもずっと強固で、コピーにも知られざる美徳があり、自由で簡単なコピーの隆盛は結局のところ、多くの人が信じている大破局などもたらさないことがわかるのだ。

　この本でとりあげる産業の多くは驚くほど巨大で興味深い。その仕組みと、そしてなぜそれが破綻しないかを理解するのは魅力的だ。さらにそこから、音楽や映画といったコピーの蔓延、増加に直面してますます苦労を強いられている他の産業に役立つ教訓を引き出したい。これらの知財権依存産業は、これから検討する産業とは確かに違う。[10] それでもそこには、コピーの禁止がどんな場合になぜ必要になるかについて、有益な教訓がある。イノベーションがますます経済の中心を占めつつあるのに、コピー阻止はますます難しくなっているので、この問題はますます重要になる。この新しい世界で、コピーの氾濫に直面して生き延びるに留まらず、かえって繁栄している産業を綿密に検証すれば、創造性の未来の

読者カード

みすず書房の本をご愛読いただき，まことにありがとうございます．

お求めいただいた書籍タイトル

ご購入書店は

・新刊をご案内する「パブリッシャーズ・レビュー　みすず書房の本棚」（年 4 回 3 月・6 月・9 月・12 月刊，無料）をご希望の方にお送りいたします．

（希望する／希望しない）

★ご希望の方は下の「ご住所」欄も必ず記入してください．

・「みすず書房図書目録」最新版をご希望の方にお送りいたします．

（希望する／希望しない）

★ご希望の方は下の「ご住所」欄も必ず記入してください．

・新刊・イベントなどをご案内する「みすず書房ニュースレター」（E メール配信・月 2 回）をご希望の方にお送りいたします．

（配信を希望する／希望しない）

★ご希望の方は下の「E メール」欄も必ず記入してください．

・よろしければご関心のジャンルをお知らせください．
（哲学・思想／宗教／心理／社会科学／社会ノンフィクション／
教育／歴史／文学／芸術／自然科学／医学）

（ふりがな） お名前　　　　　　　　様	〒
ご住所　　　都・道・府・県　　　市・区・郡	
電話　　（　　　　）	
E メール	

ご記入いただいた個人情報は正当な目的のためにのみ使用いたします．

ありがとうございました．みすず書房ウェブサイト http://www.msz.co.jp では刊行書の詳細な書誌とともに，新刊，近刊，復刊，イベントなどさまざまなご案内を掲載しています．ご注文・問い合わせにもぜひご利用ください．

郵便はがき

113-8790

料金受取人払郵便

本郷局承認

7914

差出有効期間
平成28年9月
1日まで

東京都文京区
本郷5丁目32番21号

505

みすず書房営業部
行

通信欄

（ご意見・ご感想などお寄せください．小社ウェブサイトでご紹介させていただく場合がございます．あらかじめご了承ください．）

明暗を見極めるのに役立つはずだ。私たちは、これから説明するいくつかの理由から、未来は多くの人が思っているよりもずっと明るいと考えている。

これからの章で検討する産業や物語の例を、まずここでいくつか挙げよう。

料理

ある夜、マーク・マンゲラはロサンゼルスで義理の妹と歩いて帰宅中に、ふと思いついた。メキシカンとコリアンは、ロサンゼルスのストリートで人気のある二大料理だ。この二つを一つにできないだろうか？　料理版マッシュアップが可能ではないか。トルティーヤにコリアンの骨付きカルビという組み合わせはどうだろう……。

こうして今や有名な「コリアン・タコス」が生まれた。ロサンゼルスで人気の二つの料理――ともに冷たいビールと楽しい時間との相性が抜群――を一つの美味しい料理に結実させるというコンセプトだ。ひと月ほどのあいだに、マンゲラは友人であり非常に洗練されたシェフでもあるロイ・チョイとチームを組んだ。チョイはアイデアを取り入れて、メニューを作った。そして共同でコリアン・タコスの移動トラック販売事業を始め、朝鮮語で肉を意味する言葉にかけて、「コギ」と名づけた。

ロサンゼルスでは、移動式トラック屋台はよく目にする。でも昔から、屋台は建設労働者と移民地域の住民向けにメキシコ料理を売るものに限られていた。コギが目をつけたのは、タコスのトラックというアイデアを取り入れながら、それにひねりを加えることだった。それはタコスと韓国式焼肉をミックスした料理面でのひらめきであると同時に、高所得者にも活気あふれる屋台を経験してもらうという、まったく新しい購買層向けのマーケティング上のひらめきでもあった。

とはいえコギのマッシュアップ料理がすぐにヒットしたわけではなかった。トラックを人通りの多いウェストハリウッドに駐車して商売したが、最初タコスは無料でも売れなかった。しかし、マンゲラとチョイは挫けることなく、すれっからしのロサンゼルスっ子の注意を惹きつけるべくいくつかの革新的戦略を試みた。日中はトラックをオフィス近辺の公園に停め、夕方は住宅街、夜はクラブやバーの近くに停めた。マンゲラはクラブのバウンサーたちにただでサンプルを配り、それを気に入ったバウンサーたちは、ロープに沿って並んで入場を待つ人々に噂を広めた。またマンゲラはロサンゼルス地域のフード・ブロガーたちと連絡をとり、ブログで称賛してもらった。新技術に詳しいマンゲラの義姉アリス・シンもコギを助けた。彼女はツイッターを駆使して、屋台が今どこにいるか常にフォロワーに伝えた。しかしなによりも彼らが成功した理由は、すでにロサンゼルスに何十年も前から根付いていた二つのすばらしい味をミックスしただけに留まらず、格式ばった伝統的レストランを始めるかわりに、庶民向け屋台を「高所得者層」に広めたコギの創造性にあった。

その後の展開はもはや食の歴史に残る話だ。２０１０年、ロイ・チョイは『フード&レストラン』誌のシェフ・ベスト10に選ばれ、今ではグルメな屋台が、ロサンゼルス、そしてアメリカの主要都市に何百店もあり、バナナプディングからスシまであらゆる食物を提供している。当然、コギのタコスのコピーもたくさんある。メキシコ料理のファストフードチェーン、バハ・フレッシュも同じようなものを提供し始めた。

イノベーションという観点から見ると、料理はファッションとよく似ている。レシピは著作権で保護されていないので、誰でも他人のレシピをコピーできる。本物の料理——レストランでオーダーした

「ちゃんとした食物」——も自由にコピーしてかまわない。とろりチョコレートケーキや、ピリ辛ツナ盛りライスパフを食べた誰もが知っているように、イノベーティブな人気メニューはレストランからレストランへと広まる。つまり、シェフによるすべての創造的行為は——著作権法でかろうじて保護されている、メニューに加える簡単な説明を除いて——他のシェフがコピーしても問題ないのだ。

著作権の目的は、コピーを阻止することで創造性を推進することにある。もし誰でも真似してよいなら、イノベーションを生み出す人はいなくなるはずだ。この考えに従えば、世の中には創造性に欠ける昔ながらの食物しかなくなってしまうはずだ。なぜなら食産業では、コピーは簡単で合法だからだ。すなわち、コリアン・タコスは生まれなかったはずだ。

しかし現実は違う。それどころか料理は今や黄金期にある。アメリカのレストランでは、毎年何千という新しい料理が生み出されている。今日のアメリカの料理の質と多様性はとても高く、これまでにない高みに達している。いわゆるモレキュラー・ガストロノミー（分子料理法）、あるいはモダニスト・キュイジーヌと呼ばれる動向は多種多様な（そしてしばしば奇抜な）イノベーションを生み出し、それは世界各地のより保守的なレストランにまで広まった。しかしそれは、アメリカ各都市の多くの「産地直送」レストランのシェフのアイデアについても同じだ。『トップ・シェフ』や『アイアン・シェフ』といったテレビ番組では、出場者が何の予告も準備期間もないまま、ありえないような材料の組み合わせに挑んでいる。つまり、私たちの現代食文化は単に創造性を示すだけでなく、創造性をますます崇拝するようになってきたのだ——そして私たちの多くがその事実を崇拝している。では、なぜシェフたちは他人にコピーされるとわかっていても、創造性を発揮しようとするのだろう？

コメディアン

ルイスC.K.は「コメディアン好みのコメディアン」だ——これはつまり、コメディアン仲間には尊敬されていても、世間的にはあまり有名ではないというのをぼかした言い方だ。でも、特にテレビの新番組『ルイ』で主演し始めたおかげで、ここ数年はそんな状況も変わりつつある。番組は好評で、彼の名は視聴者に知られ始めている。

一方、デイン・クックはスタンダップ・コメディ界のスーパースターだ。彼が録音した5枚のコメディ・アルバムはベストセラーになり、映画出演も増え、『サタデー・ナイト・ライブ』のホストも二度務めた。2007年、クックはマジソン・スクエアー・ガーデンで一晩二度の公演を行ったがチケットはすべて売り切れた。デイン・クックはスタンダップ・コメディのとても長い歴史のなかでも、一番の大物だ。しかし、彼はライバルのスタンダップ・コメディアンたちからはあまり好かれていない。嫌悪感のいくらかは単なる嫉妬によるものかもしれない。しかしクックのコメディアンとしての信頼性にも理由がある。クックにはジョークを盗んでいるという評判がつきまとっている。最も根強くて絶えない主張は、クックの2005年のアルバム『仕返し』で使われた三つのジョークにまつわるもので、それはルイスC.K.の2001年の『ライブ・イン・ヒューストン』のジョークと驚くほど似ているのだ。*

これまでルイスC.K.がクックの盗作疑惑に対して、公式に発言したことはない。しかし他のコメディアンやコメディ・ファンは黙ってはいなかった。ここ6年ほどのあいだで、クックのコピー癖、そしてとりわけルイスC.K.に関するものについては、コメディに関するブログで詳細に伝えられ、2007年には『レーダー』誌の記事にもなった。そしてほとんどが匿名の投稿者によるものだが、ユーチューブにはクックが他のたくさんのコメディアンのネタを真似ていることを糾弾したビデオも多い。こうした糾弾でクックは明らかに不機嫌になった。コメディアンのマーク・マロンと2010年に行った対談で、悩んでいる様子のクックは、自分は「ルイスC.K.から何も盗んでいない」と強調した。「どうしたらみんなに事実をわかってもらえるのかな?」クックは続けた。「これまで人から盗んだことなんかない。[…]俺は泥棒じゃない」。

そして、マーク・マロンとの対談の2カ月後、ルイスC.K.とデイン・クックの争いは面白い展開をみせた。クックがある日『ルイ』に当人役で出演したのだ。番組のなかでルイは、娘を誕生日にレディー・ガガのコンサートに連れて行こうと考える。彼はチケットを入手しようとして、ガガとプロモーターが同じクックに連絡をとる。二人のコメディアンはクックの楽屋で会い、直接話すことになる。最初クックは驚いて、ルイが頼み事をしてきたことに腹を立てる。それでもクックはチケットを入手してあげようと言う――ただし条件が一つ。クックは言う。「ユーチューブでみんなに僕が君のネタを盗んでいないと言ってくれるだけでいいんだ」。

ルイはこれには直接答えない。自分はクックを非難したことなどはないと応える。クックはやり返して、ルイがしたことは同じくらいひどいと述べた。ルイはみんなが非難するに任せ、それを否定しようとしなかったと。そしてクックは自分がどのくらいひどく傷ついたか語り始める。

＊　ジョークの一つは親が子供につける変な名前にまつわるもの。二つめはパニックになった時、人が口がきけなくなってしまうことについて。三つめはおしりが痒い時の苦労話だった。

いいかい？　いま君がこの部屋にいてくれて、僕は興奮してるんだ。だって僕はこの時を4年も待ち望んでいたんだから……。

２００６年は人生最高の年だった。二つのコメディ・アルバムがプラチナ・ディスクになった——これまでにないことだ。ＨＢＯで特別番組も持った。［…］２００６年、これは自分にとって大成功の1年になるはずだった。そして僕は謳歌したよ、ルイ、2カ月ほどね。でも2カ月が過ぎたら、すべてが最悪になったんだよ。だって、僕についての記事がすべて、僕が君からジョーク盗んだ話ばかりになったんだからね。僕はそんなことしてないのに。

「俺は君が、ある意味で盗んだと思っているよ」とルイスは反論する。そして自分がこの事についてどう思っているか話し始める。

たぶん君も、俺があのジョークを話すところを見て「アレを使ってやろう」と言ったわけじゃないとは思う。君がそんなに馬鹿で悪人であるわけがないからね。［…］君は俺があのジョークを話すところを見た——見たことがあるのはわかってるよ——そしてそのジョークが頭に入っちゃったんだろう。君がそれを拝借するつもりだったとは思わないけど、でも絶対拝借しないとも思わなかっただろう。だから君が多くの人々から嫌われても、別段君を助ける必要があるとはこれっぽっちも思わなかった。

衝撃を受けたクックは、再びルイに自分に罪はないと公言してほしいと頼む。ルイはこれに対して、クックにたとえ悪気はなかったとしても、ジョークを無断で使ったことを認めるつもりがあるかどうか訊ねる。最終的にクックが折れて、ルイにチケットを用意すると約束した。何も解決してはいないが、2人のコメディアンはそれぞれ自分の意見を言う機会を得た。

あるレベルでは、ルイスC.K.とデイン・クックは単にテレビ番組で役を演じているだけだ。しかし彼らが言い争っているのは現実の出来事についてであって、テレビの画面上での対立は、コメディアンたちの現実世界での行動についても重要な意味を持っている。コメディアンはライバルが自分のジョークを使っていると確信しても、著作権違反で訴えたりはしない。著作権法は法的にはジョークも保護している。しかし著作権が保護しているのは、ジョークに内在する面白いアイデアではなく、ジョークの特定の表現方法のほうで、言いかたを変えてジョークを語れば法は簡単に迂回できる。これは事実上、著作権がコメディアンの作品を保護していないということだ。

だからといって、コメディアンが新しいジョークを作らなくなってしまうわけではない。それどころか成功した芸人の多くは、過去の人気ネタの焼き直しではない、新しいネタを量産し続けている。基本的に、コメディアンには著作権がないからといって、それで新しいジョークの発案が激減したりマンネリ化したりなどしていない。それどころかコメディは、コメディクラブやバー、多くのお笑い芸人を取り上げるケーブルテレビのコメディ専門チャンネル、コメディセントラルの人気からもわかる通り、空前の活況を見せている。コメディアンたちはいかにして法に頼ることなく創造性とコピーをうまくすりあわせているのだろう？

アメリカン・フットボール

アメフトが始まった頃、それは単にまっすぐ走る――「3ヤードと土埃」という戦法を淡々と鈍重に繰り返す――だけのスポーツだった。結果は必ずしも良いことばかりではなく、選手がたいしたプロテクターを付けなかった頃は、ときどき悲惨な事故も起きた。1905年の大学シーズンでは、18人の選手が死亡し、150人以上が重傷を負った。障害を負った選手の写真を見たセオドア・ルーズヴェルト大統領は、ゲームのルール変更を求めた。アメフト界はイノベーションによってこれに対応した。攻撃戦法にフォワードパスを取り入れたのだ。

パスはプレーヤーにとってランよりも危険が少ないと考えられたが、そんなことをしても大した差は生じないはずだと疑問視する者もいた。『ニューヨーク・タイムズ』紙の記者は「フォワードパスは効果の怪しい危険なプレーでしかなく、万策尽きた時にしか使われないものだ。これを否定できたチームはいまだかつて存在しない」と書いた。[11] しかしパスは単に人気のプレーになっただけに留まらず、多くのチームにとって、オフェンス方針の第一教義となった。パスはアメフトを永久に変えてしまった。体の大きさよりも、スピード、賢さ、そして戦術が重視されるようになった。パスによってオフェンスにそれまで予想もしなかった複雑さが加わり、それによって守備も対応策を求められた。その結果、絶えまないイノベーションの波が生まれた。そしてまったく同じように絶えまないコピーの波も生まれることになった。

「ノーハドル・オフェンス」について考えてみよう。1989年、当時のシンシナティ・ベンガルズ監督サム・ワイチは、通常はゲーム終盤に使う「ハリーアップ」オフェンスをゲームの最中ずっと使うという、とても正気の沙汰とは思えないアイデアを思いついた。この攻撃は「ノーハドル」(円陣なし)という名で知られるようになり、その名の通りの効果をあげた――ワイチ率いる小柄で鍛えられたベンガルズは、大柄で機動性に欠ける敵側ディフェンスを混乱させ疲れさせるために、円陣を組むことなく一連の規定プレーをすばやく繰り出した。この作戦は効果覿面で、対戦チームの監督たちの怒りを買うことになった。バッファロー・ビルズとのプレイオフのゲームが間近に迫った頃、ビルズの監督マーヴ・レヴィは腹立たしげに、ワイチのイノベーションはいんちきに等しいと主張した。しかし怒りはすぐに模倣にとって代わった。翌シーズンになるとレヴィ率いるビルズは、ノーハドル攻撃を真似て、4シーズン続けてスーパーボウル出場を果たした。

するとどういうことになるだろう？　アメフトではたくさんのイノベーションが見られる。しかしこれまで、ときどきゲームを一変させてきたそれらのイノベーションの著作権や特許権の取得を試みた者はいなかった。法的にそれが難しいという障害もあるが、アメリカ法は「コレオグラフ作品」について保護しているのだから、アメフト戦術に著作権を主張するのは決してありえない話ではない。特許保護は新しい有益な「システム」にも適用されるので、アメフトの新オフェンスもそういうものだと主張することはできる。同様にそれを(多少の制限はあるものの)合衆国法制下で特許取得可能な発明の一カテゴリーである、「ビジネス手法」とみなすことも可能だ。つまり、著作権法でコピーを阻止するために介入することもできたのに、そうなっていないということだ。ではアメフトの監督たちは、自分のイノベーションがライバルたちに研究され模倣されるとわかっているのに、なぜイノベーションを続けるのだろう？

ファッション、食物、アメフト、コメディはすべて創造性が花開いているのに、特許法と著作権法のいずれも存在しないか、あるいは関係のない産業だ。これから本書で示すように、似たような例はたくさんある。そうした分野を、イノベーションについての洞察を得るために分析した例はほとんどない。最も有名な例の一つが、オープンソース・ソフトウェアだ。オープンソースのそもそもの目的は、コードを「オープン」――それまでプログラマーたちが創りあげたものに対し、他人の自由なコピー、修正を認める――にすることだ。著作権法を行使して、コードのコピーや改変を妨げることは許されない。それでも創造性は花開き、リナックスやファイヤーフォックスといったオープンソース・ソフトウェアは市場で大きなシェアを持つ。オープンソースの物語については、すでに深く探求した人々がいる。とはいえ私たちも、オープンソースの全体的な取り組みが、模倣とイノベーションの融合を理解する際にどれほど重要な意味を持つかについて、最後に少しだけ言及するつもりだ。

知的財産権がイノベーションのインセンティブとして、ほとんど、あるいはまったく何の役割も果たしていない分野は他にもたくさんある。フォントは、文字通り何千という種類が存在し、毎年新しいものが数多く生み出されている、活気溢れる創造領域だ。デジタル化によってコピーはとても容易になった。それでも、デジタルテクノロジーによって新しいフォントは減るどころか、逆に加速度的に増加してきた。

金融産業――銀行、資産運用、保険――も、イノベーションが次々と生まれる豊かな土壌となっている。そこでは、利益を最大化しリスクを回避しコストを下げるための絶え間ない競争のなかで、新しい投資方法と戦略が展開されている。そのようなイノベーションのいくつかは特許化されているが、多くは――非常に有益なものの多くは――特許化されていない。その結果、金融産業のイノベーターたちは、競争相手によって頻繁にコピーされている。それでもコピーによって、イノベーションのインセンティブがひどく損なわれているようには見えない。

コンピュータ・データベース産業——コンピュータを使って情報収集し体系化する大規模な範囲の製品を提供する——もまた、知的財産権がほとんど認められないまま、膨大な新製品が生み出されている創造産業である。データベースによってはその内容はコピー可能だ——例えば、レクシスネクシスや、ダウ・ジョーンズの「ファクティバ」データベースを通じて得られる膨大な情報記事がそうだ。その他の多くの場合も、データベースの内容は——住宅価格など——基本的事実によって構成されており、アメリカ法制下では基本的事実に著作権は認められていない。ヨーロッパではこれとは対照的に、事実によって構成されたデータベースもコピー保護対象になっている。しかし驚いたことに、データベース産業は大西洋のこちら側で成長を続け、あちら側では衰退している。コピーの自由はアメリカのデータベース産業に大きなダメージを与えなかった——どちらかというと強化したようだ。

これらをはじめとする物語で語られる世界では、簡単に——そして時として容赦なく——コピーされてしまうという現実に直面しても、しっかりと創造性が発揮される。これはそれ自体として興味深いものだ。だが全体として見た場合、それらは本来知的財産権によって与えられる創造性へのインセンティブがなしにイノベーションが育まれている特殊な状況の、単なるスナップショットに留まるものではない。それらはあらゆる状況において、コピー制限がイノベーションにとって重要となるのはどんな場合でなぜなのかという、もっと広汎な問いを喚起する。*

＊　コピーを制限するルールを擁護する人々のなかで賢い人々は、こうしたルールが単に創造だけでなく流通についても規制を目指すものだと——正しく——指摘する。こうした仲介者の役割については、この先の章で言及する。

これらの問いは、今やとりわけ重要な問題でもある。イノベーションは以前にもまして現代経済成長の中心的推進力となっている。コピー制限ルールは、この経済において重要な役割を持っている。[12]それでもいくつかの理由から、あまりにコピーに対する規制が多すぎると、規制が少なすぎる場合に負けず劣らず危険が大きくなる可能性がありそうだ。知的財産権にはそれなりの代償が伴う。知的財産権は競争を制限することでクリエーターを保護するが、競争が少ないということは本、映画、音楽、薬などの価格が高くなるということだ。その施行には強制力が欠かせないが、それはたいてい高くつく。そして知的財産法は実績のある企業や産業が、新参者、新技術を押しつぶす強力な助けとなる。そうした新参者や新技術は、抑圧を受けなければ、まったく新しいビジネスや文化製品を生み出す可能性を持っているのだ。

この最後の点で強調しているように、コピーを強力に制限するとイノベーションが可能になると同時に、妨げられてしまうことがある。この本の議論の鍵の一つは、イノベーションとは漸進的、集合的で競争的なプロセスであり、そこで新しい優れたものを創造するには、既存の創造性の上に何か築く能力が欠かせないということだ。アップル社はマウスとアイコンでコンピュータ操作するアイデアをゼロックス社の研究者たちから引き継ぎ、それに工夫を加えて商品化した。ディズニーの『蒸気船ウィリー』(そしてそこに登場したミッキー・マウス)は、バスター・キートンの蒸気船ビルのリミックスの原型とも言うべきものだ。トマス・エジソンの電球は、それ以前に作られた多くの電球の要素を模倣している。シェイクスピアの『ロミオとジュリエット』はそれ以前の作家たちの真似だ(そして今度は『ウェストサイド物語』が、シェイクスピアからたっぷり借用している)。完全に新しい創造物がほとんどないなら、コピーを禁じる法律はイノベーションに拍車をかけると同時にそれを阻むことにもなる。逆に、簡単かつオープンなコピーはイノベーションを阻むと同時に促進するのだ。

確かにある特定の産業においてさえ、模倣と知的財産権の最適なさじ加減を決めるのはとても難しいし、創造経済全域でそれを考えるならなおさらだ。独占理論に具体化されている支配的な考え方では、コピーは創造性に対する深刻で致命的な脅威とされている。でもおそらくその逆も事実である。コピーに対する規制を減らすことで、実際にもっと多くのイノベーション――あるいはもっと少ないコストで同等のイノベーション――が生まれることもある（これがオープンソースの基本的考えだ）。今まで、これらの問題の説得力のある検証はほとんどないも同然だ。要するに、コピー規制のほとんどは確かな証拠ではなく、直観と机上の理論に基づいている。

私たちの主張の要点は単に次の通りだ。コピーは深刻な脅威だという広く信じられている考え方とはうらはらに、創造的産業をもっと広い視野でしっかり眺めてみると模倣がしばしばイノベーションと共存していることがわかる。もしも将来コピーが減るのではなく増えるなら――そしてこれまでのところあらゆる事実から見てそうなりそうだ――これらの産業は、イノベーションが繁栄し続ける方法を提示してくれる。

そしてこれは、ますますアイデア主導になりつつある経済の未来についての考え方を示唆している。ある例を考えてみよう。１９８０年代、映画産業は著作権法を行使して、恐ろしい新技術――ビデオデッキ――を撲滅しようとした。業界一のロビイストとして名高いジャック・ヴァレンティが、議会聴聞でこの機械をボストン絞殺魔になぞらえたことは記憶に新しい*。アメリカ人が映画やテレビ番組を家でコピーするようになってしまうという懸念に駆り立てられたこの企ては、明らかな失敗に終わった――最高裁判所は5対4でビデオデッキを容認した。もしも1票が反対にまわっていたらホームビデオ市場は消滅するところだった。ヴァレンティの予想に反して、この市場はハリウッドにとってドル箱となった。(13) その後数十年間、ビデオデッキやDVDプレーヤーは映画撮影所の金庫に、海賊版によって失った額よりもはるかに多くの金をもたらした。

この歴史が示すように、コピーに対する正しい——あるいは間違った——対策次第で、大きな経済的影響が出る。そしてビデオデッキの物語は、コピーと創造性の関係がそう単純ではないことを示している。映画産業はビデオデッキのコピー能力を恐れたが、後にコピーは映画産業を成長させ、将来の創造性を刺激することで、市場を終わらせるどころか新たな市場を生み出すことを発見したのだった。

コピーが常にこのように無害であったり、金をもたらしたりするとは限らない。コピーについてのルールは重要だし、私たちの経済、そして世界で必要不可欠な役割を果たす。でもその役割は多くの人が考えているよりも微妙だ。主要産業はコピーに直面しても生き残れるし、場合によっては栄えることもある。もしもこのパラドックスを明らかにできれば、イノベーションの未来について多くの大切な教訓を学べるだろう。

＊　ヴァレンティはそれだけに留まらなかった。彼はビデオデッキはハリウッドを終わらせてしまうと予言した。「われわれはもう市場のなかでは生きていけません、議長。一匹でもつながれていない獣がいる無許可の市場では生きていくことはできないのです。それはもはや市場ではありません。それは一種のジャングルであり、そこではこの無許可の機器が、人々が投資し、苦労して創りあげたすべての映画やテレビ番組を貪り尽くし、つまり、この産物の秩序ある流通を荒廃させてしまうのです」。

1

コピー商品とファッションの虜たち

オプラ・ウィンフリー「どうやって新しいデザインを考案し続けるんですか?」
ラルフ・ローレン「コピーです。45年間コピーし続けてきました。それで今の私があるのです」
――オプラ・ウィンフリーによるラルフ・ローレンへのインタビュー*（2011年10月24日）

* エリック・ウィルソン「OとRL――二つのモノグラムが出会う」（『ニューヨーク・タイムズ』紙、2011年10月27日）。現場にいた者によれば、少なくともローレンは冗談半分で言ったつもりだったようだが、この冗談が面白いのは、ファッション業界ではコピーが蔓延しているという認識があるからだ。そしてブロンクス出身のユダヤ系で、WASP上流階級に結び付いたファッション・デザインの再解釈によって、華々しいキャリアを築いたローレンは、冗談のなかに真実を潜ませていたのかもしれない。

２００７年、『レイト・ショウ・ウィズ・デヴィッド・レターマン』の視聴者たちは、セレブのパリス・ヒルトンが、フォリー＋コリーナ・デザインの花柄がプリントされたドレスを着ているのを見た。かつては野心的な劇作家だったダナ・フォリーは、もう何年も前からヴィンテージにインスパイアされた女性服を作り続けていた。ニューヨーク6番街のノミの市で出会ったフォリーとヴィンテージ服の再販をしていたアンナ・コリーナは、共同でビジネスを始めた。１９９９年、彼女たちはローワーイーストサイドにショップを開き、数年後にウェストハリウッドにももう1店開いた。ついに、このデザインチームは業界で人気のブランドとして頭角を現し、市場でもより広く受け入れられるようになった――『ニューヨーク・タイムズ』紙によると、２００８年に彼女たちは服とアクセサリーで２０００万ドル以上を売り上げたという。

パリス・ヒルトンの『デヴィッド・レターマン・ショウ』出演後、ファストファッション小売業のフォーエバー21が、ヒルトンが着ていたフォリー＋コリーナ・デザインのドレスに驚くほどそっくりのドレスを40ドルで売り出した(1)。オリジナルのドレスだって、ハイエンド・ファッションの基準からすれば、それほど高価ではなかった。それでもその価格はフォーエバー21のコピー製品の10倍はした。その二つがあるファッション系のウェブサイトで並べて紹介された直後、アンナ・コリーナは『ニューヨーク・ポスト』紙のインタビューを受けた。「不愉快だわ」と彼女は断言した。「私にとって一番不愉快なのは、彼らが巨大企業で、デザイナーを雇っていることよ。デザイナーの仕事はデザインすることなのに。[…] 影響やインスピレーションはよくわかるの、誰だってそうしているもの。でもこれがそのどちらでもないのは明らか。恥を知るべきだわ。彼らはデザインしているのではなく、盗んでいるのよ(2)」。

フォーエバー21の顧客の多くはフォリー＋コリーナのドレスを知らぬまま、ただ単にフォーエバー21の製品を気に入って買ったのかもしれない。オリジナルを知っていて、安価なコピーを選んだ人もいるだろう。コリーナ女史が『ポスト』紙に語ったように、「多くの人々は自分がパクリ製品を買っていることに気づいてないか、あるいはそんなことなど気にせずに、ただ安いほうを買おうとするわ。[…]どこかの街でフォーエバー21の店に入って、それを見て「あら、かわいい」と思って、そして買うのよ」。

フォーエバー21がフォリー＋コリーナをコピーした話は、何も珍しいことではない。* 毎シーズン――いや、毎日――服のデザインは服飾業界の他企業によってコピー、再解釈、そして「参考」にされている。アレン・B・シュワルツやファヴィアナといった有名アパレル企業は、人目を惹くデザインのコピーをビジネス戦略の中心に据えている。このような慣習があまりに蔓延しているため、『マリ・クレール』誌では「贅沢vs盗み」と名づけられた連載で、ある特定のデザイン（オリジナルと思われるが、そうでないこともある）の高価なバージョンと、それよりずっと安いバージョンを比較している。(3) 時には二つのバージョンの区別がほとんどつかないこともある。

ファッション界におけるコピーの横行は、アメリカ著作権法の隙間がもたらした必然的な結果だ。アメリカにおける著作権保護はファッション・デザインには適用されず、200年以上のアメリカ史を通

＊ それにもかかわらず、ダナ・フォリーとアンナ・コリーナは、ファッション・デザインのコピー撲滅のシンボル的存在となった。この試みは今のところ成功していない。フォリーは、ニューヨーク上院議員チャールズ・シューマーが提案したデザイン著作権侵害禁止法案を広めるために開いた記者会見にも同席した。後で述べるように、議会はこれまでもファッション・デザインに対応した著作権法の改正を繰り返し検討してきた。2010年12月、シューマーはこの法案をイノベーティブ・デザイン保護及び著作権侵害防止法案として練りなおして再提出した。同法案の公聴会は2011年7月に開かれたが、本書執筆時点で、法案は可決に至っていない。

じて、創造的試みを規制する法はこれまで一度も存在したことがない。すぐ後で説明するように、ブランド名やプリント柄などいくつかの要素はコピーから保護されている。しかしデザインについては、コピーは自由だ。誰でも売れているデザインをコピー、あるいは再解釈できるし、オリジナルのデザイナーはそれに関して打つ手はない。フォリー＋コリーナの件では、このローワーイーストのデザイナー2人は事件によって大きな注目を集め、リポーターやブロガーたちの支持を集めることになった。しかし法的判断は下されなかったし、フォーエバー21による自社製品のコピーも阻止できなかった。

コピー規制ルールを正当化する標準的な理由には、実務的かつはっきりとした目的がある。コピーは一から創りあげるよりも安くつくので、理屈としては、自分のアイデアが他人にコピーされるとわかっていれば、クリエーターは創造しなくなってしまう。コピーによって創造性が駆逐されないためには、コピーの規制が必要だ。自身が創ったもののコピーを作る独占権をクリエーターに認めるのは、より多くのイノベーションを生み出すという目標達成のための戦略だ。私たちはこれをイノベーションの**独占理論**と呼んでいる。

独占理論は、アンナ・コリーナ、ダナ・フォリーそしてフォーエバー21の物語にとって重要な意味を持つ。この理論は、議論の中心にある行動——創造的デザインの蔓延するコピー——が、ファッション業界に危機をもたらすと示唆する。イノベーションは簡単で手っ取り早い模倣の悪影響によって駆逐され、投資が行われなくなる。ファッション産業は経済的に（今日メインストリームの音楽産業で私たちが目にしている状況とおそらくは同じように）急落の一途をたどるはずだというわけだ。しかし現実にはまったく逆のことが起こっている。アメリカのアパレル産業は野放しのコピーに直面しても、これまで50年間で最高の好景気に沸き、創造性にも満ち溢れている。

おそらく最も目につくのは、コピーの蔓延にもかかわらず、消費者は空前の多様なデザインを享受できるという点だ。確かに、ファッション関係者の一部は、何か新しいものを考案しろというプレッシャーにデザイナーが常にさらされている今日のハイエンド・ファッション界を嘆いてみせる。(4) しかし現代世界がデザインや創造性の不足に苦しんでいるという主張には無理がある。新ブランドがたくさん存在し、服は以前よりもずっと安くなり、大手の国際ブランドとニッチな小ブランドのどちらからも同じように、次々とデザインが生まれている。

つまり、ファッション界ではコピーが当たり前になっているが、それがイノベーションのインセンティブを損ねているわけではないのだ。デザイナーがコピーによって損害を被らないということではない——もしもフォーエバー21によるパクリが存在しない世界なら、ダナ・フォリーとアンナ・コリーナはオリジナルの服をもっとたくさん売れただろう。しかし産業全体としては活況を呈している。

コピーの蔓延にもかかわらず、なぜファッション・デザイナーたちは創造し続けるのだろう？　そして、それはイノベーションの本質について、何を教えてくれるのだろう？

ファッション産業超略史

ファッション界——きらびやかな名士たち、目玉がとびでるくらい高価な服が披露されるショー、時として挑発的でほとんど着られそうにないデザイン——は、人によってはまったく馬鹿げたものに思えるかもしれない（映画『ズーランダー』をご覧なさい）。しかしこれは決して馬鹿げた世界などではない。控えめに見積もっても、アパレル産業は世界中で毎年1兆3000億ドルもの売上高をあげている(5)——

この数字は映画、ソフトウェア、本、レコード音楽産業のすべての売り上げを合わせたよりも大きい。これらすべてが多くの人が考える「ファッション」の定義と一致するわけではないが、アパレルの世界は、巨大で、豊かで、多様で、本当の意味でグローバルだ——アイコンとなるブランド、膨大な宣伝予算、統合された国際サプライチェーン、そして世界の隅々にまで広がった販売基盤を持っている。

ファッションは昔からグローバル産業だったわけではない。少なくともハイファッションの世界では、ながらくファッションとはパリと同義語だった。そこには偉大なクチュールハウスが存在し、世界中の上流階級が着こなしのお手本としてパリのデザイナーに注目していた。[6] 今日でもパリは現代ファッション・ネットワークの大きな結節点の一つであり、精巧なハンドメイド仕立てという比較的小さな市場の中心地であり続けている。

もちろん伝統的には、あらゆる服はハンドメイドされてきたし、「既製服」——基本的に今日アメリカで買われているすべての服がこれにあたる——の市場はとても小さかった。19世紀半ばのミシンの発明とともに始まった服作りの産業化が、産業そのものを完全に変えてしまった。アメリカは、伝統的な仕立て服から吊しものの既製服への移行の波の最先端にいた。実際、20世紀の初めにはアメリカは既製服界のリーダーとして認知されていた。[7] 1902年、イギリスのある服飾業界誌が「アメリカを訪れた異邦人は、この地における既製服産業の相対的重要性を印象づけられるはずだ。[…] そこまで言うのは馬鹿げたことに思えるかもしれないが、相当な量の既製服がしっかり流通している」ことに注目して、アメリカ主導の「既製服侵略」の危険性を嘆いたのは予知的だったと言えるだろう。[8]

西洋では20世紀を通じてハンドメイド服は、すっかり縮小してしまったクチュール産業とごくわずかな高級特注紳士服を除いては、原則的に絶滅してしまった。既製服の隆盛は、ヘンリー・フォードが先駆者として開発した大量生産技術と同じものをいくつか利用することで、服の価格を大きく引き下げた。でもそれだけではない。それは平均的消費者に対して出来合いの広範な選択肢が提示され、彼らの購買意欲をそそるよう仕向けられるということでもあった。このようにして、現代のファッション概念——気まぐれな消費者向けに、競いあうデザイナーたちが開発した次々と変化し続けるスタイルに沿って作られた服——は生まれた。

アメリカの服飾産業は、20世紀を通じて劇的な成長を遂げた。1911年のトライアングル・シャツウェスト社工場の大火災が示すように、20世紀初頭、ニューヨークにはすでに大きな服飾産業が存在した。第一次世界大戦の勃発で、アメリカの編集者やバイヤーが最新のデザインを見にパリへ行けなくなった。スタイルの隙間を埋めるために国民がニューヨークに注目するようになると、クレア・マッカーデルのようなアメリカ人デザイナーの人気が突如急上昇した。(9) 大恐慌のあいだ、連邦政府が悪名高いスムート・ホーリー法の一環として輸入衣料品に懲罰的な高関税を課したことで、アメリカ国内の服飾産業はさらなる成長を遂げた。(10) 第二次世界大戦までに、アメリカはファッションにおいて重要な役割を担うようになり、現代ファッション産業の多くの特徴がここに表れた。国際ブランド・グループの台頭、工場主体の多様な既製服製造、製造コスト減少に伴う価格の下落などがそうだ。*

本物の高級アパレルにとって、世紀半ばまで大きな変化はなかった。戦後早い時期は、フランスが女性ファッションのハイエンド市場で中心的役割を維持し続けた（男性ファッションについては、あいかわらずもっと北のロンドン、サヴィル・ロウやジャーミン・ストリートがメッカだった）。しかし、1950年代初

＊　この時期、服のサイズ基準も生まれた。1939年、アメリカ農務省は、基準サイズを決めるために（それぞれ59項目について）1万5000人の女性のサイズを測定した。1950年代までに基準サイズは普及した。

頭に世界経済が回復してくると、急成長を遂げる既製服ハイエンド市場の中心的役割は、パリに代わって次第にイタリアとアメリカの企業が占めるようになった。また同時に消費者が注目する対象も、テーラーやドレスメーカーからブランドへと移った。ピエール・カルダンのように早くからライセンス供与を始めた企業はこの新しい考え方に同調して、多くの異なる企業によって製造された膨大な数の商品に（当時は権威があった）カルダンの商標を一様につけて販売した。

戦後期は、アメリカのファッション産業にとって持続成長と多角化の時代だった。当時すでに名声が確立していた1818年創立のブルックス・ブラザーズのような国内ブランドに、戦後デビューした洗練された（必ずしも国内で生まれたとは限らないが）国内デザイナーたちの新しい波がすぐに加わった。1950年代のビル・ブラス、1960年代にはハルストン（ロイ・ハルストン・フローイック）、1970年代はラルフ・ローレン、ダイアン・フォン・ファステンバーグが、それぞれダイアナ・ブリーランド、グレース・ミラベラ、バロン・ニコラス・デ・ガンズバーグといったとりまきの編集者や流行仕掛け人たちとともに新しい潮流を生み出した。ニューヨークは繁栄し続ける服飾街とともに、単に製造、仕立てをするだけでなく、次第に世界の服飾デザインとブランド経営の中心となっていった。

この時期、ファッション産業の最高級品が本当の意味でグローバル化を果たした。一流ブランド品を揃えた高級ブティックが世界中に広がり、ますます移り気になった金持ち上流階級の要求に応えた。1970年代にはアラブの原油産出諸国が高級服の主な販売先になり、最高品質の既製服の猛攻によって、売り上げがふるわなくなった――そして息をのむほど値がはる――オートクチュール市場の延命を助けた。多くの主要企業にとってクチュールは客の目を惹くもの――服飾ブランドのイメージを磨きあげ、儲けのいいライセンス供与の機会を増やすもの――として機能した（そして今でもそのように機能している）が、それ自体は儲かるビジネスではなかった。実際、1993年にイヴ・サン＝ローランの名を冠した企業の買収を仕組んだジャン・フランソワ・デブレクは次のようなジョークまで言っている。「もしも（イヴ・サン＝ローランが）死んだら、クチュール・コレクションをしなくてよくなるから、もっと儲かると思う[11]」。

ファッションは1980、90年代にグローバル化と成長を続けた。グッチ、ジョルジオ・アルマーニ、ヴェルサーチ、プラダといったブランドの劇的隆盛（あるいは再生）によって、イタリアは新たな流行の中心となった。日本も、革新的デザインの源（川久保玲、三宅一生）と、一時的ではあるが世界随一の高級品市場となったことによって、重要度において第一線に並んだ。ロシアも共産主義制度崩壊後、新興勢力の金があふれる大きな市場の一つになった。そしてニューヨークはデザインの中心地として成長を続け、世界各地で行われるファッションショーのなかでも、ニューヨーク・ファッション・ウィークはますます突出した存在になった。このような成長のおかげで、毎シーズンごとに、大小あらゆる規模の多数のブランドが、何万という新しいデザインを生み出している。アルマーニ、シャネル、ルイ・ヴィトンといった、グローバル化し続けるごく一部のブランド名が、大衆の意識のなかで大きな割合を占めるようになった。しかし、これらのブランドがいくら有名になろうと、業界の総取引高に占める割合はごくわずかなものでしかない。ファッション産業は昔も今も、きわめて競争が激しいのだ。

1990年代の経済急成長はファッション、とりわけ高級既製服を買う金を持った何百万人もの新たな消費者を生み出した。『ヴォーグ』『エル』といった雑誌は、グローバル・ブランドとハイエンドでニッチな作り手を売り込む広告で厚みを増していった。またファッションは、大ヒットドラマ『セックス・アンド・ザ・シティ』に物言わぬ5人目の友人としてマノロ・ブラニクの靴が登場したことに象徴されるように、大衆の興味の対象の一つにもなった。ファッションが以前にも増して誰もが欲しがるブランドと同義語と化し、服よりもより利幅の大きいアクセサリーのブランド化が進んだ[12]（時には新車と同じくらい値のはる高級ハンドバッグの平均価格は、生産原価の10倍から12倍だ）。多くのブランドにとってクチュールが単なる客寄せの手段になったのと同様に、いくつかのブランドにとっては既製服でさえ、収益の中心というよりはどちらかというとイメージ管理の手段になり、時には赤字になっている場合さえある。

現代ファッション産業の概念——小さなアトリエではなく大工場、小さな家族経営の店ではなく大企業、（商標法の保護のもと）企業が独占するブランド——はすべて１９９０年代半ばまでに発達したものだ。このシステムでは時として多くのブランドが一つの企業の傘下に合併吸収された。それらの企業はたいていＧＦＴ（Gruppo Finanziario Tessile）、ＬＶＭＨ（Louis Vuitton-Moet Hennessy）あるいはＰＰＲ（Pinault-Printemps-Redoute）といった頭文字で呼ばれている。これらの巨大企業は、この産業内での割合は小さくても、重要かつ目を惹きやすい一画を占めている。しかし、大衆市場ではかつても今も、より小さな企業が入り乱れてＪＣペニー、ウォルマート、オールド・ネイビーなど巨大量販店向けの製造と、それらを通じた販売を競い合っている。

同時に、服飾ビジネスではもう一つ別の領域が拓けてきた。いわゆるファストファッションと呼ばれる市場だ。20世紀末までに急速に進んだ関税と輸送コストの縮小のおかげで、中国やバングラデシュなどの新しい労働力によって驚くほど低コストで服の製造が可能になった。ファストファッション小売業者はこのグローバルなサプライチェーンを活用し（同時に地元の生産者も活用し）、安価でありながらおしゃれな製品をとてもすばやく大量生産した。スペイン企業ザラは年間１万点もの新製品を出すそうだ。

イギリスに本拠地をおくトップショップは1万5000点を出すという。[13] これらいくつかの企業には長い歴史があるが——ファストファッションの寵児H&Mは1947年にスウェーデンで創業された——ザラやフォーエバー21は2000年代になって初めて世界的に頭角を現した（ザラはアメリカ最初の店舗を1989年ニューヨークで開いた）。2010年までには、ファストファッションの小売業者は驚くほど多くの領域で、すでに地位を確立していた既存ブランドを脅かすようになった。

今日のファストファッションの典型が、ロサンゼルスに本拠地を置くフォーエバー21だ。韓国移民が創業し、1980年代に当時はあまり評判の良くなかったロサンゼルスのダウンタウンに最初の店を開いたフォーエバー21は、現在では年商20億ドル近い企業となった。アンナ・コリーナとダナ・フォリーが明らかにしたように、フォーエバー21は魅力的な売れ筋のデザインをかなり正確にすばやく真似る。その真似る能力——そしてその驚くべき低価格——によって、顧客は何度も定期的に店を訪れるリピーターとなる。21歳だけが客ではない。実は21歳の子の母親たちも、流行に遅れることなく金をかけずにクローゼットを充実させようと店内を巡る。だが多くの消費者がフォーエバー21を好む一方で、デザイナーのなかには毛嫌いする者もいる。2007年秋のショーでデザイナーのアナ・スイは、「汝盗むなかれ」というメッセージとともにフォーエバー21の共同経営者たちの似顔絵を指名手配犯風にプリントしたTシャツを配った。[14]

21世紀になると、ファッションは大衆の強迫観念となった。伝統的なファッション雑誌を見ても、もはやこの業界をめぐるあれこれのごく一部しかわからない。レディー・ガガのファッション報道は、『ニューヨーク・タイムズ』紙のファッション記事（現在は1週間に2度掲載）とともに広まった。『ピープル』『USウィークリー』など多くのセレブ頼りの雑誌は、トレンドとデザイナーの記事に多くのページを割いている。「ファッショニスタ」や「サートリアリスト」といったブログが広く読まれ、その影響力はますます大きくなっている。おそらくひときわ目立つのは、ファッション・デザインの背景にある創造的プロセスに光をあてたという点で初めての試みともいえる『プロジェクト・ランウェイ』『ワット・ナット・トゥ・ウェア』『アメリカズ・ネクスト・トップ・モデル』などファッション指向のテレビ番組が人気を集め、それを何百万もの視聴者が見ていることだ。同じようなファッションとその仕事に対する興味は、『アンジップト／裸のスーパーモデル』『プラダを着た悪魔』『ファッションが教えてくれること』といった映画の成功にも表れている。

つまり20世紀初頭のアパレルは、多くが小規模でほぼ手作りで比較的高価な工芸品だったのに、それが世紀末になるとトレンドを追いかけて何か新しいものを探し求める世界中の人々のために、遠方の大規模工場で衣料を生産する多様で創造的な産業へと変容したのだ。それとは別の世界として、熟練したテーラーが仕立てる伝統的スタイルという究極にこだわった高級紳士服などの小さな世界も存在する。しかし、顧客の大半は、既製服以外の服など所有したことはない。そして他のいかなる国よりも、アメリカがこの新しいアパレル世界への道をリードしている。

今や、ファッション産業には高級品と安物が入り乱れている。H＆Mのようなブランドの極端に安い（そしてほとんど使い捨てられる）服が、トム・フォードのような天文学的価格のブランドと隣り合わせで存在する。『ヴォーグ』誌ご贔屓のロダルテが量販店「ターゲット」のためにコレクションをデザインしたように、時にはそれらのハイブリッドが生まれることもある。雑誌の最新号の見開きとお気に入りのストリートファッション・ブログを参考にしながら、これらあらゆる価格帯から探し集めるのが、常に洗練されたファッション消費者というものだ。今のアメリカのファッションに顕著な特質は、そのデザインとスタイルの目も眩むような多様性――そして魅力的なデザインがコピーされる頻度とスピード――にある。

なぜコピーが合法なのか？

人目を惹く、あるいは人気のあるファッション・デザインは昔から再発明、再解釈され、時にはあっさり盗用されてきた。コピーへの苦情の歴史は、少なくとも20世紀初頭にまでさかのぼり、おそらくそれよりもずっと古いと思われる。1920年代に、コロンビア・ビジネススクールのポール・ナイストロム教授は次のように力説している。「コピーという悪徳の蔓延は、ほとんど信じられない状況にある。スタイル・クリエーターは自身のデザインが模倣者の手に渡らないよう、あらゆる手段を講じている。特にデザインした製品の発売前はなおさらだ[15]」。それでも、アメリカではこれまでファッション・デザインのコピーが違法であったことはなく、それはニューヨークでワールドクラスのファッション産業が成長した今も変わらない。

なぜファッション・デザインはこれまで一度もコピーから保護されてこなかったのか？　これを説明するには、コピーを制限する法の構造について、ちょっと細かい部分にまで踏み込む必要がある。アメリカ法に保護がないのは、意図的な決断によるものではない。むしろアメリカ人一般の著作権法に対する考え方の特徴である、いわゆる実用物なら自由にコピーしてかまわないという姿勢から生まれたものだ。実用物とは、服や家具、照明設備といった、創造性が実用性と密接に混ざり合っている物だ。絵画には機能的利用方法はないが、ドレスはたとえそれが芸術作品であっても機能性を持つ。一般的に著作権法は、機能性を持たないか（例えば音楽）、最低限の機能的属性しか持たない芸術形態を対象にしている。[16]

実用物という概念は、興味深い結果をもたらしている。宝飾品は著作権を取得できるが、それはそれらが飾りであって実用性がないからだ。でもドレスは、体を露わにしたど派手なものでも機能的とみなされるため、結果的に著作権は認められない。ファッション・デザインの平面スケッチは、絵画として保護される。しかし、スケッチから生み出された立体の服は保護されない。同じ基本原則——平面は保護されるが、立体は保護されない——が生地のプリントにも適用される。プリントされた生地は、印刷物や絵画同様に保護される。でも生地から服への裁断や縫製は好きなようにコピーしてかまわない。

しかしコピー禁止ルールが、服にはまったく適用されないというわけではない。同じ基本原則に従って、服の表現的要素を実用的機能から切り離せる場合には、著作権法が適用できることもある。[17] 例えば、セーターに縫い付けられた、宝石だらけのアップリケは保護の対象となる。なぜなら、それは物理的に服から切り離せるからだ。また概念的にも、アップリケは服の実用性に貢献していないという意味で、別のものとして考えることができる（セーターはそのアップリケがあろうとなかろうと温かいことに変わりはない）。でもこのように切り離せるのは、ファッション・デザインのごく一部にすぎない。服の表現的要素の多くは、アップリケのように「後付け」ではなく、服の形そのもの——例えば袖のカッティングや、パンツのかたち——に埋め込まれている。その結果、ファッション産業が生み出す製品のほとんどは、生地のプリントとアクセサリーの一部を除いて、自由かつ合法的にコピー可能だ。

一般的に著作権は明らかに実用性に欠ける芸術を相手にするが、特許法は実用的発明と新しいデザインを扱う。少なくとも理屈の上では、目新しいファッション・デザインは、「デザイン特許」によってコピーから保護されてもいい。デザイン特許は「新しい、オリジナルで装飾的」なデザインを14年間保護する。しかし実際問題として、デザイン特許は服にはめったに使われない。すべての「独自性ある」表現（すなわち、他から丸ごとコピーされておらず、少しでも創造性が含まれているあらゆる表現）にまで範囲が及ぶ著作権と違って、デザイン特許は、本当に「新しい」デザインだけが取得できる。その結果、デザイン特許は、単に古いデザインを作り直したものには適用されない。[18] ファッション・デザインの多くはこの点をクリアしていないため、保護対象にならない。[19]

さらに特許は取得が難しい。出願には高額の費用がかかるし、待機時間は長いし、最終的に保護が得られるかどうかも定かではない（米国特許商標局は、出願されたデザイン特許のおおよそ半数を却下している）。多くのファッション・デザインの旬が1－2シーズンしか続かないことを考慮すると、デザイン特許はどうみても遅すぎるし、あまりに不確実でつかいものにならない。ファッション産業でデザイン特許が一番利用されているのは、ハンドバッグと靴の世界だ。それらはすでに指摘したように、平均的な衣料に比べて、スタイルの変化が遅く、コストも高く、利ざやもかなり高いからだ。

他の知的財産権（知財）についてはどうだろう？　最も重要なのは、間違いなく商標だ。商標法は、マーク——ブランドネームやロゴ——を他者が使用することで、製品の出所について、消費者を混乱させる恐れがあったり、商標の価値を低下させたりする時は、その使用を禁じる。例えば、有名なアディダスの三本線マークは、その靴のメーカーについて消費者を混乱させるような方法で他者が使うことはできない——ディスカウント靴流通業者ペイレスはこの点について、三本線のかわり二本線をあしらったよく似た靴を販売したことでアディダスから訴えられ、（陪審による当初の罰金額3億ドル以上に比べれば少ないとはいえ）総額5000万ドル以上の授業料を支払うことになった。消費者の混乱と比べると、ブランド価値の低下というのはわかりにくい。キッチン用品製造業者が、自社ブランド製品として三本線マークをトースターに使ったとしよう。もしこのトースターにマークを使ったことで、消費者がアディダスのスポーツシューズを識別する際にマークが持つ能力が弱められたと裁判所が判断したら、たとえ消費者が三本線のトースターをアディダス製だと信じていなくても、価値の低下とみなされる。

ファッション産業では商標は重要だ。なぜなら商標は特定のブランドの高級感の維持を助けるからだ。その結果、多くのアパレル企業は商標維持に多額の投資をしている[20]（そうは言っても、ニューヨークのキャナル・ストリートやロサンゼルスのサンティー・アリーといったエリアでよく見る安物のハンドバッグや腕時計など、路上で売られているファッション・グッズは明らかに商標を侵害した偽造品だ）。しかし商標法はファッション・デザインの保護には、ほとんど役に立たない。ファッション・デザインが明らかに商標と一体化して、デザインの一要素になっている場合もある。例えば、バーバリーの特徴的なチェック模様は商標であり、多くのバーバリー製品がデザインにそれを取り込んでいる。

このようなごく一部の商品カテゴリーでは商標はデザインの一部であり、その結果として商標法はデザインのコピーに対する強い保護を提供している。しかしアパレル商品の大半では、商標は服の内側に示されるか、ボタンなど小さなところになんとなくあしらわれるかのいずれかだ。こういう服だと、商標法はデザインのコピーに対する有効な武器にはなりえない。

商標法は、「トレードドレス」（特徴的デザイン）も保護している。トレードドレスはもともと、特徴的なパッケージを保護するための概念だが、製品デザインにも適用されてきた。商標同様に、トレードドレスも非実用的なデザイン要素に限定される[21]。加えて、そのデザインが服の出所か製造元を表していなければならない。つまり、トレードドレスは基本的にラベルとして機能していなければならない。消費者がそのデザインを見た時、その産地かメーカーを認識できなければならない。[22]

最高裁も認めているように、これはめったにないことだ。子供服のコピーに関するある訴訟で、裁判所は製品デザインが「通常はほぼすべての場合に、産地の特定以外の目的も果たしている」と言っている。[23] そうなると、トレードドレスの保護を求めるデザイナーは、「大衆の心のなかで、製品の特徴として一番大事なことは、製品そのものよりも製品の産地がはっきりとしていること」だと示す必要がある。[24] この姿勢が暗に示すのは、顧客はデザインを称賛することはあっても、デザインを特定のブランドと結びつけることはめったにないという考えだ。本当に特徴的なデザインなら、消費者がそれをブランドと結びつけることは確かにある。例えば、目利きの消費者なら、襟なしの4ポケットの女性用ジャケットの折り返しに施された、対照的な色の組紐によるパイピングという一連のトレードドレス的要素をシャネルと結びつけるかもしれない。でもそのような厳格な基準を満たす服飾のデザイン要素はほとんど存在しない。

結論としては、アメリカの知的財産法は、ファッション産業にとって寄せ集めのちぐはぐなものだということになる。商標はとても重要で、多くのアパレルメーカーが懸命にブランドに投資し、魅力あるイメージづくりに励んでいる。特許は、重要ながら限られたアクセサリーの世界以外ではあまり価値がない（そしてそこでもあまり頻繁には利用されていない）。トレードドレスはおおむねどうでもいい。著作権は非常に重要となる可能性はあるが、現行法下では生地デザインやアップリケといったごくわずかの例外を除いて、服には適用されていない。その結果、影響力が強く高価なファッション・ブランドが花開く世界が生じてはいるが、そこでファッション・デザインのコピーがおおがかりに――かつ完全に合法的に――行われている。

コピー規制――1930年代のファッション・オリジネーターズ協会

服のデザインをコピーから護ろうという米国法の改正にむけた提案は、アメリカのファッション産業と同じくらい古くから行われてきた。1934年、あるニューヨークの連邦裁判所判事は、コピーが横行しているのになすすべがないと書き記している。アパレルを含む「いくつかの著作権法改正法案が議会に上げられたにもかかわらず」、法案はどれ一つとして可決されていないと述べている。[25]同じ年、イギリスの経済学者アーノルド・プラントは、ヨーロッパでコピーがどう行われてきたか――そしてどんな影響を及ぼしたか――を詳しく記している。

パリのオートクチュールの主要20社は、著作権侵害を防ぐために、年に2度入念な注意を行う。しかし世界中のかなりの数の「ハウス」が、あっという間に市場にコピー製品（すべてが購入したオリジナル製品を元に作ったものではない）を出し、はるか遠くの（イギリスの）「ベリック・ストリート」でも、せっせとコピー製品の販売に励んでいる。それでもパリのクリエーターたちは、正真正銘のオリジナルの複製品をしっかり特別価格で売ることができた――いわば、「署名入りのコピー品」ということになる。[26]

コピーはなにもイギリスだけの専売特許ではない。1930、40年代には、アメリカの企業もおおっぴらにデザインをコピーしていたし、まともな企業の一部は、バレンシアガやディオールといったパリのハウスにお金を払って、自社の一番優秀なスケッチャーをパリに送りこむ権利を獲得するところもあった。オリジナルをコピーして国内生産するためだ[27]。

このような背景のなかで、急成長を遂げたアメリカのアパレル産業は、１９３０年代に少なくとも国内におけるコピーを制限しようとして、意外にもカルテルを設立した。「アメリカ・ファッション・オリジネーターズ協会」は、アメリカ人デザイナーとそのスケッチを登録し、登録済みのデザインをコピーしたと判明した者の製品をボイコットするよう大手小売業者に要請した。加入者は「協力宣言」に署名し、アメリカ人デザイナーをコピーした服を扱わないことを誓約した[28]。しかし、協会メンバーが外国のデザインをパクるのは自由だった。

この制度維持のために、協会は40人程度の調査員を雇ってこっそり会員の店を見回らせ、売られている服が規則に従っているか確かめさせた。カルテルに違反した店は「レッドカード」を受ける。その店の名前はすべての加入製造業者に配布され、製造業者は違反者からの注文を拒否した。ボイコットを破ったものは協会から罰金を科せられた。

ファッション・オリジネーター協会は、メンバー間のコピーの制限にはかなり効果があった。そして会員数も相当なものだった。１９３６年には、10・75ドル（２０１２年のおおよそ１７７ドル相当）以上で販売された女性服の60パーセント以上が協会加入企業によるものだった[29]。全体で、全国１万２０００社の小売業者が協会の協約に署名していた。要するに、協会は市場で効果をあげたということだ。

しかしカルテルの常として、協会は内紛に直面した。その多くが、小売業者とデザイナーの利害の不一致に端を発するものだった。小売業者はできるだけ多くの服を売りたいと思っていたので、ボイコットされる恐れがなければ、オリジナル製品だけでなく、コピー製品も扱いたいと考えていた。そんなわけで小売業者たちはカルテルの規則に文句をつけた。この対立をあらわす典型的な——そして最終的にギルド崩壊をもたらした――事例が、有名な（そして最近倒産した）ファイリーンズ・ベースメント・チェーンの開祖であるウィリアム・ファイリーンズ・サンズ商社によるギルドの告訴だった。

ファイリーンズによる告訴の根っこには、カルテル規則の適用範囲に対する意見の不一致があった。この争いの種となったのは、小売業者たちが「協会の立場を利用した高圧的乱用」と考えていたものだった。当時の『タイム』誌がこの出来事を活写しているが、論争は１９３６年のある出来事に端を発していた。「先月のある日、フィラデルフィアのデパート、ストローブリッジ&クロジャーで、協会の調査員がかなり傲慢な態度を見せた」。調査員は「彼女がコピーとみなしたドレスを、フロアーから撤去し、製造業者の名を教える」よう要求した。(30) ストローブリッジ&クロジャーの経営陣は拒否した。自分たちには何がコピーで、何がコピーでないかを判断する権利がある、とこの時点では考えていたからだ。

２日後、この店は協会規則に違反したためボイコットの対象になると告げられた。数日のあいだに、マンハッタンのブルーミングデールズと、ファイリーンズが所有するもう一つのデパート、ボストンのR・H・ホワイトで同じようなことが起きた。レッドカードを受けた三つの大規模小売店はすべて、購入組合であるアソシエイテッド・マーチャンダイジング・コープスのメンバーだった。瞬く間に、アソシエイテッド・マーチャンダイジング・コープスの20のメンバーのうち16社がレッドカードを受けた。ファイリーンズは、取引の制限を企むことはアメリカのトラスト禁止法に違反するとして、協会を告訴してこれに対抗した。

「5年前なら、服飾製造業者グループが、独占を理由に攻撃を繰り出すだけの力を持つなどという可能性は、冗談にしかならないほどあり得ないものだった」と『タイム』誌は書いている。１９３０年代の衣料産業では、「活気ある小さなメーカーの寄せ集め」が互いに切磋琢磨して競いあっていた。「汚い手口」は当たり前だった。そして価格を別にすれば、コピーに関する『タイム』誌の記事はつい先週書かれたものにさえ見える。

そのような手口のなかに、独自スタイルのコピーという高度に発達してきわめて普及した実践があった。これはあまりに広がってしまい、大恐慌時代のはじめには、どんなに独創的なスタイルであっても、その独創性を24時間は保てないほどになっていた。朝60ドルで棚に並べられたドレスの複製品が、日が暮れる前には25ドルで出回り、同じ週の終わりにはもっと安くなっていた。商品スケッチを仕事にする者が現れたし、小売業者に商品を運ぶ少年たちは賄賂をもらった。(31)

協会の狙いは、この種のふるまいを抑えることだった。ただし当初は高価なドレス（主に卸売価格が16・75ドル——2012年の約275ドル相当——以上の製品）にしか目を向けていなかった。ファイリーンズが訴訟に踏み切ったのは、協会がもっと安価な衣料のコピーも同様に取り締まることにしたからだ。『タイム』誌が言及しているように、業界内部の多くの人々が、高価な衣料と安価な衣料は、市場が違うしルールも違うと考えていた。『タイム』誌によれば「高価なラインをコピーから護るのと、大量に仕入れて、コピーかどうかまるで気にしない人々に販売される安いドレスにも同じ扱いをするのとでは、話がまったく違う。小売業者たちは、こうしたラインの衣服についても、協会による制約の下でチェーン店と競争を強いられるのは嫌った」。チェーン店は、協会には加盟していなかったからだ。

狭い意味では、ファイリーンズによる協会訴訟は失敗に終わった。連邦裁判所は協会の行為を合法とした。しかし協会はその戦いには勝っても、最終的に大局としては負けることになった。無節操な売り手から消費者の保護を目的とする連邦取引委員会（FTC）が、この告訴に目をつけた。FTCはファイリーンズの言い分に賛成し、協会が違法なカルテルを行って競争を抑制していると断じた。ギルドは、アパレル産業におけるコピー根絶の困難さを挙げて、これに抗弁した。協会の弁護士は、カルテルの実施は「製造企業、労働者、小売店、そして消費者を、独自デザインの侵害行為から生まれる破滅的不正から護るために、妥当かつ必要で、実際にこれら四者の利益となってきた」と主張した。[32]

協会の主張は最高裁によって棄却された。1941年のファッション・オリジネーター協会対連邦取引委員会の判決[33]で、裁判所はファッション界において、著作権侵害は紛れもなく蔓延していると認めた。しかし、製造者たちが反トラスト法に違反し、競争を避けるために共謀していいとは認めなかった。この判決によって、協会はあっけなく廃業に追い込まれた。

もちろん協会の解体は、コピーという根本的問題への対策になんの影響も与えなかった。しかしそれまで協会に所属していた企業は、模倣者を阻止するために民間でカルテルを結成できないなら、議会にそれを阻止させようと考えた。ファッション・デザイン保護のために、協会結成前の1920年代、1930年代初頭にもあった、アメリカ法の改正を求める声がデザイナーたちから再び起こった。最高裁の判決後、前協会長モーリス・レントナーは、著作権保護対象をファッション・デザインにまで拡大するよう議会に働きかけることに専念した。彼はもしも議会が動かないなら、協会なきあとファッションの著作権侵害が息を吹き返して、服飾産業に「終わりを告げる」と警告した。レントナーは議会に、服装デザインを保護するフランス式制度の導入を要請した。

これにそれほど乗り気ではない業界人もいた。ニューヨークの有名なヘンリ・ベンデル・デパートのレオン・ベンデル・シュムレンは、『ニューヨーク・タイムズ』紙に、デザインのコピーは「ビジネスの支障になっていない」し、そもそも「ファッションとはそういうものだ」と語っている。「私たちのデザインが安いドレスラインでコピーされる頃には、おそらくそれはもう流行遅れになっている」とベンデルは言っている[34]。

レオン・ベンデルとモーリス・レントナーはそれぞれ、古くから服飾とコピーについてアメリカ人が論じる際に根強く残っている、対極の考えを代表している。ベンデルはデザインのコピーは単に防げないだけでなく、ファッションの生態にとって欠かすことのできない要素であると信じていた。彼が言うように、デザインが広くコピーされるようになったら、それはそろそろ出直して、何か新しいことを始める頃合いだという合図だし、儲けるには新しいものを売るしかないのだ。この考えはファッション界では由緒正しいものだ。他ならぬココ・シャネルその人も、「コピーされるのは成功の代価[35]」と言っている。一方でモーリス・レントナーは、コピーというのが産業を最終的に潰しかねない重大な脅威と考えていた。保護なしで、デザイナーがデザインを続けられるはずもないだろう？　この考えも由緒正しいものだ。なぜならそれこそアメリカ（そして世界の大半）における著作権法の目的のすべてであり、一見すると一分の隙もない論理性があるようにも思えるからだ。

だがベンデルの考えのほうが主流となった。50万のアメリカの衣料業界被雇用者が著作権侵害によって職を失うとレントナーは予測したが、ファッションにフランス式の著作権保護を導入させようと議会に働きかけた彼の努力は実を結ばなかった。その後起こったことは、レントナーの破滅の予言とは違っていた。ファッション・オリジネーター協会廃止後の数十年間に、アメリカのアパレル産業は急成長を遂げた。さらに、ここ数十年は、製造の大半がもっと安価な労働力を求めて海外へと移る一方で――ニューヨークの衣料品地区の製造部門は衰退した――アメリカ人デザイナーの数は増え、以前にも増して成功を遂げている。言い換えれば協会の衰退以降も、アメリカのアパレル産業は、蔓延する――そして完全に合法な――コピーにもかかわらず、生き延びるだけでなく、成功を遂げてきたのだ。

コピーに関する今日の議論

協会とそのレッドカードはもう遠い想い出でしかなくなっても、ファッション産業ではコピーの問題は依然として絶えることのない関心事として残っている。とりわけここ数年のファストファッション小売業の急成長のおかげで、1940年代にモーリス・レントナーが初めて主張した、衣服デザインをコピーから護るにはアメリカ法の改正が必要だという議論が再燃している。

改革を求めるこうした新たな声の場合、アメリカ著作権法の背景も変わっている。特にここ半世紀ほどで、コピーに対する規制の強度と範囲は著しく増大した。レントナーの不首尾に終わった試み以来、議会は反コピー規則の適用範囲を、建造物から船体に至る様々な広い領域にまで拡げてきた。議会はまた著作権所有者に認める権利範囲も拡大してきた。1976年そしてさらに1998年に、保護期間が著しく拡大された。[36] こうした改訂の推進力となったのは、財産権をめぐる強いレトリックだ。このレトリックは、かつてのように著作権（そして商標や特許権）を、自由市場に対する残念だが避けられない介入として描くものではない。むしろ断固として保護されるべき不可侵の財産形態とみなすものだった――そしてその財産権は創作物、あるいはその他の経済、社会的事項に広く国民がアクセスできる価値観とのバランスで考えるべきものではなく、何か絶対的なものとして扱うようになっていた。[37]

このような状況を背景に、2006年デザイン著作権侵害禁止法案（DPPA）が議会に提案された。

DPPAはニューヨークを拠点とするアメリカ・ファッション・デザイナー評議会、とりわけラップドレスの元締めである議長のダイアン・フォン・ファステンバーグの支持を受けていた。評議会グループは、フランスの例を挙げるという――数十年前のレントナーと同様の――少なくとも連邦議会に関しては逆効果になるとしか思えない手段をとった。支持者たちは、フランスやその他多くの国では、アパレルデザインの著作権を保護しているのだから、ファッションのグローバル競争で負けないために、アメリカでも同じように保護すべきだと主張したのだった。[38]

必死のロビー活動にもかかわらず、DPPAは進展をみせなかった。修正版が、イノベーティブデザイン保護及び著作権侵害防止法（IDPPPA）という名で2009年に議会に提出された。マサチューセッツ州下院議員ビル・デラハントは、この法案を切迫した――そしてお馴染みの――次のような予見を添えて提案した。「私たちの最も活気ある産業の一つであるファッション産業は、合衆国の著作権法が、他のほぼすべての産業国と異なり、ファッション・デザインを保護していないがゆえに、今や危険に晒されている」[39]。モーリス・レントナーの60年前の破滅的雇用減少の予測（レントナーはその数を50万人と予測した）を改め、デラハントは75万人の職がデザイン侵害行為によって失われる危機に瀕していると主張し、この法案が、国内の起業家たちを、曰く「国内に公明正大な市場、そして海外に安定した活躍の場を保障すること」で振興し保護するだろうと断言した。*

* 法案を売り込む際に、議会の賛同者もCFDA代表のスティーヴ・コーブも、アメリカのファッション産業が好調であることを否定しなかった。法案採用を喧伝するプレスリリースに、下院議員ボブ・ラットは「アメリカのファッション・デザイン産業は成長し続けている」と記している。同様にコーブもアメリカは「ファッションの世界のリーダー」であり、アメリカのファッション産業は「安定成長しており国内の労働人口に職を与えている」と力説した。

この本が印刷にまわる2012年の時点で、IDPPPAはいまだに議会で審議されることもなく、先行きは不確かだ。しかし、もし可決すれば、それはアメリカ法の大きな変化の一つとなるだろう。200年にわたりアメリカはファッション・デザインを無防備な創造形態として扱ってきたため、これまで起業家たちはみなそれを当たり前のこととして受け止めてきた。

コピー製品の世界

これまでざっと見てきたアメリカの服飾界の歴史が示しているように、ファッション界では長いあいだコピーはどこでも見られたし、それは『マリ・クレール』誌の記事「贅沢vs盗み」を読んだり、ザラの最新『ルックブック』を細かくチェックしたり、コピーのスペシャリスト、アレン・B・シュワルツ(40)（彼の伝記には、記録的な早さでファッションショーのトレンドを店の棚にもたらす非凡な仕事ぶりで彼は称賛と尊敬を受けている、と記されている）のウェブサイトを覗いたり、あるいは単にショッピングモールをぶらつくだけでもはっきりわかるはずだ。世の中コピーだらけだ。なかには派生品と呼ぶほうがふさわしいもの——デザインはオリジナルに触発されてはいるが、新たな創造的要素が加えられたもの——もある。本当に「まるごと」（すなわち、正確に）コピーしたものもある。なんでもござれだ。

通常の著作権法規則がファッションに適用されれば、あらゆるコピーは違法とされ、罪を犯した模倣者はかなりの罰金と処罰——場合によっては刑務所送りになる可能性もある——を受ける。実際、服飾産業内ではコピーの慣習があまりに蔓延しているため、標準的な著作権制度の範囲内で（これとアメリカの簡便な訴訟制度と、起業家精神に満ち溢れた多くの弁護士たちがあいまって）ファッションを「正常化」しようとすると、驚くくらい大量の訴訟、罰金、そして差し止め命令を招くことになるだろう――だからこそアメリカ法の改正を強硬に主張する者でさえ、ファッションにはもっと寛大な独自のルールが必要だと認める理由になっている。

コピーについては、その他に二つの点が注目に値する。まずすべてのコピーが衣服全体をコピーしているわけではない。多くの場合デザインのある特徴だけがコピーされ、その特徴がそのシーズンのトレンドの一部になったりする。たいていこれらの特徴は、どこかで見たことがある要素の使い回しで、どう考えても法制度では保護できない。キャップスリーブ（短めの袖）、キトン・ヒール（細い短めのヒール）、ピークドラペル（尖った襟）、エンパイアウエスト（高い位置でしぼったウエスト）などがそうだ。しかし、時には新しい――あるいはもっと新しい――特徴もある。デザイナーが2011年秋のコレクションで発表した、多くのサイケデリックな染色を施したミンクやキツネ、ウサギ、アライグマの毛皮ストールがそうだ。どちらにしても、そのような特徴が広くコピーされることでトレンドは生まれる（あるいはトレンドの証拠となる）。お決まりの、短くなったり長くなったりを繰り返すスカートの丈でさえその一つと言える。

このデザインの特徴と、デザイン全体の違いは重要だ。なぜならコピーに関する議論例として使われるものの多くは、おおむねデザイン全体をコピーしたものだからだ。フォリー&コリーナ対フォーエバー21の争いがその良い例だ。このようなまるごとコピーは確かに注目を集めはするが、ファッション産業で横行するコピーのごく一部にすぎない。その相対的な量を測るのは難しい。しかしファッション産業におけるコピーの大部分が、デザイン全体ではなく、デザインの特徴をコピーしたものなのは間違いない。その結果、トレンドを追うために特徴をコピーしてはいるが、全体をコピーしたものと違って、すぐに別物だとわかる様々な服が生まれている。

コピーは範囲の違いもあるが、時間についても様々だ。オリジナルが現れた同じ年、あるいは同じシーズンにコピーされるものもある。[41]時にはオリジナルが店に並ぶ前にコピーされることもある。* またはっきりとある程度の時間を置いて出現するコピーもあり、このようなコピーはあまりにたくさんあるので、誰もいちいち気に留めたりしない。パリやニューヨークのショーでは、10年、あるいは20年前のスタイルが、たいてい少しひねりは入るが、何度も復活しているのを思い出そう。

音楽や映画といった創造的産業の観点からすれば、ファッションにおけるコピーの蔓延は驚きなんてものではない。これらの産業では、ファッション界に蔓延しているあらゆるタイプのコピーは違法な著作権侵害として糾弾されるし、著作権侵害との戦いが何よりも重視されているのだから。これは、音楽産業がオンライン・ファイル共有と繰り広げてきた戦いを見てきた人には明らかだ。

対照的にアパレルデザインの自由なコピー——時には婉曲的に「引用」や「オマージュ」と言われる——は、昔から当たり前のこととされてきた。実際、それは意外なことにしばしばファッション界の大部分から受け入れられ、時には称賛さえされる。運命論的な立場をとるデザイナーもいる。ランバンのアルバー・エルバスは最近、「人が私をコピーしようが気にしない」と明言している。ただしこの後すぐに、おそらくコピーの新しい創造性を引き起こす力についてほのめかしながら「いや、気にはなるよ。でも私の場合、創っているのは原型なんだ。彼らは昨日をコピーすることはできても、明日はコピーできないんだから」と付け加えている。コピーを名誉のしるしと考える者もいる。トム・フォードは次のように言っている。「自分の仕事がコピーされているのを見た時ほど、幸せなことはないね[42]」。プラダのCEO、パトリツィオ・ベルテッリはもっと単刀直入だ。「うちの製品がコピーされないほうが、余計に心配だよ」[43]。

もちろん、誰もがコピーを認めているわけではない。ファッションのコピーをめぐる議論ではよく、偉大なアーティスト（ファッション記者のお気に入り）対こそ泥（フォーエバー21やうさんくさいパクリ・アーティスト）という構図が描かれる。でもこれは完全に正確な図式ではない。有名デザイナーたちはコピーを黙認しているだけではない。自分でもコピーすることもある。２００２年バレンシアガの先駆的若手デザイナー、ニコラ・ゲスキエールは、今ではほとんど忘れ去られたカイシク・ウォンというアメリカ人デザイナーが30年ほど前にデザインしたベストをそのままコピーしたことを認めた。『ニューヨーク・タイムズ』紙のファッション批評家キャシー・ホーリンが述べているように、この種のできごとは多くの人が思っている以上に当たり前なのだ。

ゲスキエール氏が有名で、ウォン氏が無名でなければ――また、実のところ最近の出版における盗用の例と、音楽とアートの世界におけるサンプリングと所有権についての議論がなければ――この最新のコピー例が、特別な興味を集めることはなかっただろう。いずれにしても、コピーはファッションの歴史の一部となっている。［…］今日、ポストモダン的な「参照」なる習慣のもとで、コピーはおおっぴらに行われ、誰もそれを問題にしない。この習慣は業界の低価格層、コピー王者であるＡＢＳのアレン・Ｂ・シュワルツやビ

＊　コピーについて懸念する人々は、アメリカの禁酒法時代からこの主張をしてきた。ここに多少の真実はあるものの、私たちはそれが極端に多いとか系統的に行われているとかは思わない――他のどんな理由をおいても、どんなファッションが売れるかを事前に予測できる、真に正確な能力というのは、それ自体としてすごい技能で、大デパートやチェーン店ならのどから手が出るほど欲しがるはずだからだ。そんな超自然的な能力を持つ人間は、これから間違いなく売れるファッションの勝者を選んでそれを売りさばくほうが、実際に自分でコピーを創る作業をするよりもずっと儲かるだろう。

クター・コスタに限ったことではない。トム・フォード、マーク・ジェイコブズ、ミュチャ・プラダもみんな他人の創造の泉に手を突っ込んできたのだ。(44)

とはいえ、デザイナーがあまりに露骨にパクられたと思えば、当然ながら怒りをあらわにするのは事実だ。ダナ・フォリーとアンナ・コリーナはまさにそうだった。ごくまれに、デザイナーが他のデザイナーを訴えることもある。1994年、イヴ・サン＝ローランはフランスの商事裁判所に、ラルフ・ローレンがYSLのデザインをコピーしたと訴えた。(45)サン＝ローランは勝訴したが、これはヨーロッパでの裁判だった。ヨーロッパでは、ずいぶん昔にモーリス・レントナーが指摘したように、ファッション・デザインははるかに手厚く保護されている(46)（そしてもちろん、裁判は尊敬を集めるフランス人デザイナーが勝ち、成り上がりのアメリカ人は敗訴した——後にラルフ・ローレンはこの結果を「まったくの茶番」と評している）。

しかしフランスのルールがどうであれ、アメリカでは法律は異なる。良くも悪くも、ファッション・デザインは「空気のごとくみんなで自由に使ってよい」ことになっているのだ。(47)

著作権侵害のパラドックス

ファッションにおけるコピー現象がいかに驚くべきものか認識するには、イノベーション独占理論についてもう一度考えてみよう。独占理論では、コピーを創造性に対する重大な脅威とみなす。もしも自分の創作物が他人によって自由にコピーされるとわかっていれば、創作者はそもそも最初から苦労して創作などしない。よって、誰がコピーしてよいか決める独占権を創作者に与える法的権利は必須であるはずだ。では、これほどコピーが蔓延しているにもかかわらず、ファッション産業はどうやってその創造性を維持しているのだろう？

その答えは、ファッション経済の特殊性にある。これに関するファッションについての試作は、少なくともソースティン・ヴェブレンの画期的な社会批評『有閑階級の理論』にまでさかのぼる。[48] ヴェブレンは、社会生活のほとんどはステータスと、多くの人がそれを獲得し、互いにシグナリングする手段を核に動いているとした。

確かにステータスはファッションにとって重要な要素だ。そしてファッションでは、ステータスは高価なブランドや素材によって示される。しかしそれはトレンドによっても示される——具体的には、最新のトレンドに後発者にならず、その最先端にいることによって示される。ファッションをトレンドが動かす産業、そして古いトレンドを捨て新しいトレンドを見つけることでステータスを獲得、あるいは保持しようとする人々が動かしている産業として捉えれば、なぜファッションにおける模倣が特にイノベーションを損なわないのかを説明するのに役立つ。実際、これから説明するように、簡単で自由なコピーは、ファッション産業に損失ではなく恩恵を与えているのだ。

ファッション・サイクル

人々が服を買う理由は様々だ。最も基本的なのはまったく実用的な理由だ——体を覆って、暖かくするためだ。でもそれなら、最も簡素な服で事足りる。では、なぜ女性はバレンシアガのカクテルドレスに何千ドルも払うのか？　なぜ男はトム・ブラウンのスーツに何千ドルも使うのか？　こういった買い物は表現とステータスへの欲望に駆られたものだ。* 服はとても個人的なもので、意図するしないにかかわらず、それを着る人についてのシグナルを伝える。これらのシグナルは社会的に複雑であり、状況に左右される――ロサンゼルスでは、アストンマーチンをパーキングに入れる駐車係の男はたいていネクタイをしているが、その車の持ち主である撮影所の大物は野球帽を被っているといった具合だ。しかし服のシグナル伝達機能はあらゆるところに存在する。

経済学の言葉では、ほとんどの服は「地位財」として機能すると言う。次のような『エコノミスト』誌による地位財の定義が役に立つだろう。

（地位財は）誰もが買うものだ。ハンマーや洗濯機など、本質的に実用性を求めて買われるものもある。地位表示物は、それを買った人についてそれらが何かを言い表すがゆえに買われる。それらは自分のステータスを確立し、それらを持たない人々と比べてステータスを誇示するための手段だ。スポーツカー、おしゃれなリゾートで過ごす休日、流行の最先端のデザイナーの服などがそうだ。(49)

言い換えれば、地位財は、主にそれが伝えると期待されるステータスに基づいて購入される。その結果、これらの購入は相互依存的になる。私たちが買うものは、ある程度は他の人が買う物に左右される。競馬場でのパリミュチュエル方式の賭け同様に、その財が持つステータスへの影響は他人の行動に左右されるが、購入時にその行動の完全な予測は不可能だ。ファッションの地位表示特性は強力で、消費者は新しいデザインの美しさやフィット感だけでなく、製造元の商標、洗練された広告、有名な女優、モデル、あるはおしゃれな知り合い、場合によっては街角で粋な見知らぬ人が着ているのを見るといった要素が創りあげるステータスの連想にも惹きつけられる。

しかし、ファッション製品の地位表示特性はたいてい二面性を持つ。流行の新しいデザインが最も求められるのは、多くの人々がそれを所有して、それが求められているものだとシグナリングする時だが、街中のみんながそれを持ってしまうとその価値は消えてしまう。デザインそのものは何も変わらない。所有者をその他大勢から差別化する能力が変化しただけなのに。つまりファッション製品では、独占性がその魅力の相当部分を占めているのだ(50)。

もちろん美しさも大切だ。しかし、美しさは独占性の感覚とまったく無縁ではない。50年前にジャン・コクトーが鋭く指摘したように、「芸術は醜いものを生み出すが、それはしばしば時間の経過とともに次第に美しくなる。一方ファッションは美しいものを生み出すが、それらは常に時間とともに醜くなる(51)」。つまり、消費者がランバンのあるドレスやジョン・ヴァルヴェイトスのジャケットに惹かれる理由の一部は、おしゃれな人々がそれを持ち、おしゃれでない人々がそれを持っていないということなのだ。そのドレスやジャケットは、着る人を大衆から際立たせ、特定の集団に持ち主を適合させているあいだは、誰もが欲しがる。多くの歴史研究者や社会学者によるファッション研究で、この差別化能力こそが核心なのだと指摘されている。ファッションは「違いを際立たせ、集団への帰属や個性を示すための手段」である(52)。だからファッショナブルなスタイルがもっと広い層に広がると、その特権性は消え

＊　服をステータス顕示に利用する歴史は古代にまでさかのぼる。ダナ・トマスは高級品産業について研究した『堕落する高級ブランド』のなかで、服飾品を通じたステータスの誇示に関する議論は3000年前にまでさかのぼるという、ロサンゼルスのゲティ美術館の古美術専門家の言葉を引いている。かつてある種の衣服を着る権利を一部の職業や社会階級に限定してきた、幾多の「贅沢禁止コード」は、この長期にわたる懸念の一つの表れだ。

てしまう。そのスタイルはもはやスタイリッシュではなくなり、最終的に消えてなくなる。これがファッション・サイクルだ。新しいデザインが流行して、トレンドになり、広まって、露出過多になり、終わる。そしてまた新しいデザインが現れ、新しいトレンドに火がつき、同じプロセスが繰り返される。

ファッションは止まることはないが、どこかに到達することもない。ファッション・サイクルそれ自体の良し悪しは興味深い問いではあるが、ここで注目したい話ではない。しかしファッションが、それを気まぐれかつ排他的、そして社会的な無駄とみなす知識人たちから、常に槍玉に挙げられているのは確かだ。トレンドの瞬く間の盛衰は、「知的、感情的、文化的未熟さのしるし[53]」とされてきた。フランスの文化批評家ジャン・ボードリヤールは、ファッションは「不道徳」だとさえ断言した[54]。しかしそれ以外の評論家たちは、ファッション・デザイナーを画家や作曲家同様に、アーティストとして称賛してきた。実際、著作権保護推進派たちの主張の一つに、ファッションも他の偉大な芸術形態同様に扱われるべきだというものがあった。

しかし、私たちの大多数にとってファッション・サイクルは別に大論争の的ではない。単なる人生の現実の一つにすぎない。というよりはおそらく、それは私たちが新しい服を楽しみ、古い写真を見た時にときどき首を傾げてしまうことを可能にする、娯楽の一種だ。その社会的意味や倫理的価値がどうであれ、ファッション・サイクルがアパレル産業の重要な特性であることは明らかだ。スタイルは現れては消える。そしてしばらくすると、みんな自分が何を考えてあんなものがトレンディだと思っていたのか不思議に思うのだ。

このような盛衰の例の一つが、オーストラリア発祥のシープスキンブーツ、アグだ。アグは1930

年代以来堅実に販売を続けてきたが、2003、04年には多くの若い女性にとって、ファッションのマストアイテムの一つになった。そのスタイルは広くコピーされ、大量に流通するようになった。(55) しかし反動も早く、ライターたちはもこもこした無様なアグを「人権侵害」と呼び、流行に敏感な人々にそれを履くのをやめるよう促した。(56) 2005年、一部の人々にとって、アグの流行はもうおしまいとされた。

2006年、タッド・フレンドは『ニューヨーカー』誌のロサンゼルスに関する記事で、アグの栄枯物語を雄弁に物語るエピソードを書いている。ロバートソン大通りで小さな自動車事故が起き、それに関わった女優リンジー・ローハンを、地元ニュースのヘリコプターが探していた。ニュースの通信指令係ベス・シリデイがヘリのパイロットに無線で指示した。

「あまり見込みがないのは確かだけど、通りに痩せた映画スターっぽい女性がいないかチェックして。チャンネル2によると彼女とアシスタントは通りの反対側のアンティック・ストアに駆け込んだみたい」。(パイロットは) カメラをロバートソン通りのアイビー (ロサンゼルスのセレブがよく出入りするウェストハリウッドのビストロ) のほうに向けた。「困ったのは、通りを歩いてる女の子全員がそんな風に見えることだ。これは違う?」彼はサングラスをかけたローハンっぽい娘にズームした。シリデイは指摘した。「アグをはいてるわ。去年すぎて論外の流行よ。彼女じゃないわ(57)」。

アグがいつ流行遅れになったかについては異論もあるだろう＊ (そして筋金入りのアグファンなら、流行遅れになんかなっていないと言うだろう)。でもアグはファッションの基本的特質をよく示している。その特質とは、ファッション・サイクルの無慈悲さ加減だ。ファッション界では、成功によってデザインは急速に普及する。しかし通常は急速な普及によってデザインは衰退し、最終的に死ぬ。デビュー、普及、衰退、死。つまるところ、それがファッション・サイクルだ。

誘発される衰退

このようなスタイルの盛衰はなにも新しいことではない。コクトーが、ファッションと美に関する卓越した洞察を記す以前に、社会学者ゲオルク・ジンメルも同じ過程に着目している。「ファッションは広まるにつれて、次第に破滅へと向かう。あるファッションの初期段階には、その独自性により確実に広まることになるが、それが広まるにつれ独自性は損なわれ、この要素が減退することでファッションもまた死に絶える運命にある」(58)。これよりさらに前のものとして、シェイクスピアは『から騒ぎ』のなかで「ファッションは人よりもより多くの服を蕩尽し尽くす」と断言している。

コクトー、ジンメル、シェイクスピアは、単にアパレルデザインの盛衰に気づいただけではない。実のところ彼らは隆盛が衰退を招くという事実を強調したのだ。衰退は、投げたボールが次第に重力に屈するように、単に不可避なだけではない。そこには因果関係がある。ファッションは広まるにつれ、その独自性は損なわれる。そして次第にその価値が失われるのだ。

もちろん、すべての人がファッションに独自性を求めているわけではない。アメリカの政界を見ればわかるだろう。男の政治家なら、オレンジや紫のネクタイは完全な道化師のしるしと見なされるし、女性の大部分がしがみつくパンツスーツはファッションというよりはまるで鎧のようだ。しかしファッションに敏感な人々にとって事態は異なる。これら一歩先んじた人々は目立つこと求め、その次の購買層はトレンドに「群がろう」とする。[59] 群衆が群がってくると、おしゃれな人々は逃げる。

繰り返すが、ファッション・サイクルの基本はよく知られている。しかし、ファッション・サイクルがコピーの自由と密接に関係していることはあまり理解されていない。コピーを許している法的ルールは、スタイルの普及を加速させる。そして普及が早ければ早いほど、衰退も早い。衰退が早ければ早いほど、新しいデザインへの欲求も早く、強くなる。そしてそれらの新しいデザインがコピーされると、同じように新しいトレンドの創造——そしてその結果としての新たな売り上げ——に拍車がかかる。

つまり、コピーとはファッション・サイクルを加速する燃料なのだ。それはトレンドの創造と破壊の両プロセスに欠かせない。コピーはデザイナーにファッションの最前線で一歩先んじるための再創造を促すことで、新しい創造プロセスを加速する。これがコピーを逆説的に価値あるものにしている。

またファッションという文脈だと、コピーは他の多くの創造的産業が拠り所にするもの——すなわち製品改良の代用として機能している。携帯電話は時とともに、明らかにもっと強力で便利になるので、私たちは何ら不具合がなくても古い電話を捨て、すごい新製品に乗り換える。服はこれとは対照的に、明確なかたちでは改良されない。衣料メーカーが、自社製品の新たなすばらしい特長を改良点として売り込むことはほとんどない——そもそも携帯電話とは異なり、今シーズンの新作を前シーズンのものより質的に優れていると謳ったりはしない。[60] ほとんどどの場合、服は単に変化しているだけで、その変化が

＊　実際には、あらゆる予想を裏切ってアグはいくつかの流行に敏感な店に置かれ続けている。２０１０年、ロサンゼルスの多くのおしゃれな買い物客のメッカである（そしてローハンが自動車事故を起こしたロバートソン大通りから1マイルも離れていない）メルローズ大通りのフレッド・シーガルのウィンドウには、アグの新作が入荷したことを知らせる大きな張り紙が掲げられた。

買い手を店に向かわせるのだ。このような状況だと、新しいトレンドの隆盛こそは携帯電話の優れた新しい特長に相当するものだ。つまり消費者に何ら不具合のない物を捨てさせ、何か新しいものを買わせるものだ。(61)

私たちはこれを「誘発された衰退」と呼んでいる――つまりコピーによって誘発された衰退だ。あるデザインが売り出されると、ほとんど誰も予測できない（後から説明もできない）何らかの理由によって、それが魅力を持つようになる。まず新しいもの好きがそれを着始め、ファッション雑誌やブログがそれを取り上げて称賛する。話題のデザインがコピーされ、ひねりを加えられると、幅広い層に購入され、それによってますます目につきやすくなる。他の会社がその成功の拡大に注目し、多くの場合もっと安価な価格帯でそれを真似ようとする。当面、トレンドは拡大する。しかしある段階を過ぎると、プロセスは逆転し始める。かつて誰もが欲しがったものを、まずおしゃれ好きな人々が忌み嫌うようになり、最終的にそれほどおしゃれでない人々にも嫌われるようになる。新しいもの好きはさらに別なものへと関心を移し、また同じプロセスが始まる。

要点は、お手軽で自由なコピーが、完全に合法であるということ――そしてこのルールから生じるコピーの拡大が、デザインの早い衰退を誘発するということだ。たぶん、どのみちいずれ衰退は起こっただろう。しかし、幅広い合法コピーはファッション・サイクルを加速する。なぜなら急速なコピーが、ファッション製品の地位性を損なうからだ。これがもたらす結果は、アパレル産業に大きな影響を及ぼす。著作権侵害行為は、スピーディな展開と大きな売り上げをもたらすことで、逆説的にデザイナーの利益となる――これを私たちは著作権侵害のパラドックスと呼ぶ。

もう少し深く掘りさげれば、少なくとも二つの一般的な考え方によって、この物語におけるコピーの役割を理解できる。第一に、コピーは安いバージョンを市場に流通させ、もとの価格ではそのデザインを購入できない消費者にも手の届く価格設定を可能にする。中流階級の女性はたまにはルイ・ヴィトンのハンドバッグをクレジットカードで買えても、よほど手管を弄しないと（あるいは万引き常習犯でもないと）、頻繁には買えない。コピーは、最高級のファッション製品を買える最高所得層の消費者よりも数がずっと多い低所得層の消費者に、デザインを普及させてくれる。

第二に、コピーは魅力的なデザインのバリエーション——弁護士たちはこれを「派生製品」と呼ぶ——を促進する。これらの服はオリジナルのデザインを使っているが、新しいひねりを加えてある。標準的な著作権法では、派生製品を作り、それを認可する独占権を有するのはオリジネーターだけだ。ファッションの法的基準はこれとは正反対で、おかげで同じテーマで様々な服が作れるため、人気デザインの無数のバージョンが店頭にたくさん並ぶことになる。

以前言及したように、服のある一つの特徴——袖の形や裁断——だけがコピーされることもあれば、服全体がコピーされることもある。そしてコピーされるのは、必ずしも最新のトレンドだけではない。この章の冒頭のフォリー＋コリーナの例を考えてみよう。問題のドレスは魅力的でいくらか人気はあったが、そのシーズンのマストアイテムではなかった。それでも私たちが論じてきた基本力学がここにも当てはまる。フォーエバー21バージョンは、確かにダナ・フォリーとアンナ・コリーナから見れば夢のような数が売れた。わざわざローワーイーストサイドまで出向いてフォリー＋コリーナのドレスを買っていた顧客たちは、そのドレスが郊外のショッピングモールに置かれ、たくさんの女性が着ているのを好ましくは思わなかった。[62] だから彼女たちは、新しいデザインかトレンドに鞍替えしたのだ。コピーがなければ、鞍替えまでの期間はずっと長かっただろう。

要点は同じだ。現行規則はこのようなコピーを許すことで、ファッション・サイクルのターボチャージャー的な役割を果たしている。そして、それがデザイナーたちを駆り立て、次のトレンドの波にのるための新たな創造を促す。

もちろんこれらすべてに否定的側面もある。誘発された衰退は、長期的に見れば業界が多くの製品を売りやすくする一方で、コピーの氾濫が一部のオリジネーターに損害を与える場合も考えられるし、実際に与えている。ダナ・フォリーとアンナ・コリーナはまさにそう思っている。しかし、簡単かつ自由なコピー制度の影響は、ファッション産業全体にとって、長期的に見て有益だ。この影響はあまりに多くの製品に波及しているため、個々のデザイナーが被る損失に比べて目立ちにくい。しかし、総体としては有益な効果のほうが大きい。それは需要を増やし、デザインと売り上げも増やしている。

今やこの見解は、もっと厳密で的を絞ったデータにより裏付けられている。最近私たちはワシントンの合衆国労働統計局（ＢＬＳ）で（有能な研究助手チャーリー・マレイの助けを借りて）数カ月にわたり調査を進めてきた*。連邦機関であるＢＬＳはいろいろやっているが、アメリカのインフレ率の公式集計もその仕事だ。そのために、ＢＬＳの局員は毎月膨大な商品とサービスの価格データを収集している。彼らが集めたデータのなかには何千ものアパレル製品価格も含まれていた。私たちは、高級品を真似て低価格で売られることが多いコピー製品が、エリートデザイナーに影響を与えているかどうか、アパレル製品の価格変動から示唆が得られないかと思って、これらのデータを検討した。

そのために、１９９８年から現在までの女性のドレスの価格データを集めた。そしてこのデータセットのドレスを、ウォルマートの棚に並んでいるような最安値の10パーセントから、プロエンザ・スクーラーの最新デザインのような最も高価な10パーセントまで、十分位数によって10のカテゴリーに分けた。[63]

では、次のグラフを見てほしい（次頁の図1－1）。

全期間にわたって、図中ほぼすべての十分位の価格が安定していることがわかる――ただし一番上の十分位、つまり最も高価なドレス価格だけが例外だ。そのトップ層では何が起きているのか？　最も高価な女性用ドレス10パーセントの平均価格は大幅に上昇しているのだ。ドレスの十分位トップの価格は250パーセント以上も上昇している。インフレ調整しても、最高級品ドレスの価格はほぼ2倍になっている。しかし、それ以外の女性用衣服の価格に変化はないか、（インフレ調整すれば）若干お手頃になったくらいだ。

するとどうなるだろう？　ほぼすべてのコピー製品は、それらが模倣した高級服よりも安い。そしてオリジナルを買うはずだった消費者の相当部分が、かわりにコピー製品を買ったならば、価格競争の影響がハイエンド製品の価格に表れるはずだ。要するに、供給が増えれば通常は価格が下がるので、コピー製品との競争によってオリジナル製品の価格は下がったはずだ。でもファッションでそのような傾向は見られない。期間中価格が上昇したのはハイエンド商品だけだ――そしてこの区分の価格上昇はとても堅調だ。

言い換えれば、連邦公式物価データは、著作権侵害パラドックスの予想と整合している。長期的に見れば、コピー製品は産業全体に損害を与えない。それどころか、実際にはコピー製品は産業の成功の鍵を握っているのだ。コピーが多ければ、その分だけファッション・サイクルが加速し、ファッション・サイクルが加速すればデザインも増え、売り上げも増える。デビュー、普及、死――そしてこれがまた

＊　この調査はBLSデータへの制限つきアクセスをもとに行われたものだ。ここで述べた見解は私たち独自のものであって、BLSの考えを必ずしも反映したものではない。

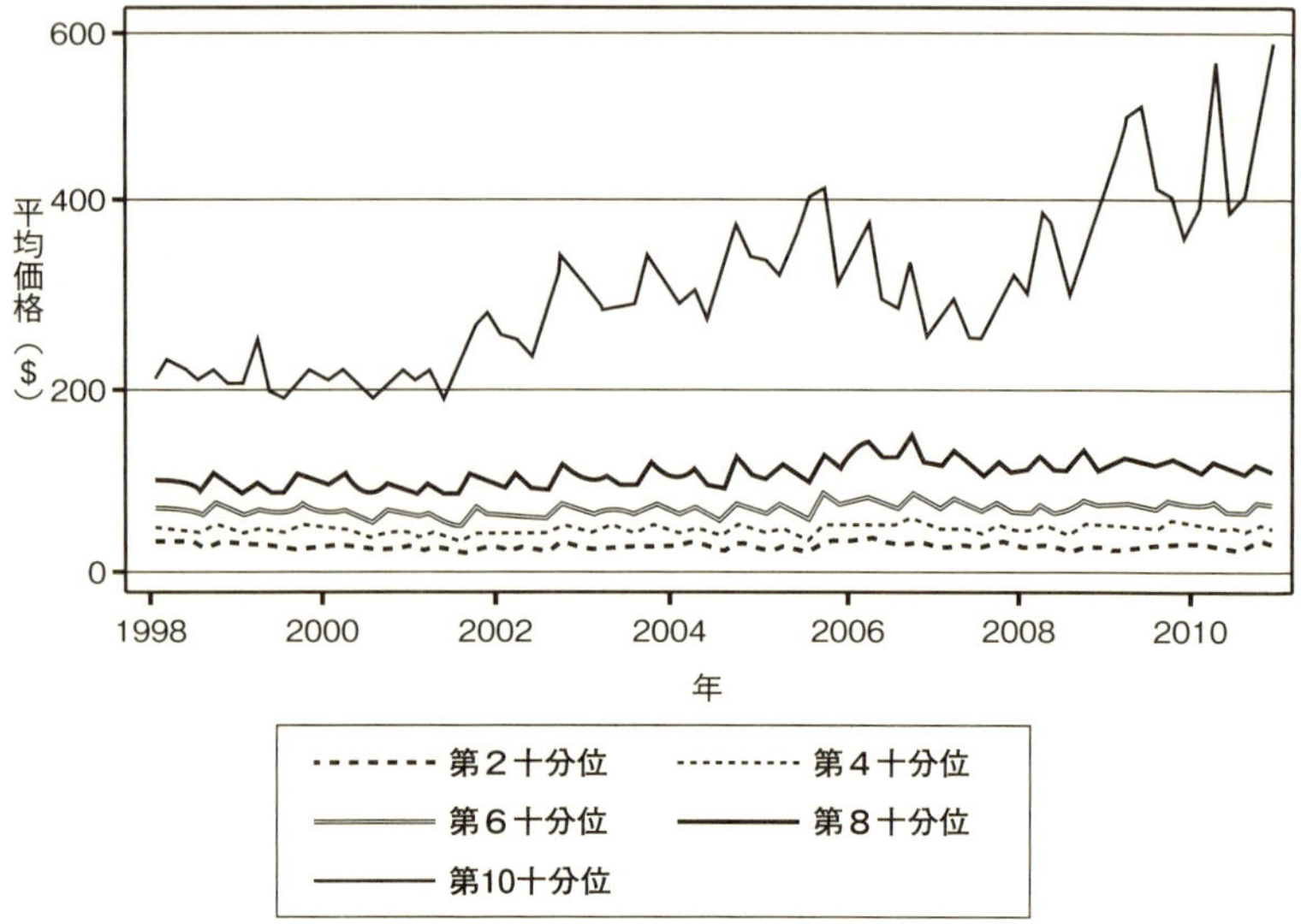

図 1-1　女性のドレスの平均価格

繰り返される。

定着

コピーの法的自由は単にファッション・サイクルを加速するだけではない。それは消費者が流行に遅れないためにはどうすればよいか知るのを助ける。経済用語を使うと、コピーは消費者の情報コストを下げる、ということになる。コピーはこれを、私たちが「定着」と呼ぶ過程を通じて行う。定着は、誘発された衰退同様に、ファッション産業がおおがかりなコピーに直面しても、創造性を維持しやすくする。

　手に入る新しいデザインが常に溢れていても、最終的にある明確なトレンドが現れて、そのシーズンのスタイルが決まる。これらのトレンドを動かしているのが何かを解明するのは難しい。映画『プラダを着た悪魔』の有名な「セルリアンのセーター」のシーンでメリル・ストリープが示唆したように、*トレンドは委員会で決められているわけでもないし、神のごときデザイナーたちの暗黙の了解によって生まれるわけでもない。トレンドはむしろコピー、参照、再加工という無節操な過程を通じて、力を持つ小売店とのコミュニケーションやプレス評価と組み合わさりつつ進化する。業界関係者たちは、各種のデザインが似通ってくるのは、時代精神の反映だとよく言う。あっちへ行ったりこっちに来たりする魚の群れと同様に、デザイナーたちは、時に戸惑いながらも、先を行く他のデザイナーや流行を創り出す人々の後を追い、その過程である特定のトレンドが生まれるのだ——ファッション雑誌やブログを少しでも見ればそれは明らかだ。

ファッション・トレンドを抜きにして、ファッションの変化はなかなか捉えられない。そしてあらゆ

* この映画で、メリル・ストリープが演じる役（長い間『ヴォーグ』誌編集者をつとめファッション業界に絶大な影響力を持っていたアンナ・ウィンターがモデルとされる）は、アン・ハサウェイ演じるファッション雑誌の見習い記者が、自分の着こなしにおけるファッション業界の目に見えない影響について、あまりに無自覚だと非難する。

あなたがクローゼットで選ぶ［…］何でもいいけど［…］そのぶかぶかのブルーのセーターか何かを選んだとするわ、例えば。それはあなたが世界に対して、自分はまじめすぎて着るものにはあまり気をつかってないと言いたいからよね。でもあなたはそのセーターが、単なるブルーではないことがわかっていない。それはターコイズじゃない。ラピスでもない。実のところそれはセルリアンなの。そして無知なあなたは、2002年にオスカー・デ・ラ・レンタがセルリアンのロングドレス・コレクションを発表したことも知らない。そして確かあれは［…］イヴ・サン＝ローランじゃなかったかしら？　セルリアンのミリタリージャケットを作ったのは［…］こうしてセルリアンはあっというまにその他8人の別のデザイナーのコレクションでも発表されたの。それで、そう、それがデパートに広まって、その流れの一つが惨めったらしいカジュアルコーナーにまでたどりついて、きっとあなたはそこの在庫一掃セールでそれを手に入れたというわけよ。それでも、その青には何百万ドルもの金と数えきれないほどの人手がかかっていて、実際、あなたがこの部屋の無数のスタッフがあなたのために選んだセーターを着ている時に、自分はファッション産業とは無関係にこれを選んだと考えているのはなんていうか、お笑い草ね。

るホットなトレンドには、まさにその定義からして、コピーが含まれている。トレンドとは、似たようなもの、市場で広く売られているものの集まりなのだから。多くのデザイナーがまるで魔法のように同時に同じデザインに到達することがないなら、そこには必ずコピーが存在するはずだ。このようにコピーはファッションにとって不可欠なものだ。目先の利く昔の評者は次のように言っている。「模倣がなければ、ファッションは存在しない」(64)。しかしトレンドの誕生にコピーが欠かせない一方で、コピーはトレンドの死の先触れでもある。コピーはまずトレンドを創り出し、そしてトレンドを廃れさせるのだ。

コピーは限られたテーマ――すべての生産者が自由に手を加えられるテーマ――を新しいシーズンに定着させることでトレンドを創り出す。トレンドを追うトレンド好きの消費者にとって、トレンドは彼らを他と区別するものでなければならない。こうして定着によって、そのシーズンの主流となるファッション・スタイルに関する重要な情報が消費者に伝わり、購入を促す。

繰り返すが、なぜ突然トレンドが生まれるのかは説明不能だ――それを説明できるようなら、こんな本なんか書くのはやめて、ニューヨークかミラノで働いている。しかし理由はどうあれ、トレンドは生まれるのだ。企業は互いにコピーしあい、バリエーションを生み出し、それらを広める。その結果、そのシーズンのイノベーションがごく一部のデザインに定着し、それが文字通りそのシーズンはどのスタイルがおしゃれでどれがダサいかを決めることによって、消費促進を助ける。ファッション産業をしっかり支えているもの――(程度の差はあれ)すべて消費者にファッションに関するアドバイスを与えている、『グラマー』『ヴォーグ』といった雑誌、『ワッツ・ナット・トゥ・ウェア』といったテレビ番組、あらゆる類のファッション・ブログなど――のなかでも、このプロセスが進行しているのが窺える。こうした雑誌やメディアの宣言が必ずしも当たるとは限らないが、プロセスは常に存在するのだ。

例えば２００５年秋、『ニューヨーク・タイムズ』紙は女性用ブーツのデザインが複数出現したと書いた。記事は多数のデザインが一度に存在することの奇異さに焦点をあてている。

> 60年代のナンシー・シナトラ風スタイル、70年代のスティービー・ニックス風スタイル、80年代のグロリア・エステファン風、そして90年代のシャーリー・マンソン風スタイルがすべてである。一つのブーツ・スタイル――ミッドカーフ！　タイハイ！――だけがこの秋のイチオシだと宣言するのに慣れている流行予言者たちは、戸惑いを隠せずにいる。[65]

記者たちの予想――２００５年のごたまぜスタイルはそれを破った――とは、ファッション産業の錨は狭いところに下ろされるというものだ。そして通常それは正しい。

だからといって、注目を浴びるデザイナーたちが生み出すスタイルが必ずしも消費者に受け入れられるということではないし、服を棚に並べる前に仕入れの決断をしなければならない小売業者に受け入れられるとも限らない。しかしある特定のデザインが、しっかり定着してトレンド――「今秋のイチオシはミッドカーフ」――となり、そしてこれらのトレンドが流行り廃りを繰り返し、最終的に次の一連のテーマにとって代わられるということは否定しがたい。

すなわちファッションにおいて、コピーには重要ではあるが直観ではなかなか捉え難い役割があるということだ。成功したデザインの自由に模倣、再加工を許すことで、コピーはファッション・サイクルを加速させるターボチャージャーのような機能を果たす。私たちはこれを誘発された衰退と呼び、このプロセスがデザイナーに新たなイノベーションを強いることになる。あるアパレルデザインが廃れるのは、別に「より良い」デザインが現れるからではない。それらが廃れるのは、あまりに人気が出すぎたからだ。またコピーは、ファッション界の信じられないくらい多様な製品を、ある少数のトレンドを核としてまとめあげる――そして私たちの多くは、トレンドの出現によってそのシーズン、あるいはその年に何を着ればよいか理解する。このプロセスを私たちは定着と呼ぶ。

これら二つの力が――無数のコピーとともに――巨大で活気あふれる革新的なマーケットをお膳立てしている。ファッションにおいて模倣の自由は、イノベーションへの非常に強力な経済的インセンティブとなっている。コピーは人気デザインの死と新たなデザインの誕生を助ける。そしてコピーは、スタイルのサーチコスト減少にも役立っている。これが著作権侵害パラドックスだ――そして主にこのようにして、ファッションはイミテーションをイノベーションと融和させるのだ。

規範と先行者利益

コピーがあってもファッションの創造性が栄える理由を説明できそうな、他の議論をちょっと考えてみよう。まずは、この本で検証した他のいくつかの産業でも重要な役割を果たす、社会規範の影響の可能性について考えよう。社会規範は多くの学術研究の対象とされてきた。しかし、ファッション産業における社会規範の影響は、コメディや料理といった後で見る他の領域に比べると、きわめて慎ましいようだ。私たちはアパレル産業で行われているコピーの規模や種類に、社会規範が大きな影響を及ぼしているという考えには懐疑的だ。

二つめに考えられる議論は、経済学者たちが「先行者利益」と呼ぶ概念をめぐるものだ。先行者利益とは、市場における先行者は、他の人たちが参入して競争し始める前に十分な利益を得られるから、それでイノベーションの手間が十分に報われるという考え方だ。ファッションにおいて、先行者利益は多少関係しているようだが、こちらの効果もかなり小さい。最後に、コピーのパラドックスめいた効果に関する議論が持っていそうな含意をいくつか考えよう。特に検討したいのは、私たちが正しければ、ファッション・デザイナーは時には自分自身のデザインをコピーしなければならないという含意だ。

社会規範

創造的産業のなかには、模倣に直面しても、社会規範の力によってイノベーティブであり続けるものもある。これらの規範はコピーに対して、法の枠を超えた抑止力として働く。それらはコピーを特定の範囲内に押しとどめ、「行き過ぎた」コピーにコストを強いるよう機能する。そのような規範はデザイナーたちのあいだで重視されるだろうか？

高級ファッション界では、あからさまなコピーは顰蹙をかう。あまりに露骨な引き写しとして冷笑されると、野心的デザイナーとしてのキャリアは台無しになる。コピーに関する最近のある分析では、アメリカのファッション産業は規範に基づいて動いているという。コピーに関する規範は、効果的な支配システムを形作っていると言われている。そのシステムは「違反者には、アメリカのファッション・メディアから酷評される、あるいは無視されるといった、厳しいペナルティーを与えることが可能で、それによって最終的にブランドネームと収益が損害を被る[66]」という。

しかし、実際に規範がファッション・デザイナーたちを抑制しているという証拠は、かなり乏しい。以前触れたニコラ・ゲスキエールとカイシク・ウォンの例で明らかなように、一流デザイナーでさえコピーしている。ファッション業界関係者なら、有名どころからそうでないものまで、その他多くの例を思いつく。もちろん、規範が破られたという事実があるだけでは、規範に効力がないことにはならない。そして確かに、ゲスキエールがあまり知られていない（そしてすでに死亡した）デザイナーをまるごとコピーしたのは、実際問題として、マーク・ジェイコブズといった存命している活躍中のファッション界の大物をコピーするのとは訳が違う。

それでもゲスキエール事件は、ファッション・エリートたちのなかで反コピー規範がそれほど強くはないことを示している。『ニューヨーク・タイムズ』紙によると、ゲスキエールはこの問題についてあけすけに語っているだけでなく、まったく悪びれた様子もなかったという。「人々が私のインスピレーションの源に目を向けてくれたことを私は嬉しく思う」と彼は述べ、自分がしたことを音楽産業におけるサンプリングと比べている。「これが私のやり方だ。いつも言ってきたように、ヴィンテージを参考にしているんだ」。彼はこの事件で自分の評判に傷がつくとは思っていない。「いや、私の名声には多くの理由がある」と彼は言う(67)。

さらに、『タイムズ』紙が示唆しているように、この件の痛手がすぐに終わるという楽観主義は、ゲスキエールだけのものではない。「バーニーズ・ニューヨークのファッション・ディレクターであるジュリー・ギルハートは、二つの服がいかに似ているか知った時に驚きを顕わにしたが、それでも彼女は「これでバレンシアガの創造性が失われるなどとは思わないわ。いったいこれまで何人がイヴ・サン＝ローランをコピーしてきたかしら？　私が問うのはいつも、同じことでも誰がもっとうまくやってのけたか？　ということ。私たちはみな、何が借用され、何がされてこなかったかすぐに見抜くだけの才覚はあるのよ」と言う(68)」。

ゲスキエールは確かに有名ではあるが、デザイナーの一例にすぎないので、この件だけで結論を出すわけにはいかない。しかしファッション関係の報道を見れば、その行動にしても考え方にしても、彼だけのものではないことがわかる。マーク・ジェイコブズは、ジョン・ガリアーノ、シャネル、マルタン・マルジェラ、その他の作品の模倣だとあちこちから非難されている(69)(当のジェイコブズ自身はこの非難に対して、興味深い自己弁護をしている。「私はいま起きていることに注意を払っているんだ［…］私はこれまで、シャネルが言ったように、自分自身の創造性に固執したことはない」)。２００８年、プロエンザ・スクーラーのデザインチームは、バレンシアガのゲスキエールの作品をそっくり真似すぎたと非難を浴びた。以前には、カルヴァン・クラインがヘルムート・ラングとジョルジオ・アルマーニから盗用したと言われたことがある、等々。トップデザイナーが、ライバルからアイデアを盗んだと非難を受けるのは珍しいことではない。こうした非難も彼らの歯止めにはなっていないようだし、コピーした者が目に見えるような方法で同業者たちから責任を問われたこともない*。

興味深いことに、デザイナーのなかには自分たちがシェフと似ていると主張する者もいる。そのようなデザイナーたちは、シェフたちは概して他人の作品をコピーではなく再解釈していると考えている。クリスチャン・ラクロワは「デザイナーは少なくとも外見に独自のひねりを加えなければならない」と述べている。「インスピレーションだけでは十分でない。もっと先に進むには、独自の力強さ、エネルギー、イマジネーションが必要だ。料理のようなものだよ。本に書いてある通りに料理を作るなら、それは単にレシピをコピーしているだけだ。レシピにアレンジを加え、自分自身の思いつき、あるいは直

* これについて、ファッション・デザイナー、ヴェラ・ウォンは、ハリウッドの脚本家ウィリアム・ゴールドマンの有名な「誰も何も知らない」という言葉をもじって、ファッション界では「これまで何の手もうたれてこなかった」と言っている。

観で、スパイスや材料を加えた時に、初めて料理は独自の創作物になる」[70]。

社会規範の効果を評価するのは本質的に難しいが、そういった反応を見ていると、社会規範が、一流デザイナーたちのあいだで――少なくともまるごとコピーを除けば――コピー抑止に重要な役割を果たしているとは考えにくい。そしてもちろん、コピーに対する規範が強いのであれば、大々的でしばしばあからさまなコピーが横行しているという紛れもない事実もきわめて説明しづらい。するとファッション・デザイナーたちが、横行するコピーに直面しても創造性を失っていない点について、社会規範では説明できないのではないだろうか。

先行者利益

ファッション・デザイナーが大規模なイミテーションに直面してもイノベーティブでいられるのは、「先行者」に与えられる利益が、イノベーションを維持できるほど大きいからかもしれない[71]。もしもコピーが市場に溢れる前に元のデザイナーが十分な数を売ることができるなら、平均すれば、イノベーションを続けても採算がとれるくらい収益があがるかもしれない。

私たちは、先行者利益はファッションで多少は影響していると思う。しかし、これがイノベーション維持の核心だということを示す証拠はほとんどない。どちらかというと先行者利益は、著作権侵害パラドックスがすでにもたらしているインセンティブを後押しするものらしい。どういうことか？　もしも先行者利益が、ファッション産業がコピーに直面しても創造能力を失わない理由の最良の説明だというなら、デザイナーたちには模倣者が参入してくるまでにかなりの時間――言い換えれば、模倣者が売り始める前に自分たちのデザインを販売するための時間として、おそらく2、3カ月――が必要だ。でも以前言及したように、業界でコピーが始まるのはとても早い。今日の模倣者は迅速で、本家と同時、あるいはもしかするとそれよりも早く市場にコピーが出まわると言われることも多い。もしそうなら、先行者利益でデザイナーたちの利益に差が出るという主張は疑わしい。コピーはオリジナルの直後に発売されたり――あるいは先に市場に出まわるかもしれないのだから。

もう少し掘り下げてみよう。コピーのスピードについてのまともな研究はないので、存在しそうな先行者利益の正確な有効期間を知るのは難しい。それでも、テクノロジーの変化から見て、模倣者たちは過去よりも現在のほうがすばやいだろう。少なくとも、この見方は広く普及している。1940年代にモーリス・レントナーはファッションを保護するためのアメリカ著作権法修正案を議会にもちかけて失敗したが、その失敗の理由がなんであれ、現在はまさにそうした改正が必要なのだという主張の根拠として、この議論が持ち出されることが多い。

しかし、コピーが本当に以前よりも早くなったのかは怪しい。実のところ、ファッションにおけるコピーは、ずっと昔から簡単で早かったのだ。アル・ゴアがインターネットを発明するよりもずっと前から、ただの写真とファックスを組み合わせれば、模倣者たちはオリジナルを撮影するかスケッチして、数時間後には仕事にとりかかれた。それ以前ですら、大陸をまたがる飛行機によって、デザインは数日でコピーされたし、国内のデザインなら1日もかからなかった。1936年、『タイム』誌は「大恐慌時代初頭以来、コピーによって、いかなる独占的モデルであっても24時間以上は独占的であり続けることはできなかった。朝60ドルで売り出されたドレスの複製品が、日が暮れる前に25ドルで売り出され、週末までにはもっと安いものが出回った」と書いている。(72)

つまり、ファストコピーは実際には何十年も前から行われていたのだ。そして同じくらい長きにわたり、人々はファストコピーによる業界の破綻を予言してきた。1940年の『ハーヴァード・ビジネス・レビュー』誌の、デザインの著作権侵害行為に関する記事によれば、「ここ50年間」ファッション製造者たちは「現代の高速なコミュニケーション手段」によってコピーが高速になってきたため、オリジネーターに与える損害も増えたと不平を漏らしているそうだ。(73) もしもファッション業界が1930年代、40年代にそこまですばやかったのなら、コピーのスピードはそれ以来数十年で、ほとんど変化していないことになる。実際、模倣者がオリジネーターを市場で打ち負かすという主張ですら、まるでインターネットとグローバリゼーションのすばらしき21世紀世界が生み出した議論のように思えるだろうが、実は本当に昔からある古くさい議論にすぎない。ファッション業界ウォッチャーたちは、ハーバート・フーヴァーが大統領選に出馬を決めたばかりの時代から、すでにこの危機について警鐘を鳴らしていた。(74)

要するに、ファストコピーの影響に関する主張は、深遠で目新しく聞こえるが、ずっと昔から存在していた。ファストコピーは古くさい話なのだ。そしてその後数十年の長きにわたって、アメリカのファッション産業は大きな成功を遂げてきた。結論としては、デザイナーがその独創性によって、模倣者が参入してくる前に利益をあげられるような、先行者利益の黄金時代はなかったようだ。そうなると、コピーがファッションの創造性を殺してしまわない理由を先行者利益で説明するのは難しくなる。

ちなみに、ファストコピーがファッション産業全体に深刻な損害を与えているという証拠もあまりない。もしもファストコピーが深刻な問題ならば、この業界がファッションショーのスケジュールをここまで重視している理由を説明するのは難しい。多くの新しいデザインがニューヨーク、パリ、ミラノ、ロンドンの春と秋の主要なショーで発表される。「春物」のショーは実はその前の秋に行われる。そして「秋」のショーが行われるのは、その前の春だ。もしも先行者利益が重要で、即席コピーが致命的ならば、ショーと販売とでそんなにあいだを空けるわけがない。ファッション産業は、先行者利益を護るために、秘密主義とスピードに頼るはずだ。主要プレーヤーがそういうことをしていないという事実は、この産業全体にとって先行者利益がイノベーション誘因の主な源ではないと示唆しているのだ。

それでも、先行者利益はアパレル産業の成功に多少は貢献しているだろう。でもそれは生産者側よりも消費者にとって重要なのだ。それはどういうことか？

デザインをすばやくコピーするのは簡単だが、だからといって人々がそれをすばやく買ってくれるとは限らない。消費者が、自分たちの好みやシーズンのトレンドを見極めるには時間がかかる。公開から普及までの時間的遅れによって、早くそれを取り入れた者は他の人々と差別化できる。まずファッションに敏感な人々が新しいデザインを取り入れ、少しずつ、それが広がる。流行になりつつあるデザインを自由にコピーできるのでトレンドが創り出され、最終的にそのデザインが市場へ普及するのを助ける。しかしこのような過程が展開するには、まずもとになるデザインが流行する必要がある。そして実際問題として、スタイルの流行は、即座に起こるのではなく時間がかかる（そしてもちろん、多くのスタイルはまったく流行らないまま終わる）。つまり、創造から広範なコピーの普及までには常にいくらかの時間差があり、この時間差が著作権侵害パラドックスの重要な要素の一つなのだ。でもこの議論は、ファッション・デザイナーがコピーに直面しても創造的でいられるのが先行者利益のせいだという議論とは別物だ。

要するに、ファッションのコピーで成功するには、ただコピーするだけでは十分ではないということだ。勝ち組をコピーする必要があるのだ。そしてそのためには常に待つ必要がある。

結び――デザイナーは自分自身のデザインをコピーしなければならない?

ファッションにおける著作権侵害の逆説的な効果には、興味深い含意がある。もし自由で合法的なコピーがファッション・サイクルをますます加速し、急速なスタイルの変化と大きな売り上げをもたらすなら、なぜ個々のデザイナーたちはコピーを他人任せにしておく必要があるのか? 言い換えれば、デザイナー自身が自分のデザインをコピーすればよいのでは? 結局のところ、デザインは普及すればするほど、早く廃れる――そしてそれだけ早く新しいデザインが生まれるのだ。

実際、賢明な企業は自社製品の目に見えて劣るバージョンを安価に無料提供すべきだという、挑発的な提案をした者もいる。(75) 自社ブランドの劣ったバージョンを無料で配る会社は寡聞にして知らない。そしてそれには理由がある。ブランド保護――価値ある高級商標の独占権を維持したいという商標所有者の欲望――により、このようなことは現実世界では起こらないのだ。しかし自分で自分をコピーした慎重なバージョンなら知っている。関係者が「ディフュージョン」ラインとかブリッジラインとか呼ぶものだ。

ディフュージョン・ラインとは、有名デザイナーがまったく別ながら関連したブランド名を冠して、自分の作品を低めの価格設定で売るものだ。良い例が、マーク・ジェイコブズのマークだ――マーク・ジェイコブズがデザインした(ことになっている)ものだとはっきりわかるが、最高級のマーク・ジェイコブズとは違う。確かに、評価の高い商標を複数の価格帯に使うと、ブランド価値が薄まる危険がある。ファッション関係者のなかには――JCペニーで大衆向けに自分のブランド名で服を売ろうとして品位と富を劇的に失うことになったハルストンの例を引いて——これらのラインがブランドのアイデンティティを不明瞭にし、評価を汚す危険を強調する者もいる。それでも多くの有名デザイナーブランドが、値段を下げたセカンドライン、そして場合によってはサードラインを展開している。このような現象を理解する一つの方法が、それは自分自身の名を冠したデザインをコピーする戦略と捉えることであり、それによって本物を買えない消費者も——魅力あるブランド品を——少なくとも一つぐらいは手に入れられるようになるのだ。

この戦略で有名なのがジョルジオ・アルマーニで、このブランドには数え方にもよるが五つの異なるラインが存在する。しかしほとんどのファッション企業は、このディフュージョン版の世界にはあまり深入りしない。なぜアルマーニの手法がもっと一般化しないのかというのは興味深い問題だ。しかし、この業界ではどこでも、ある程度は自己コピーが行われているのは明らかだ。

私たちは、自己コピー——同一の基本デザインが異なる価格で提供される——が稀な理由は、商標の大きな力と関係があると考えている。ハルストンやピエール・カルダンが教えてくれたように、ブランドに傷をつけるのは危険なことだ。さらに、同じブランド内でもレーベル——アルマーニ・エクスチェンジ、アルマーニ・ホワイト・レーベル、等々——によってアイデンティティが違い、それを曖昧にするのは危険だ。ハイエンドの顧客はそれを快く思わない。お気に入りのデザイナーの服がフォーエバー21にパクられているのを目にするのと、デザイナー自身がそれをするとでは話が違う。こうしたことから、ファッション企業は抜け目なく慎重になっているのだ。どうやら、コピーは他人に任せておいたほうが無難なようだ。

出発点に戻ろう。ファッションにはイミテーションがはびこる——そしてそれが完全に合法な——巨大産業だ。コピーの蔓延が創造性を破壊し市場を殺すという、イノベーションに関する従来の考えに従えば、ファッションは経済的に急落しているはずだ。だが、アパレル産業は単に生き延びているだけではない――大繁栄しているのだ。大がかりな合法コピーは、かつては人々が欲しがったデザインを服飾史のゴミ箱送りにして（捨てたものもおそらく後で埃を落として、再導入するだろう）、流行に敏感な人々に本当に新しい何かを探し求めさせることで、ファッション・サイクルを加速する。そしてコピーは現代ファッションの礎石であるトレンドを発展、拡張させる。その結果が、ダイナミックでイノベーティブで、成功をおさめた、そしてコピーだらけのアメリカのファッション産業なのだ。

2

料理、コピー、創造性

２００７年春、エド・マクファーランドという名のシェフがマンハッタン、ダウンタウンのラファイエット・ストリートに、エドズ・ロブスターバーというレストランを開店した。それまでの数年間マクファーランドはグリニッジ・ヴィレッジのコーネリア・ストリートにある大人気のパール・オイスターバーで副シェフを務めていた。パール・オイスターバーは小さな店だが、有名でいつも満席だった。シェフでオーナーのレベッカ・チャールズはシンプルな調理法で熱狂的なファン層を築いていた。絶品シーフードの簡潔なメニューリスト、上品だが無駄のないニューイングランド沿岸風の内装、イングリッシュマフィンのクルトンをあしらったシェフの名を冠したシーザーサラダ、そしてテーブル上に盛られたたくさんのオイスタークラッカー。

やがてエド・マクファーランドは自分の店を持とうとして、それが実現した時、彼はパール・オイスターバーで働いていた時に得た多くのアイデアを取り入れた。少なくとも、レベッカ・チャールズはそう主張している。パールから2キロも離れていないところにエドズ・ロブスターバーが開店した直後、怒ったチャールズはローワーマンハッタンの連邦裁判所で訴訟を起こした。レベッカは訴状で、マクファーランドが「パールのあらゆるメニューを剽窃した。パールの料理の盛りつけすべてをコピーした。（そして）すぐにそれとわかるパールの内装を、そっくり真似た[1]」と主張した。チャールズに言わせれば、エドズ・ロブスターバーはよく知られた彼女のレストランの「まったくの盗作」ということになる。チャールズが最も癪に障ったのは、シーザーサラダのことだった。彼女がマクファーランドに彼女の名を冠したシーザーサラダの作り方を教えた時、彼女は彼に「これをこの店以外で絶対作ってはだめよ」と言った[2]。それにもかかわらず、エドズ・ロブスターバーのリストには、まるでそれを嘲るように「エドのシーザーサラダ」というメニューが載せられている。

マクファーランドの見解は違う。「私なら、よく似たレストランという言い方を選ぶ。私はこれをコピーとは言わない」と彼は『ニューヨーク・タイムズ』紙に語っている。マクファーランドは二つの店舗の違いをいくつか挙げている。彼によれば、エドズ・ロブスターバーのほうが「ずっと高級志向で[……]ずっと小奇麗で清潔で、ずっと素敵だ」と断言する。さらに、エドズには（パールにはない）天窓と（パールは当時から、そして今でも、小エビのカクテルと一緒に、牡蠣とハマグリを殻に載せて客に出しているが）生食専門のバーがあった。マクファーランドは、パール・オイスターバーの内装のほとんどが、ニューイングランド地方のシーフードバーではありふれたものだとも言っている。パール・オイスターバーとエドズ・ロブスターバー両店のメニューやデザインは、明らかにそうしたニューイングランド地方のシーフードバーがもとになっているのだ*。とはいえ、エドズ・ロブスターバーがパール・オイスターバーにそっくりであることは否定できない。奥行きがあって幅の狭い店内の真ん中にバーを配置した、カジュアルだけど無駄のない店舗デザイン。メニューも、エドズではその名にふさわしくロブスターを前面に出してはいるが、かなりよく似ている。

レベッカ・チャールズとエド・マクファーランドの訴訟は、結局示談で片付いた。しかしこの訴訟が喚起した問題は、料理コミュニティを揺さぶり続けている。シェフは自分の創作にどのような権利を持つのか？　料理のオリジナリティとは何か？　オマージュが一線を超えて盗みになるのはどの時点か？

このような問題は、未解決のままだが、その利害は決して小さいものではない。ファッション産業同様、レストラン産業は非常に巨大だ――アメリカの外食産業の2010年の売り上げだけでも6040億ドルに達する。[3]　またファッション同様に、料理界でもおおっぴらにイミテーション――借用、コピー、あるいはお望みならば剽窃と呼んでもかまわない――が行われている。そしてこれもまたファッションと状況がよく似ているが、ほとんどの場合、アメリカ法はシェフの創作物に対して極めて限定的な権利しか与えていない。どんなに独自のものだろうと、あらゆる実用的レシピには著作権が認められていない。したがって、料理本全体としては著作権が認められていても、個々のレシピは誰でも借用し再頒布できる――少しインターネットを探って、「エピキュリアス」のような人気料理サイトを見ればそれは明らかだ。

おそらくもっと重要と思われる「作られた料理」――食べることのできる料理そのもの――もまた保

＊　1913年に貝好きを対象に（生食専門バーとともに）開店した、由緒あるグランド・セントラル・オイスターバーもそっくりだ。また、最近パール・オイスターバーに行ってみたところ、法廷で論争の対象になったシーザーサラダについて説明を求められたウェイターは「ごくふつうのシーザーサラダで、何も変わったところはありません」と答えたこともおそらく注目に値する。

護されていない。いくらレベッカ・チャールズのシーザーサラダが美味しくても、世界のあちこちにいるエド・マクファーランドによるコピーを阻止する法律はない。誰でも自分の好きな料理を味わい、自分の技能を使ってそれをリバースエンジニアリングして（味と主な原料の使用法を判別し、それを作るために必要な手順を再構築する）、競合レストランを含む、別の場所でそれを再現していいのだ。食通なら誰でも知っているように、このようなコピーは日常的に行われている。

それにもかかわらず、現代の料理界は驚くほど創造的だ。グローバリゼーションが、世界中から集めた新しい食材による無限のパレットを私たちにもたらし、それらを手頃な価格にしてくれた。そして、「モレキュラー・ガストロノミー」や「モダニスト・キュイジーヌ」などによって開拓された、新しい料理術もたくさんある。毎日新しい料理が発明され、改良されているのも、驚くに値しない。多くの点で私たちは、以前よりもより多くの選択肢とより豊かな創造性に満ちた料理黄金時代を生きていると言える。

つまり、料理もファッションとほぼ同じ問題をかかえているということだ。シェフたちは自分たちの中核となる製品が法的にほとんど保護されていないのに、どうやって創造性を維持しているのだろう？コピーに対する考え方の主流——コピーは創造を抑えこんでしまう——は、なぜキッチンには当てはまらないのだろう？

料理超略史

何千年ものあいだ、世界中のシェフたちが美味しい食べ物を創り出そうと苦労してきた。だが歴史上のほとんどの期間は、そうしたシェフたちはまったく無名のまま苦闘を続けてきた。西欧でアントワーヌ・カレームやオーガスト・エスコフィエなどごく少数の偉大なシェフたちが、世に認められ多少なりとも名声を得るには19世紀まで待たなければならなかった。これらのパイオニアたちが最初に世間の関心を集めてからも、何十年間にもわたりシェフたちは、視覚芸術や文学界における仲間と同列のアーティストとして扱われることはなかったし、20世紀に入ってもかなり経つまで、ほとんどのレストランがシェフについて言及することはなかった。もちろん、今日ではスターシェフはそこかしこに存在する。食通たちはシェフを追ってレストランを渡り歩き、有名な「コンサル・シェフ」ともなれば、自分が訪れたこともない調理場にも名前の使用を許諾することもあるし、テレビの料理専門局「フード・ネットワーク」は、料理コンテストとセレブを組み合わせた分野を生み出した。『ニューヨーク・タイムズ』紙の食事欄には、まるでトレードによってチームからチームへと取引される野球スターのように、シェフの去来が、記されている。

フランス、イタリア、中国といった国々には古来より続く名高い食の伝統があるのに対し、アメリカでは歴史の大半を通じて確固たる料理文化は存在しなかった。よく知られているニューオーリンズのような土地では郷土料理が栄えてきたし、それほど有名ではないサウスカロライナ州の低地帯でも伝統的食材と料理が大切に伝えられてきた。しかしアメリカの大部分は、ヨーロッパに比べると、長きにわたり料理については不毛の地だった。現代アメリカ食文化の歴史について記した興味深い著作『ルッコラ合衆国』のなかで、デヴィッド・カンプは、数年間フランスに滞在後、１８３３年アメリカに戻った小説家ジェームズ・フェニモア・クーパーの話に詳しく触れている。フランスとアメリカの食習慣の違いを評して、クーパーはアメリカ人を「これまで知られている文明国のなかで最も醜悪な食物を提供する人々」であり、「大量の、粗末で、消化に悪い」食物を常食していると評している。[4] 19世紀の金ピカ時代になると、大都市富裕層は確かに良い食事をとっていたが——実業家ダイアモンド・ジム・ブレイディと、牡蠣、テラピン〔食用ガメ〕、ローストダックといった彼の食した豪勢なごちそうを思い起こしてほしい——アメリカには食物を評価する大衆文化はなかった。ニューヨークなどではレストランの高級料理が提供されていたが、第二次世界大戦が終わるまで、ほとんどのアメリカ人はレストランで食事することなどめったになかった。

20世紀半ばにはこれが変化の兆しを見せる。１９３９年ニューヨークのフラッシング・メドウズで開かれた世界博覧会が、アメリカにおける現代フランス料理の発祥であるとも言われる。それがマンハッタンのアンリ・ソウルズのレストラン、ル・パヴィヨンに引き継がれ、１９７１年に閉店するまでのあいだ、戦後ニューヨークの高級フランス料理はこの店を中心に展開した——それと同時に多くのトップ・シェフがここで育った。[5] 同じ頃、影響力を持つシェフで、フード・ライターでもあったジェームズ・ベアードが、伝統的なアメリカ料理と食材に対する評価を高めた。アメリカ人の高級料理への興味は、１９６３年に放映が始まり、瞬く間に文化的アイコンとなったジュリア・チャイルドのテレビ番組『フレンチ・シェフ』が実証し、かき立てた。ますます豊かになり、余暇の増えたこの国で、料理は娯楽、さらには情熱の対象として受け入れられた。

１９７０年代までに、ニューヨークとカリフォルニアで新たに出現したシェフたちによって、高級料理は刷新され、地産食材、あまり手を加えない料理法、カジュアルなサービスが強調されるようになった。やがてアメリカ人は、ヤギのチーズ、ベビーリーフ、天日干しトマトといった、かつてはエキゾチックとされた食材を楽しむようになった。弁護士であるニナとティム・ザガット夫妻は、１９７９年、外食するアメリカ人がどんどん増えるなか、（一人の批評家ではなく、多くの見識ある顧客の観点を反映したという意味で）大衆向けのレストランガイドを発表した。１９８０年代には、ウルフギャング・パック、デヴィッド・ブーレイ、ダニー・マイヤー、アリス・ウォータースといった今ではよく知られるようになった人々の主導により、本格的な料理革命が起こった。次第にシェフたちはセレブ化し、レストランは——多くの人にとって——美術館やオペラ・ハウスと同様に芸術鑑賞の場となった。こういった変化に気づいたアメリカ労働省は、１９７６年に料理人の分類を「家事奉公人」から「専門職」に変えた。(6)

20世紀末の「シェフ革命」は、最高の料理に対する理解と評価の変化と同時に起こり、それらが原動力となった。創造性は熟練の域に達した昔ながらの緻密な伝統的調理法とともに、常に優れた料理の一要素であった。しかし評価の主流は、次第にイノベーティブで斬新な料理が占めるようになってきた。なかでもよく知られた例として、頻繁に模倣されてきたウルフギャング・パックのスモークサーモン・ピザがある。ピザは昔からあったが、伝統を重んじないロサンゼルスで働いていた（そして元祖スパーゴのピザ職人、エド・ラドゥの助けに拠るところも大きい——おそらくとても大きい）オーストリア人シェフのパックは、ピザ界に真の新しさをもたらした。* パックの成功は無数の模倣者を生み、ピザは一変した。そしてそれにより、ウルフギャング・パックはとても金持ちで有名になった。

一言で言えば、１９６０年代以降、とりわけ１９８０年代とそれ以降、アメリカ食文化は目覚ましい

＊　ラドゥはその後、きわめて成功したカリフォルニア・ピザキッチンのメニュー開発を担当しつつ、独自のレストランであるカイオティ・ピザカフェを創業した。異様な偶然により、カイオティで最も有名なのはピザではなく、まったく違うイノベーションだ。そこのサラダは「ザ・ザ・サラダ」（著作権マークつき）として知られ、出産促進作用を持つとされていて、しばしばロサンゼルス中の出産予定日を超えた妊婦たちが食べている。

隆盛を経験した。全体として裕福になり時間のなくなった国民は、自宅で料理する代わりに外食を選択するようになった。確かにアメリカ人の圧倒的多数が、ファストフード・レストランか、大陸に点在する無数の簡単な中華テイクアウト店で食事をするようになった。[7]（アメリカにはマクドナルドよりも中華レストランのほうが多い）。しかし同時に、イノベーティブで魅力的な料理を食べたいと願う、食にうるさい大衆が増えるにつれ、アメリカではもっと洗練されたレストラン環境が発展した。

今日、私たち——確かに全員ではないが、豊かなアメリカ人の大部分——は、いまだかつてないほど食中心の国で暮らしていると言っても過言ではない。これら恵まれた人々にとって、創造的で珍しい食べ物の探求は日常となっている。今や食は娯楽であると同時に芸術でもあるのだ。

おそらくこの現実を最もうまく捉えているのが、1960年代から70年代に増加した週刊レストランレビューの増加だろう。『ニューヨーク・タイムズ』紙では、長いあいだ「女性向けページ」とされる欄に食専門の編集者を抱えていたが、1960年に伝説的な食専門編集者クレイグ・クレイボーンが登場して、今日ではお馴染みとなったレストランの成否を左右する星取り評価方式のレビューを始めると、これが評判を呼んだ。[8] それとともに、シェフにエンターテインメントと楽しみを求める文化が生まれ、シェフは彼らを崇拝する大衆がもたらす、公私にわたる称賛とお金をめぐって競うようになった。そのために、野心的なシェフたちは、新しい料理のアメリカ人への紹介、あるいは伝統料理法の改革にますます励んだ。そのあいだにレストラン産業は急成長を遂げた。1970年には430億ドルだったアメリカの飲食関係の総売り上げは、現在6000億ドルを超えている。[9]

次第にほとんどすべての主要外国料理、そして多くのマイナー料理が提供されるようになった。それも伝統的なものと現代的な改変版の両方が、まずは大都市、そして次に小さな都市や町にまで広がっていった。「アメリカ」料理（通常はニューアメリカンと呼ばれる）が、伝統的な地域料理を刷新し、新しい洗練された料理になることで、多くの人々の崇拝を集めた。華々しい料理文化のイノベーションが生まれた。さらにこの文化は、世界中のシェフが頻繁に協力し合い、時には互いにアイデアを借用（あるいは、厳しい言い方をすれば盗用）することで、さらなるグローバル化を遂げた。実のところ、これらのイノベーションのいくつかは、実際の料理というよりも、レストランの雰囲気やデザインに関するものだった[10]（ブリュッセルには、客をクレーンで空中に吊るすレストランがあるし、テルアビブには、当然もう潰れてしまったが、食べ物を食べる「ふり」だけさせて、お金だけはしっかりとるレストランがあった）。しかしこのような詐欺まがいの例は、アメリカと世界各国の食事の多様性を否定するものではない。今日尊敬を集めている、トマス・ケラーのようなシェフたちは、そのすばらしいレストランだけでなく、発明したある特定の料理――例えばケラーの有名な「牡蠣と真珠」（真珠状のタピオカのベッドの上にキャビアを散らした牡蠣を載せたもの）――によって名声を得ている。

料理に究極のイノベーションを求めるこのような傾向の極北は、しばしば「モダニスト・キュイジーヌ」と呼ばれる[11]。最近閉店したスペインのレストラン、エル・ブリのフェラン・アドリアやシカゴのモトのホーマロ・カントゥらその実践者は、複雑で創意あふれるプロセスによって、味をつけた泡や液体「オリーブ」、食べられるインクといった様々な美味なる特殊効果を創り出す[12]。これらの料理の多くは美食の限界に挑んではいるが、なかには奇をてらいすぎていたり、食べられそうになかったりするものもある。しかし間違いなく斬新だし、人々はそれを経験するために喜んでお金を払う。

このような洗練された世界以外でも、料理の創造性は、過去とは比べものにならないほど重視されている。シェフたちは、新しい味付け、食材、技術の組み合わせによって、慣れきった味覚にしきりに刺激を与えようとする。例えば、２００６年『ウォール・ストリート・ジャーナル』紙は「高級レストラン文化は大きな転換期にある。［…］ここ10年でイノベーションに焦点がシフトし」、これまで料理（特にフランス料理）を何十年も支えてきた、見習い制度が維持する伝統の再生産から脱したと書いている。[13]すべてのレストランがこのようなアプローチの追求に固執しているわけではないし、イノベーティブなシェフが最も集中するのはニューヨーク、ロサンゼルス、シカゴといった大都市に限られる。しかし創造性と多様性は、この国の料理界全体の際立つ要素となっている。要するに、今や私たちはほとんど異論の余地なく――イノベーティブなものも伝統的なものも――これまでにないほど多彩な料理を味わえる、料理の黄金時代を生きているのだ。

キッチンにおけるコピー

現代のキッチンにおける創造性の膨大な産出には、シェフ間で行われるかなりのコピー、あるいはもっと寛大な言い方をすれば、借用がつきものだ。モルテン・チョコレートケーキや黒タラの味噌焼きといった今やどこでも目にする料理は、雨後の筍のようにあちこちで同時に生まれたものではない。それぞれあるレストランで生み出されたものが、少しずつ形を変えて急速に外へと広まったものだ。発案者と思われる人（モルテン・チョコレートケーキのジャン＝ジョルジュ・フォンゲリヒテン、黒タラの味噌焼きのノブ・マツシタ*）は、自分の創作物に対して使用料を求めることはできない。また自分の作品に他人が解釈を加えるのを、阻止することもできない。[14]確かに、現在では大衆市場のチェーン店チリズのメニューにも、モルテン・チョコレートケーキは載っている[15]（実際、「チリズのモルテン・チョコレートケーキ」のレシピと称するものも、インターネットで入手可能だ）。

なぜモルテン・チョコレートケーキ（あるいはそこまで一般的ではない「牡蠣と真珠」）のような料理はコピーから保護されないのか？　アメリカの著作権保護法は「原作者によるオリジナル作品で、有形の表現媒体に固定されたもの」しか保護しない。基本的に、料理による創作物が作者による作品ではないという明確な理由はない。それには作者（シェフ）がいて、食べられるとはいえ有形の表現媒体に固定されている――そのレシピは食べ物自体に「固定」されている。(16) モルテン・チョコレートケーキの絵は明確な著作権保護対象となるし、その彫刻も同じだ。** しかしこれから説明するように、現行法下ではモルテン・チョコレートケーキそのものは保護されない。

まず最初に、ある特定の料理のレシピと、「実物の食物」と呼んでいるものを区別することが重要だ。レシピは材料と指示からなる。それは新聞から切り抜いたものだったり、インターネットの cooks.com で見つけたものだったり様々だ。実物の食物は、皿の上の実在する食べられるものだ。この違いは多くの点で、歌の楽譜とその歌を録音したもの、あるいは建物の建築計画と、入ったり住んだりできる建物の実物との違いと同じだ。楽譜と演奏された音楽は、偶然ながらともに著作権保護の対象だ。同じこと

＊　非公式ではあるが、この料理の発明者はノブ・マツシタとされている。しかし、それは日本では黒タラの料理法として昔からあるものだと業界内部では言われている。例えばマーク・ビットマンは『ニューヨーク・タイムズ』紙に「黒タラの味噌風味はノブ・アット・トライベッカのシェフであるノブ・マツシタの発明ではないが、彼がそれを広めたことは間違いない」と書いている。(Mark Bittman, "The Minimalist," *New York Times*, April 14, 2004).

＊＊　興味深い事例としては、「フード・アーティスト」ジェニファー・ルベルのショー、あるいはインスタレーションには、カクテルを注いだ絵や、5万匹のミツバチで作られた「ハニーペインティング」がある。これらはアートなのかディナーなのか？　前者には著作権が認められるが、後者には認められない。ルベルはまた一時期「野菜処理係」として、マンハッタンにあるマリオ・バタリによるイータリーという店で働いていた。

図 2-1　モルテン・チョコレートケーキ　©Shutterstock.com

が建築図面と建築物の実物にも当てはまる(17)（建築物の場合は、１９９０年に成立した建築作品著作権保護法により、アメリカ著作権法の特定条項が修正された結果、保護対象となった）。しかし、音楽や建築と似ているにもかかわらず、現時点でレシピも実物の食物も、著作権保護対象ではない。そして建築界の建築作品法に相当する「料理作品著作権保護法案」の成立を求める本格的な活動も、これまでのところない。

まずはレシピを検討しよう。１９６６年メレディス・コーポレーションが、ＰＩＬという会社を『ディスカバー・ダノン――ヨーグルトの素敵な50レシピ』のレシピを無断使用したとして訴えた。第七巡回控訴裁判所は、これら二つの本のレシピがほとんど同じだということを認めた。裁判所は次のように述べている。

ＰＩＬのレシピが明らかに、『ディスカバー・ダノン』のものと機能的にはまったく同じだということに疑問の余地はない。［…］確かに材料リスト、調理の説明と栄養素に関する情報にはいくらか違いがある。しかし、ジュリア・チャイルドやジェフ・スミス*でなくても、ＰＩＬのレシピを使えば最終的に事実上同じ料理ができることはわかる。(18)

しかし控訴裁判所が数ページ後で言及しているように、アメリカ法はすべての創作行為を保護しているわけではない。著作権保護は「アイデア、手順、行為、方式、作業方法、概念、原理、あるいは発見」のいずれにも適用されない。レシピはどう見ても、手順や作業方法のように思える。料理をする人に、ある特定の材料を指定した様々な技術を使って、どのような順番で組み合わせるかを教える。事実、この問題について考えた判事やコメンテーターのほとんどがレシピを手順と考えた。その結果、レシピは一般的には著作権保護対象ではないとされている。第七法廷に戻ろう。

それぞれの料理の準備に必要な材料の特定は、事実の提示である。それぞれのリストに、表現的要素などない。すなわち、「カレー風味ターキーとピーナッツサラダ」の材料を記す際に、文学的表現は使わない。そうではなく、記されたものは一つのアイデア、すなわち、特定の料理の準備に必要な食材である。(19)

メレディス対ＰＩＬの法廷闘争には、レシピに対するアメリカで支配的な考えが表れている。レシピ

＊　かつて料理本『ケチケチグルメ』を著し、１９８０、９０年代に人気料理テレビ番組で人気を博したシェフ。（ビースティ・ボーイズは、１９９２年のアルバム『チェック・ユア・ヘッド』で、「ケチケチグルメよりスパイスをたくさん揃えてる」と歌詞の一節に取り上げている。10代の２人のアシスタント・シェフへの性的暴行の嫌疑がかけられて、彼と番組は消えた）。

は実用ガイドであって創造表現ではないという考えだ。それでもメレディス裁判ではあまりに包括的な法、あるいは過度に厳密なルールができあがらないよう配慮された。PILが『ディスカバー・ダノン』からコピーしたレシピには、著作権適用に必要な「最低限の創造的表現」が含まれないため、著作権を認めないと裁判所は断定した。この表現は、そのような「最低限」の創造的表現を含むレシピに可能性を残したように思えた。

これらすべては何を意味するのか？　裁判所は暗黙のうちに、レシピそれ自体が創造的でありうるという考えを否定した――たとえそれが、ウニとアイスクリームとか、これまでにない食材の組み合わせであっても。しかし、レシピによっては、創造的表現を十分含んでいれば著作権が認められる可能性があることを示唆した。アメリカ著作権局――著作権法を管理する連邦政府機関――も似たような立場をとっている。「説明、指示の形」をとるレシピに伴う、任意の「十分な文学的表現」の著作権が保護される場合もあるとしている[20]。よって、レシピに関する批評やレシピから発展させた文書は、材料リストや準備に必要な明確な手順の説明とは別のものとして、著作権保護の対象になる。

イギリスのフード・パーソナリティでシェフでもあるナイジェラ・ローソンの料理本『ナイジェラが食べる』は、このレシピと表現の違いの良い例だ。「ダブル・ポテトとハルーミ焼き〔ジャガイモ、サツマイモと、ヤギと羊の乳のチーズ焼き〕」のレシピの前文で、ローソンはこの一見シンプルな料理にはまだ認められていない良さがあると主張している。

最初私はこれを、炭水化物の気分を高める効用について『ヴォーグ』誌に書いた記事のために作ったんです。〔…〕アイデアは簡単で、作りかたも簡単なんですよ。さらに、成分のバランスもとれています。さっぱりとしたサツマイモ、カラメル状になるまで煮詰めた玉ねぎとにんにく、パプリカのもっとジューシーな甘み、そしてハルーミ（スーパーで簡単に手に入ります）の妥協のないプレーンな塩味——それは次々に食べた人に心の平静をもたらしてくれるようなんです。[21]

この一節はコピー保護されているし、この料理の持つ気分転換特性に対するローソンの考察は、たぶんこの料理本の魅力の一つになっている。実際、一般的に料理本はそのような語り口で溢れているし、それが精彩と文脈を与え、料理、そしておそらくはシェフ、あるいは作者の物語を伝える助けになっている。またこの種の論考を加えることで、料理本はレシピ集——「単なる食材リスト」——から、著作権で保護可能な本へと変わるのだ。[22]その一方で、ナイジェラ・ローソンのレシピのなかで最も価値があると思われる部分——ポテトとハルーミの重ね焼きの作り方の実際の説明——は好きにコピーしてよい。

しかし一歩引いて見ると、次のような疑問がわいてこないだろうか。レシピは本当にただの手順にすぎないのか？　通常その答えはイエスだ。レシピの特質は読む人に、対象となる料理の作り方を伝えることにある。それでも法学者クリス・ブカフスコが指摘するように、レシピを著作権保護対象でない手順として扱うのは、広く利用されているもう一つの指示書、楽譜の扱いと一致しない。レシピは誰かに食べさせるための料理再現方法を調理者に伝え、楽譜は誰かに聞かせるための曲の再現手段をミュージシャンに伝える。紙に記されたレシピと、音符が並んだ楽譜の扱いを変える明白な理由などない。[23]

もしもレシピを楽譜と同じように扱うとどうなるだろう？　楽譜は著作権保護されているので、作曲者以外が公衆の面前で音楽を演奏するにはライセンスが必要だ。同様にもしレシピに著作権を認めると、他のシェフが一般の人々のためにレシピに従って料理を作るにはライセンスが必要になる。

そのような制度の実施は難しいことではない。すでに多くのレストランが、顧客を楽しませるためにCDを再生する場合、公共の場で音楽作品を聞かせるためのライセンス料支払いを求められる。レストランが誰か別の人が作ったオリジナル・レシピで顧客を楽しませる場合、使用料を払わなくてよい明確な理由はない。なんといってもレストランの主力製品は音楽ではなく食べ物なのだ。もちろん、これらはすべて机上の空論にすぎない。現時点でレシピは著作権保護されていないし、著作権をレシピにまで拡大しようとする目立った動きもない。

レシピによって、食べることのできる「現物」になって皿に盛られた食物は、レシピよりもさらに現行著作権法から乖離している。著作権は、創作表現を保護するためのものだ。しかしアメリカ法での食物は、服が機能的であるのと同様、機能的品目であるという考えが支配的だ。私たちが食物を食べるのは腹がすいたからで、食物の質を決めるのは機能であって美的感覚ではないからだ。この論理に従えば、焦がしカラメルソースとマルドン海塩を使ったフォアグラのムースは、表現の提示ではなくある特定機能、すなわち必要なカロリー摂取の媒体ということになる。

このような食物観のルーツははるか昔にさかのぼる。第七巡回裁判所がメレディス対PIL裁判に判決を下すよりもずっと前に、影響力を持つ法律書『ニマーの著作権法』で、レシピのコピー保護は考えにくいという見解が示されている。「なぜならレシピの内容は、明らかに機能への考慮によって決定され、よってたとえレシピに含まれる材料の組み合わせが非著作権的感覚から見た時に独創的であったとしても、それは必要とされる独創性という要素に欠ける」[24]。ニマーの著書は実物の食物の扱いについては考察していないが、おそらく同じ理由づけが当てはまるだろう。料理は実用であって、芸術ではない。よって、著作権の適用範囲にはない。このような見方——一般に「実用品原理」として知られている

——は、ファッションの文脈で見てきたものと同じで、それはアメリカの著作権法の基礎の一つだ。

食べ物への実用品原理の適用に異議を申し立てた者もいた。ポテトで包んだシマスズキのバローロ・ワイン・ソース仕立て、あるいはメープル・ベーコン・アイスクリームの材料の指示が機能性とは無関係であるというのが根拠だ。これらの料理は誰かが発明したもので、そこには絵や短編小説同様の独創性が示されている。確かにそれらには機能——食欲を満たす——があるが、人はオート・キュイジーヌに満腹を求めているのではない。彼らは美的体験を求めてそれらを食べるのだ、という主張だ。

実は同じことが服にも当てはまる。女性が高価で精緻なドレスを買うのは、そのドレスによって自分を引き立てたいからで、それを着ていると暖かいからではない。それでも、法律はそのドレスを、事実上作業着と同じ実用品と見なす。それにどんな美的魅力やオリジナリティがあろうと、現行法下ではドレス、あるいはひと匙のソルベが実用的に役に立つという事実だけで、あらゆる著作権を略奪する理由としては十分なのだ[25]。

要するに、レシピと料理のコピーは完全に認められているということだ。そしてそれを阻止する法律がないため、料理の世界でコピーは——予想に違わず——周知の事実となっている。世界中のシェフが、他人が創り出したイノベーティブで人気のある料理を模倣している。料理本と加工食品でも、コピーは当たり前になっている。そして定量化するのは難しいが、私たちがインタビューしたシェフのなかに、コピーが以前より増えたと考えている人たちもいた。インターネットの進歩によって、コピーは容易になった。今や料理をコピーする際に、それを実際に食べてみる必要すらない。その料理がフードブログか雑誌に写真付きで詳しく紹介されていれば。だが同時に興味深い展開として、インターネットはコピーの識別も容易にした。同じ写真付きのブログから、発案者はすぐに自分の発案した料理が誰かに参照、あるいは単にそっくりそのまま真似されているかをつきとめられる。明らかなのは、写真付きのブログによって、コピー問題についての議論が盛んになったということだ。

言い換えれば、パール・オイスターバーとエドズ・ロブスターバーの争いが注目に値するのは、そこに含まれる行為が特異だからではない。そうではなく、この論争が人目を引いたのは、パール・オイスターバーのオーナーシェフであるレベッカ・チャールズが自分の店のかつての副料理長を訴えるという決断を下したことにある。しかし、シェフたちは彼女の後に続いて、自分の創ったものにいかに些細ではあっても何らかの権利をますます主張するようになった。この章の主な話の流れは創造的作品のコピーに関することだが、キッチンにおけるコピーにはそれでもいくつかの障壁が存在する。シェフ間のコピーのパターンについてより詳しく分析する前に、コピーを制限するどのような法的手段が存在するのか理解しておく必要がある。

コピーの限界

シェフは互いにレシピや料理をコピーできる。しかし、レストラン全体のスタイルや雰囲気を丸ごとはコピーできない。また、「スパーゴ」やマクドナルドの「I'm Lovin' It!」などの商標やフレーズも勝手に使えない。* 例えばパール対エドズの争いで、マスコミはエド・マクファーランドがレベッカ・チャールズのレシピと料理を盗んだという見解に主に焦点を当てた。それは確かにチャールズが公に訴えた主張の一部だった。しかし、実際に法廷で申し立てられた訴状を見ると、話はいくらか違っている。料理――特にシーザーサラダのようなもの――の所有権の主張が、特異かつほぼ不可能なことを認識していたチャールズの弁護士は、かわりにもっと無難な策をとった。彼らはパール・オイスターバーの「トレードドレス」が無断で使用されたと主張したのだ。[26]

トレードドレスについてはファッションに関する考察の際に少し触れた。トレードドレスはトレードマーク（商標）と同種の法概念だ。製品のスタイルや雰囲気は、「パーム」や「タコ・ベル」といったブランド名同様に、その創作者、あるいは製造者を特定する場合があるという考えだ。このような特性から、トレードドレスは権利所有者にとって価値あるものになり、そして最も重要なのが、それがその商品を買いたいと思っている消費者にとっても価値があるということだ。商標法同様に、トレードドレス法は消費者を混乱から護ることを目的とする。特定のトレードドレスが特定の製作者に結びつけられるなら、それが別の製作者によって使用されると、自分が買ったものが何で、誰が責任を持っているのかということについて、顧客を混乱させる可能性がある。もちろん同時に、トレードドレス法は、製品をそのまま真似ようとする人から創作者を護る。

トレードドレスを巡る争いはレストラン界では何も目新しいことではない。こういった争いで問題になるのは、たいていあるレストランのデザインや装飾が一般的なものか、それとも特定の飲食店だけを想起させるものかということだ。もしデザインや装飾が十分それとわかるものであれば、コピーは違法だ。[27]例えば、サンアントニオに拠点を置くテックス・メックス・チェーンのタコ・カバナが、ヒューストンに拠点を置くライバル会社トゥー・ペソが、独自のメキシコ風の装飾とオープンキッチンを取り入

＊　料理界では商標が時として予想もしないようなかたちで使われる。例えば、フード・ネットワークのスターシェフ、エメリル・ラガッセの決まり文句「ちょっぴり味を加えよう！」は、実はテキサス州シュガーランドの石油ガス会社が所有する商標の一つだ。

れたレイアウトをコピーしていると主張した際、最高裁はレストランにおけるトレードドレス法の適用範囲を決める必要に迫られた[28]。

今考えると、タコ・カバナのトレードドレスはまったく一般的なものに見える。しかし1992年当時の最高裁の視点からは、タコ・カバナのレストランは十分独特に見えた。最高裁はトゥー・ペソによるコピーを違法とした[29]（翌年タコ・カバナはトゥー・ペソを買収した）。

トゥー・ペソとタコ・カバナに対する最高裁判断に続いて、多くのレストランがトレードドレス権を主張し、レストランの魅力としては食物同様に重要な装飾の模倣を防いできた。より一般的には、シェフは不当競争法――著作権や特許に関する規則に比べれば、適用範囲が広く、曖昧な営業形態を管理する規則――を行使して、レストランのスタイルやデザインを盗んだり、それから過度なインスピレーションを受けたりする者たちの行動に対抗した。良い例が現在進行中の、ニューヨークやロサンゼルスを中心に高級中華料理で有名なミスター・チャウと、同様に高級中華料理というニッチで展開する新興のフリップ・チャウとの紛争だ。フィリップ・チャウはミスター・チャウで以前働いていたチャク・ヤム・チョウが始めた。チョウはチャウから一連の商標侵害と不当競争違反で訴えられた[30]（チョウ氏はレストランチェーンを展開する時に、名前をフィリップ・チャウに改名したようだ）。2100万ドルの損害賠償を求めたこの訴訟は、商標とトレードドレスがレストランにとって経済的にいかに重要かを示している。

企業秘密法もシェフにとってもう一つの有効な手段だ。企業秘密法は、未発表のレシピを含む有益な企業情報を保護する。最も有名な例はコーラの調合法だ。調合法の秘密は――社内でもそれを知るのは数人の主要人物に限られ――しっかり守られ、コカコーラのライバル会社でこれを完全に再現したところはない。この法律は営業秘密が、従業員やビジネス・パートナーといった、所有者に何かしらの義務を負う者によって盗まれるのを防ぐ。しかし営業秘密法は、競合他社がある特定のリゾット――あるいはドリンク――の作り方をリバースエンジニアリングすることは禁じていない。

　要するに、アメリカ法はレストランの重要な特徴の一部については、商標法と不当競争法ですでに保護しているし、未発表のレシピや特別な材料については企業秘密として、（通常は狭いとはいえ）ある程度の独占権を与えている。レストランの店名（「パール・オイスターバー」）と特定の料理――例としてはチリズ・ビッグマウス®・バーガー、あるいはもっと異国風な例としては、ニューヨークにある有名なデヴィッド・チャンのモモフク・レストランで出されるクラックパイ®やコンポスト・クッキー®――は商標登録できる。レストランのデザインや装飾は、はっきりとした独自性があり、それが一般に十分に認知されていれば、トレードドレスとして保護されることもある。

　知的財産のもう一つの重要な形態である特許には、シェフもレストランも関心を示していない。市販食品産業では、特許は重要なビジネスツールとして、産業プロセスと製品の発明を護るために広く――多くの人が広すぎると主張しているが――展開されている[31]（ある会社などは、ピーナッツバターとゼリーのサンドイッチの特許を取得しようとした。とはいえパンの耳を取り除いた独自バージョンという特徴はあったそうではあるが）。レストランのシェフのあいだでは、特許取得はほとんど行われないが、まったくないわけではない。最も引き合いに出される例が、シカゴを本拠地とするレストラン、モトとイングのシェフ、ホーマロ・カントゥだ。一種のマッド・サイエンティスト的なイメージを発達させたカントゥは、しばしば複雑なツールと技術を使った高度にイノベーティブな料理で知られる。ある時、モトはあるものを料理するために、ダイニングルームにレーザー装置を用意した。カントゥは多くの自分の料理、調理器具、技術の特許を取得しようとした。カントゥは新しいものを創り出すたびに、弁護士と念入りに相談して、アメリカのシェフのなかでも知的財産保護に対して最も積極的に取り組んできた。

モトのイノベーションのなかで最も話題になったのは、特別な味付けをした食用可能な紙だろう。例えばカントゥは小さなこの紙に綿菓子の画像をプリントしたものを客に出した。紙そのものに綿菓子の味がつけてあった。食べられる味付きの紙というだけでも面白いが、最も人目を惹いたのが、その画像の下に印刷されていたものだったことはまず間違いない。

H・カントゥの機密所有物かつ©。特許出願中。使用、公開にはH・カントゥの事前承認が必要。(32)

この（食用可能な）言葉は、新しいライセンスの形態としての機能を目的にしている。文言は知的所有権を思い起こさせるが、この但し書きの実効力は、知財法ではなく、カントゥの示した条件への顧客の合意にある。言い換えれば、カントゥは契約法を創造的に利用することで、自身のイノベーションを護り、顧客がそれらを楽しむためのルールを確立しているのだ。インターネットでソフトウェアをダウンロードしてアップデートしたり、何か物を買うたびに直面する、お馴染みのクリックラップ契約〔透明フィルムのパッケージを破った時点で使用許諾契約の成立とみなす契約〕同様に、このライセンスは契約法を使って、他人による発明の使用を制限している。如才ないカントゥの弁護士はこれを（「イートラップ」と呼びたいところではあるが）「シットラップ（座ると適用される）」と呼んでいる。これまでこのようなライセンスが法廷で検証されたことはない。しかし、クリックラップ契約はほとんどの裁判で効力を持つとされてきたので、シットラップ・ライセンスが認められる可能性も決して夢物語ではない。そのうえ、たとえ訴訟で争われなくても、ライセンスはしっかり効力を発揮しそうだ。そこにはレストランのルールが明示されている。多くの顧客は、一度ルールを理解すれば、それらに従うだろう。

キッチンでのコピーを巡る議論

シットラップ契約はレストラン・コミュニティにはまだ受け入れられていないが、それはもっと一般的な問題の好例となっている。料理はコピーされている。そして、シェフたちはなぜ自分たちの創作物が、他のアーティストたちが受けているのと同レベルの保護の対象とならないのか、次第に疑問を抱くようになった。自分たちの作品がより良い扱いを受けられるようにするために、創造的手段をとる者もいる。これらのシェフたちは著作権法の詳細には興味がなくても、芸術形式によって扱いが様々に変わることを疑問に思うのは当然だと認識している。キッチンでのコピーを巡る最近の騒動は、こういった問題が今や業界内でいかに議論を呼んでいるかを示している。

２００５年、オーストラリア、メルボルンのインタールードというレストランで、この国ではこれまでお目にかかったことがないような食べ物の提供が始まった。インタールードの若きシェフ、ロビン・ウィッキンスは、オーストラリアの料理界を揺るがし始める以前からよく名を知られていたが、彼が客に出した極めて創造的な料理——裏ごししたエビを麺にしたものなど——は彼の初期の作品とは異なっていた*（実際オーストラリアの新聞『ジ・エイジ』の２００４年のインタールードに対する評価は、オリジナルメニューについて古臭いと批判的だった）。すぐにウェブサイト「イーガレット・ソサイエティー」——メンバー、読者に多くの有名シェフと食のプロが含まれる——のコメントでは、新しい料理は、シカゴのアリネア、ニューヨークのWD－50などイノベーティブなことで名を馳せるアメリカのレストランで出されているものの丸ごとコピーではないかと指摘された。そして後でわかったことだが、ウィッキンスはその数カ月前に短期間アリネアでボランティア（業界では「研修生」として知られている慣習）として働いていた。[33]

すぐに「イーガレット」は、モト、アリネアのスタッフ、そしてその他大勢の人気レストランのスタッフによる厳しいコメントで炎上した。非難を受けたウィッキンスは、「これまでそれが自分のオリジナルだなんて言った覚えはない」と主張しながらも、最終的にいくつかの料理をメニューから外し、アリネアのシェフ、グラン・アケッツに謝罪した。[34] しかしこのような決定を招いた「イーガレット」の騒動は、再考に値する。なぜならそれによって、いったいどのようなコピーなら許され、どんなコピーが許されないかを巡って料理コミュニティ内で生まれつつある論調が明らかになるからだ。

「イーガレット」に自称「オーストラリア人シェフ」が、インタールードの料理の多くは、イノベーティブなアメリカのレストランからまるまるコピーしたもののようだと書き込んで1時間もたたないうちに、ウィッキンスは自己弁護を始めた。このサイト上の議論は非常に興味深く示唆的なので、長くなるがそのまま（文法的におかしいところも結構ある）引用したい。まずウィッキンスは次のように主張している。

ちゃんと答えておいたほうがいいだろう。クルマエビ・ヌードルについては、これは「トランスグルタミナーゼ」を見つけたことから生まれた。単にやみくもに創ったのではなく、クルマエビ・ヌードルにはレシピがあり、それをもとに作り始めて、レシピにいろいろ手を加え、新しいレシピとして考え出したんだ。今私たちはそれを完全に新しいオリジナル料理に活用している。アメリカに行ってアリネアで少し研修したことで、新しいアイデアが生まれ、これまで出会ったとてもすばらしい数々のレストランで10年以上にわたり料理してきたなかで、経験したことから、新しいテクニックを見出したんだ。自分のキッチンに戻ってきてからはもちろん、いろいろ試してこれらのテクニックを私たちの料理にどうやったら活かせるか気がついた。[…]私たちは当店のメニューに載せるため、常に新しい進化した料理を考案している。（アリネアの）アケッツ、（モトの）カントゥと（WD－50の）デュフレズネが世界のトップ・シェフであることにまったく異存はないが、彼らも真のオリジナリティはインスピレーションそのものから生まれるということにきっと同意すると思う。もしも彼らが、例えば（エル・ブリの）フェラン・アドリアか誰かが過去に思いついたのと同じように新しいテクニックを思いついたなら。もちろん人々はこれからもそれを模倣し進化させていくだろう。

「イーガレット」の多くのコメントはウィッキンスの自己弁護に対して非常に批判的だった。ある者は次のように書いている。

これらの料理をそのまま再現し、自分のメニューに（言い足すなら、儲けるために）加えるのが、進化の

＊　料理に詳しい人なら、この料理についてのレビューで触れられている料理が、アメリカにおけるシェフ、ダニエル・ボールドが広めた料理に酷似していることに気づいたはずだ（その起源がフランスにあると考える人々もいる）。「一切れのオオニベ――ヒラマサを養殖しているのと同じ南オーストラリアの生産者による養殖種――がカリカリの鱗状のポテトと一緒にローストされ、魚に最適な酸味に整えられたフルーティーで、酸味の効いたバローロソースをかけて、セイヨウネギ・クリームの上に据えられている」。そのほか多くの注目に値する創造的料理同様、これもまた今では世界中の多くのレストランで目にするものだ。

第一歩だと言うのは、まるでマイルス・デイヴィスの『カインド・オブ・ブルー』をそのまま再録音して、『ソート・オブ・ブルー』とタイトルを付けなおして、原曲作曲者については一言も触れないで何食わぬ顔でそれを売って儲けておいて、あとになってそれはミュージシャンとして私の進化の一過程だったと言うようなものだ。

まさにこのコメントが指摘しているように、一般的にあらかじめライセンスを取得しないと、著作権の認められた作品のリメイクは禁じられている。しかし、法廷で特別にその改変がオリジナルのパロディと認められた時はこの限りではない。アリス・ランドールが『風と共に去りぬ』を、奴隷側の視点から『風は去り過ぎぬ』という本に書き直したことはよく知られているが、彼女はそれによって訴えられた。しかし連邦控訴裁判所が彼女の本はパロディであって、それは「フェアユース」であると裁定し、彼女は有罪宣告を免れた。* 同様に、ラップグループの2ライヴクルーも1989年にロイ・オービソンの「オー・プリティ・ウーマン」をリメイクしたとして訴えられたが、これまた最高裁で、このリメイクはパロディであるという判決が下されて勝訴した。(35) これらの例はリメイクの可能性を示唆しているが、あまりあてにならない方法であり、法廷での弁護費用もかさむ。いずれにしても、食物に著作権は適用されず、他人のレシピの改訂は一般的には認められている。しかし合法だからといって、倫理的であるとは限らない――少なくともシェフたちのあいだでは。

レストランにおける研修制度の伝統――若いシェフは基本的に別のシェフの監督下で見習いとして働く――がウィッキンスの事件の問題点の一つであることは広く認識されている。なぜならそれがこのような行為を生み出す土壌となるからだ。あるコメントは指摘している。

キッチンでの研修生受け入れの慣習は長らく維持されてきた。これは、シェフは互いに学びあうことで、芸を育んで発展させるという考えだ。シェフ・アケッツもこの慣習の恩恵を受けてきたし、今や世界中のシェフをアリネアのキッチンに受け入れている。

しかしこの議論への他の参加者が指摘したことだが、研修制度にはいつどのようにコピーするのかについて一連のルールが必要だ。なぜなら研修の慣習では、研修生は必然的に何か役に立つことを学んで持ち帰るからだ。そして当然、それが誰に帰属するのかという問題がコメントの中心になった。例えば、問題は彼が料理をコピーしたこと、あるいは彼が独創性に欠けることではないと思う。明らかな不正は、料理を自分で創り出したと主張していることにある。シェフ・ロビンは本当にすばらしいテクニシャンで、キッチンを巧みに取り仕切っているようではある。もしも彼がちゃんとオリジナルに敬意を示していれば、私たちは今こんなものを読んではいないはずだ。

ここでアリネアの共同経営者が話に加わって、レストラン界全体の見方として、本当に問題なのは誰

＊『風は去り過ぎぬ』裁判の法廷は、どうもこの本を（ひょっとして意図的に）誤読したようだ——ランドールの作品は『風と共に去りぬ』のいかなる意味でもパロディなどではなく、同書の道徳性に関する正面切っての攻撃だ。いずれにしても、法廷がフェアユースの判決を下したことで、ランドールに有利な示談が行われ、ランドールの版元はジョージア州にある歴史的に黒人中心の大学であるモアハウス大学に寄付を行った。この本の表紙には大きな赤丸がついていて、こう書かれている——「非公認パロディ」。

に帰属するかということで、お金の問題ではない、と認めている。

研修制度は長い伝統を持ち、シェフ・アケッツはシェフたちをアリネアのキッチンに迎え入れて、この伝統を高く評価してきた。この考えの目的は、他人と自由に情報を共有して料理の芸術性と技術を磨くこと——そして料理を前進させることにある。研修に来たシェフは技術を学んで自分のレストランに戻り、これらの考えを自分自身の料理スタイルに活かすのだ。アリネアにとって、今回のケースの問題は経済的なことでも法的なことでもない。個人的には私は私たちがお金で解決したり、訴訟に訴えることはないと思う。もしそういうことが可能だとしても、そうするつもりはない。問題は別のところにある。アリネアのシェフの一人が数日前に私にこう言った。「私が一番気になるのは、もしも客が最初にインターールードに行って、その次にアリネアに食事に来たとしたら、その客は私たちが彼をコピーしたと思うのではないかということだ」。それでも、そのような道徳的不文律への違反によって、業界の「オープンソース」的特性と研修制度が脅かされるのは、業界にとって損失だ。私個人はそんなことにはならないと信じている——どちらかというと、インターネットのもたらす情報の自由化はこれとは反対の効果をもたらす傾向にある。

コメントの多くがウィッキンス事件に対して、帰属に関する規範こそがこの仕事の要だということで意見が一致していたが、なかには先の引用にもあったように、他の芸術形式との比較を議論に持ち込むことに抗《あらが》いきれない者もいた。音楽界のような、著作権論争がもっと一般的な分野との類似点や違いについて論じる者もいた。ある者はウィッキンスによるコピーは、多くの場合法的に起訴可能な音楽におけるサンプリングに似ていると考えた。しかし別のコメントではその例えはあまり正しくないとされている。

サンプリングとこれとの違いは、サンプリングとはアリネアで食べ物を買って、自分のレストランに持ち帰り、それを温め直して自分の作った料理として売るようなことであるのに対し、今ここで起こっているのは、ジョージ・ハリソンが「ヒー・イズ・ソー・ファイン」を「マイ・スィート・ロード」に（なぜかほとんど何の罰も受けることなく）許可なく書き直したのによく似ている。*

さらに、こういった話は名指しされた料理とその写真の組み合わせが基になっていて、メルボルン以外の人は誰も実際にそれらの料理を食べていないと指摘する者もいた。もとの店の味が半分ほどでも再現できているかどうか、誰にわかるだろうか？

最終的に「イーガレット・ソサイエティー」はこの問題について——私たちに言わせれば正しくも——ロビン・ウィッキンスのメニューをめぐる論争は、この業界で今まで解決されてこなかった大きな問題を明らかにしたと公式見解を出した。「我々は、インタールード論争は単にオーストラリアのある一つのレストランが世界の裏側の料理を少しばかりコピーしたという、単純な問題ではない、と考えている。それどころかこれは今日、世界の料理業界が直面している最も重要な問題の一つである」。この本を書くにあたって私たちが話を聞いたシェフの多くが、コピー事件について似たような考えを持っていた。しかし、コピーの問題がいかに重大か、あるいは法による食のコピー規制は良い——あるいは実

＊　実際には、ハリソンはブライト・チューンズ対ハリソングス・ミュージック裁判（Bright Tunes v. Harrisongs Music, 420 F. Supp. 177［S.D.N.Y. 1976］）の法廷で著作権侵害の賠償責任を負わされている。

効性のある――考えかということについて、シェフたちの意見が一致しているわけでは決してない。

名高いモモフク帝国のデヴィッド・チャンは――私たちが話した他の多くの人々の考えに沿って次のように宣言した。「この世に新しいものなどない。我々の仕事は（既存の料理に）手を加えることだ」。ロサンゼルスのフレンチレストラン、メリッサのジョサイア・シトリンも同様に、創造性の果たす役割については懐疑的だ。「私たちはみんな車輪を真似ては、それを再発明している。変化は続く。何がコピーで何がコピーでないかをはっきりさせるのは難しい」。これからうかがえるように、偉大なシェフの多くが料理の真の発明という考えには戸惑いを示している。別の機会に行ったインタビューで、レストラン、フレンチ・ランドリーのトマス・ケラーは、オリジナル問題の核心について自身の有名な――そして広くコピーされた――サーモン・コルネットを例に語った。

コルネットを例に考えてみよう。それはいったいどこから生まれたのか？［…］本当に私がそれを発明したのだろうか？　私はそれを創造したのか？　それともそれは、私がたまたまアイスクリームのコーンを別の視点から見たことで生まれたインスピレーションなのか？　私にはこれが私以外の誰のものでもないという権利があるのか？　私にはわからない。［…］もし著作権が与えられたら私のサーモン・コルネットはどうなる？　誰かがそれを使うには私の許可が必要になるのか？　私に使用料を払わなければならないのか？［…］そんなことになったら、なんか困ってしまう。本当に。(36)

同様に、チャールズ・トロッターも「正直なところ、（コピーについて）私は気にしていない。私が最初なんだから、問題ない。［…］それが私たちの考え方で、みんなそんなことはわかっていると思う」

と言う。[37]

食べ物を著作権保護する考えに積極的なシェフでも、それが実際に機能するかということについては大概疑問を抱いている。「確かに料理の材料を少しばかり変えるなんてことはあまりに簡単だ」とパティナ・グループのジョアキム・スプリチャルは言う。[38] ビストロ・ローラン・トロンデル帝国（BLT）のローラン・トロンデルも、やはり料理界では著作権は機能しないと考えている（そしてトロンデルのBLTレストランでは、サービスで出される――そしてやみつきになる――ポップオーバー〔シュークリームの生地のようなパン〕に、役に立つレシピが添えられているほどだ）。創造性もとても大事だが、「出来栄えがすべてだ」というトロンデルの発言に、シェフたちの考え方が表れている。[39]

この議論が行き着く先は誰にもわからない。おそらく、知的財産法が優れたシェフたちの創造物を取り込むのは必至なのかもしれない。おそらく――かつての建造物や船体に対する改正同様に――レシピと食物自体を包括するよう、著作権法は改正されるかもしれない。あるいは、ホーマロ・カントゥが試みているように、創造的弁護と既存の法原理をこねくりまわすことで、シェフは自分たちの創作物とレシピにもう少し手厚い保護を受けられるかもしれない。しかしそのような予言はこの本の主たる興味の対象ではない。私たちの興味は、料理界の創造性から何を学べるかということにある。新しい創作物に対する意義ある法的保護がないまま、イノベーションはいったいどうやって――事実、間違いなく加速度的に――活況を呈してきたのか？　そして他のイノベーション産業のためにそこからどのような教訓を引き出せるのか？

なぜシェフたちはそんなにも創造的なのか？

この本で探求する他の多くの領域同様、料理の創造性はイノベーションを研究する人たちから大概無視されてきた。[40] コピーに直面して創造性がいかにして存続したかを理解し、この過程を支えるメカニズムをはっきり描き出すのがここでの狙いだ。前章で私たちが出会ったファッション・デザイナー同様に、シェフたちの創造性は、イミテーションはイノベーションを殺してしまうという考えを否定しているように見える。コピーの氾濫にもかかわらず、シェフたちはきわめて急速に創造し続けている。料理とコピーの関係を説明する助けとなるかもしれないいくつかの議論について、これから考えてみよう。

規範

なぜ料理界のコピーには悪影響がほとんどないように見えるのかという疑問に対する一つの説明として、実際には予想されるほどコピーは行われていないし、あからさまでもないのかもしれない、というものがある。そう、確かに一般的にコピーは合法だ。しかし法的支配は脆弱でも、誰でも好き勝手にコピーしているわけではない。とはいってもコピーに対する抑止力は法律ではなく、法の枠を超えた力によって生み出されている。少なくとも一部の地域では、高級シェフは社会規範によって最も露骨なコピーを自制している。その結果コピーは存在するが、圧倒的な量ではない。そしてこういった規範によって許容されているコピーは一般的に害が少ない。法学者ロバート・エリクソンによる、カリフォルニア州シャスタ郡の畜牛牧場経営者たちの「法なき秩序」分析はよく知られている。[41] 高級シェフたちのあいだでも同じことが当てはまるのかもしれない。

シェフたちがコピーを規制するために社会規範を利用していることを示す最もよい例として、エマニュエル・フォシャールとエリック・フォン・ヒッペルという二人の経済学者によるフランスのエリートシェフに関する興味深い研究がある。(42) フォシャールとフォン・ヒッペルはミシュランが星と「フォーク」を付けたレストラン――すなわちとりわけ料理の名声が高いレストラン――で働くシェフたちを調査した。* これらのシェフたちはみんな優れていて、尊敬を集めていた。なかには料理界という領域を超えて名を馳せる者もいた。フォシャールとヒッペルはいくつかインタビューを行った。さらにフランスのシェフのあいだで横行するコピーと、コピーが明らかになった時にとるべき対応について詳しいアンケートを送った。二人の研究者はパリのシェフのあいだでは、社会規範による効果的なシステムが機能してコピーを抑制し、規制していると結論付けた。彼らは高級フランス料理界で機能している主な規範を三つ挙げている。

1　名人シェフは、他のシェフが自分のレシピをそのままコピーしたりしないと考えている。

2　名人シェフは、自分が情報を与えたシェフが許可なくその情報を他人に渡したりしないと考えている。

3　名人シェフは、自分が情報を与えたシェフは自分のことを情報源として明らかにすると考えている。

これら三つの規範はまったく単純だ。最初のはありとあらゆるコピーを禁止するのではなく、「まる

---

*　伝説化し強い影響力を持つミシュラン・ガイドで、フォーク印は一般的にコスパが高い「美食度の高いレストラン」に与えられる。これに対して星印はこの領域では本物の金貨に値し、フォシャールとフォン・ヒッペルが指摘するように、シェフたちはそれを「オリンピックでメダルを獲る」ことに例える。

ごと」コピーすることだけを禁じている。これから論じるように、料理という文脈において「まるごと」とは何かを定義するのは難しいし、実際フォシャールとフォン・ヒッペルはまるごとコピーと許容される再解釈との境界線は曖昧だと指摘している。しかし、ここにファッションにおけるまるごとコピーと単なるオマージュをめぐる論争との関係はすぐに見出せる。

フランスのシェフの行動を形作っている二つめの規範は、基本的に企業秘密法に似ている。創作者は好きな人に情報を公開できるが、その情報を受けた人は創作者の承認を得ることなくその情報を広めることはないという了解がある。しかし経済学者たちは、多くの場合レシピと技術は、受容者が自分自身の持つ何か有用なものをかわりに提供してくれるという期待――しばしば「非公式情報取引」と呼ばれる取り決め――のもとに取引されていることを見出した。[43] この「困った時はお互いさま」式のシステムは、参加者のイノベーションと集合知の両方の発展促進を助けている。

三番目の規範、帰属規範は、時として規則違反者に対する公開行動を通じてシェフたちが強制する。不当な扱いを受けたシェフが、自分こそが料理の本当の創作者であると名乗って公開書簡を送るか、単に非公式に本家があいつではなく自分であることを明らかにするのだ。有名シェフならそのような行動さえ必要ないことが多い。なぜなら彼らの作品はよく知られていて、規則違反のコピーは他のシェフにも簡単にわかるからだ。ほとんどの場合、公衆の晒し者にするぞと脅すだけで、コピー抑止には十分だ。

フォシャールとヒッペルは、これら三つの単純な規範が一体になることで、あからさまなコピーに対する重要な防塁になっていると論じる。それらはオリジナル料理の勝手な流用を阻止し、創作者と推定される人に少なくともイノベーションによるいくらかの見返りを保証している。経済学者によるこの研究は、これらの規範がフランスのシェフのあいだにあることを立証したにすぎないが、同じような規範はもっと広汎な規模でもしっかりと存在する。

業界内における職業倫理の公的規約はこれらの規範を支えるか、少なくともそれらと合致している。例えば、国際料理専門家協会の倫理規定は、シェフはたとえ小さな変更を加えただけでも、そのレシピの出典を記さなければならないと謳っている。もしもさらに大きな変更を加えた場合には、他のレシピを「基にした」、あるいは「翻案した」ことを明記しなければならない。[44] そして客は倫理規定を読んだことがあろうがなかろうが、インタールードの物語が示すように、その多くが帰属と（完全な模倣とは対照的な）ひらめきを直観し、あるいは正当に評価しているし、ブログや「チャウハウンド」「イーガレット」「イーター」といった意見発表の場、そして口コミを通じてそれらの規範を機能させている。

法学者クリス・ブカフスコは、アメリカのエリートシェフたちの規範を分析する別の研究を行っている。彼は少なくともアメリカのシェフにもパリの同業者と同じような考え――ロビン・ウィッキンスを晒し者にしたことに端的に表れている考え――を持つ者がいるという結論を出している。ひらめきの元を得たりオマージュを捧げたりするならかまわない。あるいは少なくとも容認はされるが、帰属は重要であり、帰属を示さないまま、そのままあからさまにコピーするのはよくない。大西洋のこちら側で働くシェフたちと私たちが交わした会話にも、このような見方は反映されていた。しかしすべてのシェフが、規範の存在を認めているわけではないし、それらが行動を効果的に統制していること、あるいはフランスのシェフたち同様に、規範がしっかりと確立され広く共有されていることを認めているわけではない。

繰り返すが、帰属と機密保持を基盤にした社会規範は、もちろんあらゆる模倣を阻止しているわけではない。しかし、それらは、創作を続けるに十分なインセンティブを維持し、既存の法的ルールの改正案を成立させない程度のコピーに対するチェック機能は十分備えているようだ。これまで見てきたように、私たちの料理文化は多くのすばらしいイノベーティブな料理を創造し続けている。現代のシェフたちの目をみはる創造性を説明する何かとして、私たちは規範が何らかの役割を果たしているのではないかと考えている。

もっと一般的な教訓もある。法的ルールとともに、あるいは法の代わりに機能してきた社会規範は、長いあいだ学者たちの興味を惹いてきた。もしも社会規範が十分に強力なら、法規制とまったく同じ成果を達成できる——たとえ確信犯的違反者を止めることができなくても、正直者を正直に保ち、そのコミュニティで、何が許され何が許されないかというルールは示せる。規範の評価はとても難しいが、社会にとって法的ルールよりも低コストで達成が可能だ。

これは料理界にも当てはまるのか？　レシピや「できあがった料理」の著作権制度はどうしても仮想的に考えるしかないので——私たちの知る限り、これまでそのような制度を実施した国はない*——規範と法律の相対的な有効性や効率を直接比較はできない。しかし、現実の一面についてなら、少しばかり知っている。シェフたちとの非公式の対談によれば、コピーの法的禁止は実現が難しく、実現してもおそらく効果は期待できない。例えば、2006年の『フード&ワイン』誌の、キッチンにおけるコピーに関する記事では、(不運なロビン・ウィッキンスをはじめとする)他のシェフによってしばしばその料理が真似られるグラン・アケッツの言葉が引用されている。アケッツははっきりと断言している。「シェフは(著作権制度を)利用しない。トマス・ケラーが電話してきて、「グラン、君の《黒トリュフの噴火》を私のメニューに載せたいので、ライセンスがほしいんだ」なんて言うのが想像できるかい?」[45]。アケッツの考えかたが特別なのかもしれないが、私たちがシェフたちと行った議論やその他の研究における議論を見ると、彼は決して特別ではない。ほとんどのシェフは、コピーを禁じる法制度を望んでいないようだ。

しかし、社会規範によるコピーの規制にはどのくらい効果があるのだろう？　一般的に、規範に基づいた社会的規制の試みに対しては、実効性のある強制力に欠けるという批判がある。フォシャールとヒッペルの研究では、規範の強制は、大概他のシェフたちによる私的制裁で実現されるという。インタビューを受けたあるシェフが言うように、「もしも他のシェフがレシピをまるごとコピーしたら、シェフたちみんな怒り心頭に発するだろう。誰もそのシェフとは口をきかないし、金輪際情報を交わすこともない」[46]。これは単に評判を落とすだけに留まらない。言い換えれば、制裁は他のイノベーションへのアクセスの拒絶、そしてある程度の村八分をも意味する。定義からして小さな集団である最高のシェフたちのなかでなら、これは有効な対策かもしれない。あるシェフが、独自の基準と行動姿勢を持った職能集団の一員を自認すればするほど、社会的制裁と評判に関わる罰によって強制される規範は、効果的にそのシェフの行動を規制するだろう。

＊　はるか昔に興味深い反例があった。知財制度に関する最初の記録の証拠は、紀元3世紀のギリシャの作家アテナイオスによるもので、彼はそれ以前の作家から引用して、紀元前6世紀には古代ギリシャ最大の都市国家シュバリスの住民がレシピの短期独占権を施行していたと記録している。

仕出し屋、あるいは料理人が格別素晴らしい独自の料理を考案すると、考案者には1年間のあいだ、その人以外は誰もそれを作ることはできないという特権が認められていた。それによってその料理を最初に考案した人には、その期間中その料理の製造権が認められ、他の人々には同様の発明によって熱烈な競争に打ち勝つことを促した（Athenaeus, *The Deipnosophists*, Vol. 5, Charles Burton Gulick, trans. [Harvard University Press, 1927], 348–49. 邦訳『食卓の賢人たち』柳沼重剛訳、京都大学学術出版会）。

しかし、これからわかるように、規範に基づく規制システムには明らかな限界がある。一般的に、規範は関係する集団の規模が大きくなると効果が弱まるとされる。シェフ王国の急速なグローバル化に伴って――イギリスのゴードン・ラムゼイがロサンゼルスに、フランスのジョエル・ロブション（そして他の多くのシェフ）がラスベガスに店を開いている――集団が大きくなり、社会的つながりが弱まることで、規範の有効性は減衰するはずだ。さらにキッチンにおけるすばらしい演出という伝統に、才能市場のさらなる国際化が組み合わさることで、既存料理を剽窃したい誘惑にかられた人々には、かなり広い活動領域が生まれた――特にそういった輩が誰にも（最初のうちは）気づかれにくい遠くの地や、社会的圧力や評判の失墜による痛みが、そっくりコピーをためらうほどにはならないだけの距離をおいた場所でやるなら。実際、ロビン・ウィッキンスの場合はまさにこれだったかもしれない。

しかし、遠いところで行われるコピーがほとんどのシェフにとって、創造的インセンティブの脅威となるか考えてみよう。レストラン業は極度に局地的だ。裕福な超グルメというごく一部の集団を除いて、レストランで食事をするために遠くまで旅行することなど稀だ。人は自分の家の近くか、旅行中なら自分の滞在場所の近くで食事をする。だからパリのレストランの競争相手は多くの場合パリの他のレストランだ。結果として、パリのシェフの収益は、他の場所でコピーされても通常は影響を受けない。実際、この本でもずっと後で論じるように、コピーは、模倣に値すべきパイオニアとして名を印象づけることで、シェフの名声を高める――そして食通たちをオリジナルの探求へとかきたてるのだ。

また、ウィッキンス事件で明らかになった重要なポイント、つまり規範に基づいた規制を強化する新しいテクノロジーの力も考えてみよう。「イーガレット」コミュニティの存在が、コピーという言葉を広め、コミュニティの規範を伝達するコミュニケーション基盤を提供した。コミュニケーションは規範の機能に欠かせない——説得力を持つには、規範は関連するコミュニティ内で頻繁に、そして広く口にされる必要がある。そして違反を糾弾する手段が存在しなければならない——違反事実を公衆に曝すと脅すことがムチとなり、規範システムの効力はそれに依存している。「イーガレット」のようなウェブサイトは、違反を発覚しやすくし、公の辱めをもっと広めると同時に（これが重要だが）長続きさせることで規範を支えている。インターネットは決して忘れないのだ。

次章で論じるように、同じような力学の一部はスタンダップ・コメディの世界でも働いている。コメディでも料理と同じく、テクノロジーはオリジネーターにとって強力なツールであり、それによって彼ら——あるいはそのファン——は遠く離れた馴染みのない場所にいるコピー違反者でも見つけられる。食の世界では、ファンによるコピーの発見はますます増える一方だ。今日では熱心な客は、食事に出されたコース料理すべてをデジタル写真にとり、多くの場合詳しい評を添えてブログに投稿する。このような世界では、あまりに露骨なコピーが気づかれず済むことは難しい。これがなおさら重要になるのは、多くのすばらしい料理を再現する技能は不足しているので、これらの再現料理、あるいは派生料理が最も登場しやすいのは、得てしてそこそこ野心的で高級なレストランだからだ。「イーガレット」における議論が盗みと盗作を非難する方向に向かうまでに、ほとんど時間はかかっていない——とはいえそこでの会話が明らかにしたのは、料理コミュニティにおいていったい何が許され、何が許されないかについてかなりの曖昧さがあるということではあった。

要するに、少なくともいくつかの文脈とコミュニティでは、社会規範がある種のコピーに対する重要な抑止力になっていることは間違いない。しかし、料理界において創造性が高い水準で維持されているのを、規範だけで説明すべき理由はほとんどない。シェフのあいだではいまだに相当のコピーが行われている。大事なのは、なぜコピーによって最初のイノベーションへのインセンティブが壊されないのかという問いだ。私たちはコピーの本質のなかに、それ以外の抑止力があると考える。

アナログとデジタル、製品とパフォーマンス

アメリカ著作権法は完全な、あるいは正確なコピーだけを対象にしたものではない。むしろ先行する作品から少しでも創造的表現を取り込むだけで違法とされる。著作権関係の隠語で、このルールは「相当程度の類似性」と呼ばれている――しかし「相当程度」という言葉は法廷で拡大解釈されてきた。誰かの著作物のごく一部を真似ただけのコピーの多くが、これまで違法とされてきた。実際ある裁判では、連邦控訴裁判所は、ある歌が他曲のたった三つの音符をサンプリングしただけで著作権法違反とした。[47]

そのような、まるごとコピーからほど遠い場合は、侵害した作品は何らオリジナルの代替物としての役割を果たすことはまずない。言い換えれば、二つの曲は市場で競合しない。その結果、このような場合は一般的にオリジネーターの創造へのインセンティブに対する損害は、まるごとコピーの場合と比べて小さい。基本的に、音楽や映画のようなデジタル商品は完全コピーにはうってつけだ。これらの商品では、ほぼすべての考えられる用途において、コピーはオリジナルに匹敵する。

料理の場合、ある料理の特定のバージョンが他と区別がつかないことはほとんどない。材料の詳細は様々だ。その質も季節によって変わる。材料の配合も微妙に変化し、出来栄えも間違いなく毎回同じではない。実際には高級レストランで出される料理は基本的に、それぞれの客のために特別に作られた手作り品だから、同じシェフが同じ晩に作ったバージョンでさえそれぞれ違う。そしてもちろん、多くの人気レストランでは、表向きにシェフや創始者とされている人が毎夜キッチンに立っているわけではな

いし、一度も立ったことがないことさえある。有名なシェフ、ボビー・フレイはかつて冗談めかして言った。「セレブシェフにとって、料理とは誰かにレシピを手渡すことだ」[48]。セレブではないシェフの場合ですら、キッチンの規模にかかわらず、そこには多くのシェフがいて、たいてい幹部シェフは単にプロセスを監督するだけだ。

その結果、最高級レストランであっても料理のオリジナル・バージョンは変わる。変化はこのシステムでは避けがたい。要するに、食は完全コピーが存在しないという意味で、アナログ技術により近い。LPレコードのカセットテープへのコピーを考えてみればよい——このようなアナログコピー技術によって生み出されたコピーは明らかに質が低下している。有名なレシピのコピーはカセットテープに似ている——悪くはないが、決して完璧ではない（ただカセットとは違って、コピーのほうがオリジナルよりも良いこともある）。これはmp3ファイルのような、完璧なコピーが可能なデジタル技術とはまったく異なる。このため、フォシャールとヒッペルがフランスのシェフたちのなかに見出した、完全コピーを禁じる規範は、ある意味で料理の本質そのものによって強化されていることになる。料理において完全コピーはほぼ不可能に近いため、コピーの価値はオリジナルの価値と同じではない。繰り返すが、ローラン・トロンデルが言ったように「出来がすべて」なのだ。

これは当たり前に思えるかもしれないが、重要な点だ。法的ルールと社会規範のどちらも、料理のコピーに対して全般的に寛容である理由の説明に役立つからだ。もしもコピーと称するものが本当のコピーでないなら、それらは本当に同じ市場で競合していると言えるのだろうか？　「コピー」を買って食べる消費者は多くの点で、オリジナルとは別の何かを楽しんでいる。オリジナルより良いか悪いかは別として、確実に元とは違っているものだ。それらの違いが議論の対象になることもある。誰のガルグイユ〔ジャガイモ、生ハムなどの煮込み〕が一番か？――ミシェル・ブラスのものか、それとも多くの模倣者たちの誰かが作ったものか？　差別化がコピーを無力化することもあり、さらに実際にコピーがオリジナルの宣伝媒体になることさえある。もしもあなたが地元のビストロXのモルテン・チョコレートケーキが好きなら、ジャン＝ジョルジュ・フォンゲリヒテンの本家バージョンも食べてみたくはないだろうか？　こうして見ると、コピーされるということは成功を示す強力なシグナルで、それによってイノベーターとして貴重な評判が確立されることになる。

そのうえ、出された料理の消費と関連する体験全体は、数えきれないくらい多様であり、消費者という視点から見れば、体験のすべてがお金を払って買ったものだ。レシピを忠実にコピーすることはできても、消費体験のコピーはほとんど不可能だ。

例えば、トマス・ケラーの有名な「牡蠣と真珠」は偉大な創作物だ。レシピそのものは再現できる。しかし、ケラーの有名なカリフォルニア州ヨントヴィルのレストラン、フレンチ・ランドリーでそれを食べるという経験は再現できない。ケラー版を消費する人々は、格別のサービス、特別な雰囲気、そして最高の夜を過ごす喜びを売りものにした、ずっと大きなイベントに参加しているのだ。ここで夕食をとろうとする多くの人々に予約専用電話に数カ月前から必死に電話をかけさせているのは、巧みに料理された食物だけでなく、これらのフレンチ・ランドリーにおける体験のコピー困難な要素なのだ（そしてケラーの料理は決して安くない。２０１２年４月、フレンチ・ランドリーの定額コース料理は２７０ドルから始まり、そこから値段はうなぎのぼりに高くなる）。地元の行きつけの店に同じ料理があって、いかに巧みに再生されたものであっても、それは真の代替品ではない。

ある意味で、同じことがデジタル・コピーにも言える。海賊版ファイルを所有するのは、本物の合法ファイルを所有することと同じではない。合法版なら、ウィルス・フリーのファイルで、しかも看板通りのものを手に入れられる。海賊版はコンピュータを故障させたり、感染させたりするかもしれない。しかし音楽ダウンロードのようなデジタル製品に比べれば、高級料理のような複雑な製品で生じるオリジナルとコピーの違いはずっと大きい。

そのうえ、シェフが創り出す中心商品――食物――は、曲を別個のファイルとして切り離して売ったり、やりとりするようには、レストランという「パッケージ」から簡単には切り離せない（そして「パッケージ」の重要性は、トレードドレスを巡る議論がレストランのあいだで浮上してきた理由の一つとなっている）。多くの超一流レストランでは、食事の宅配はオーダーできないし、ついでに言えばテイクアウトも不可だ。あなたが望む料理は、もっと大きな多面的な取引の一部として、様々なコース料理、飲料、小皿料理などが添えられたセットとしてのみ買える。そこにはムード、サービス、エネルギー、その他の目に見えないものが混ざりあっている。これらすべての要素が渾然一体となって機能している。一つの側面――メイン・ディッシュ――をコピーするのは簡単だ。だが体験全体をコピーするのはほぼ不可能だ。その体験はただ製品を買うというものではなく、むしろパフォーマンスを楽しむのに近い。

その結果、単にレシピがコピーされたという事実だけでは、必ずしも本家を脅かすことにはならない。そして、少し前に示唆したように、オリジナルの価値と特別さを喧伝することで、コピーがある種の宣伝として機能することさえある。このようにして、コピーは品質を伝えるもの、そして多くの場合価値を持つ別のものの構成要素として機能する。その価値ある別のものとは、評判だ。

評判

シェフが、自分の創作物のコピーを無視、あるいは歓迎さえする理由はたくさんある。その一つが、大胆で他にはない料理に対して、他のシェフから評判を得たい、あるいは維持したいという欲望だ。偉大、あるいは格別に創意あふれる料理が開発されると、その創作者は多くの場合に名を馳せ、シェフ、レストラン、批評家、ライターのコミュニティで尊敬を集める。多くのシェフにとって、その称賛は創造への強力なインセンティブとなる。

実際、フランスのシェフを対象にした研究のなかでフォシャールとヒッペルは、フランスの一流シェフは時として、自分たちの創作物の秘密や手法を、公開討論会で隠し立てすることなく明かすことがあると指摘している。彼らのインタビューによると、これらのシェフは公開によって多くの利益を期待している。公開によって本人の評判が上がり、レストランの宣伝になり、潜在的得意客にレストランのことを知らしめ、他のシェフが似たようなアイデアを得る前に「イノベーション空間」を主張し、自分たち自身にとっても楽しい体験となり、そして地産品を宣伝する機会になるといった利益だ。(49)

すべての場合に、シェフの期待にかなった共有による有益な効果があるとは断言できない。しかし、秘密にしておくこともできることを明らかにする理由としては、確かに妥当なものではあるし、多くのシェフに存在する比較的オープンなイノベーション文化の説明に役立つ。

もちろんシェフの評判は、最新料理の秘密を公開しなくても上がる。偉大な料理は話題になる。するとその創作者も話題になるということだ。そしてシェフは通常、帰属の規範に従うので、関係者のほとんどがその料理の創作者を知っている。創作者の特定は、創造性への評価の発展に欠かせないステップだ。しかし強力な帰属規範がなくても、イノベーションに対する評価は同業者のあいだで広がる。多くの場合、関係者なら簡単にコピー料理を見分けられるから、たとえコピーした者がネタ元を認めなくても、あるいは隠そうとしても、オリジネーターに対する仲間内の評判は上がることになる。

シェフは仲間内での評判を気にするが、もっと広い一般評価も気にする。実際現在では、関係者からの尊敬よりも、一般的名声のほうが価値が高い。ここ数年で、一流シェフが次々とセレブとなった。「今やシェフはロック・スター扱いだ」[50]とさえ言う者までいる。2006年、フード・チャンネル――ケーブルテレビの報道番組のなかでも、毎晩最も多くの視聴者を獲得してきた大人気チャンネル[51]――も、有名シェフやフード・パーソナリティをテーマにした「シェフォグラフィー」と呼ばれるショーを開始した。[52]シェフに対するこのような強烈な興味の多くは、『アイアン・シェフ』『トップ・シェフ』といった料理競争番組から『シークレット・オブ・ア・レストラン・シェフ』『30ミニッツ・ミールズ』といったハウツー番組にいたる、料理に特化した番組によって創り出され、支えられている。

これらすべてのもとになっているのが、食を評価する大衆文化だ。これは次第に料理よりも創造的食物の消費に重きを置くようになってきた。フード・ライターのマイケル・ポランが指摘するように、アメリカ人は食べるものを自分で料理することに興味を失いつつある。「料理番組の歴史的動向――料理を自分で作ることへの純粋な興味から、単に食物消費を見世物化することへの変化――は、我々の文化における料理の衰退に負うところが大きいのは確かだ」[53]。実際、テレビで放映される競技スタイルの料理ショーは、ハウツースタイルの料理番組よりもずっと人気があり、その結果ゴールデンタイムに放送されることが多い。『トップ・シェフ』のような番組の視聴者たちは、自分自身ではあまり料理をしないのかもしれない。それでも熱烈なファンとして、彼らは繊細な味覚と異国料理について次第に知識を蓄えつつある。訳知り顔の食通も、外食する時は創造性を重んじる傾向が高まる。

要するに、シェフの仕事に対する大衆の興味が高まり、その結果同業者だけでなく大衆の注目もシェフにとって次第に重要になってきたわけだ。注目こそ富と名声へと続く道なのだ。儲けのいい料理本の執筆契約、評論家による批評、全国展開する多くの食雑誌での特集。最も重要なのは、大衆の注目を浴びることが、テレビ出演への大きな入り口になっていることだ。確かにこのチャンスをものにできるのはごく一握りの選ばれた人に限られる。しかし一人勝ちの力学を特徴として持つ多くの市場同様に、このテレビ出演という賞の存在はイノベーションの強力な誘因となる。創作物が広くコピーされれば、それを創った人が影響力と創造力を持っている証となる。これは、多くのシェフが取り乱すことなくコピーを歓迎している理由の説明になるだけではない。それはまた、必ずしも美味しいものができるとは限らないし、さらに重要なこととして、さほど売れないかもしれなくても、リスクの高いイノベーティブな食べ物を創り出したいという願望が途方もなく強いことを説明する助けにもなる。

『ウォール・ストリート・ジャーナル』紙のある記事が、これらのインセンティブの複雑さを捉えている。アトランタのリチャード・ブレイス――彼の創作物には、テーブルサイドで調理するマスタード・アイスクリームや生ラム・ミートボールといった、とても大衆に受けそうもないものが含まれる――をはじめとする、大胆不敵なシェフたちに言及した後、『ジャーナル』紙は次のように述べている。

これらの最先端料理の目的は、単に人を驚かせることではない。これらのシェフたちは美味しい新しい料理を創作しようとしている。しかし、そのターゲットにはレストランの客以外の人々も含まれる。フード・メディアの隆盛――テレビの『アイアン・シェフ』や料理本といったものから、インターネットのブログに記事を書く我流の美食家小集団まで――のおかげで、いくつか風変わりな料理を作れば、フランス料理のテクニックに熟達しても得られない注目を勝ち取れるのだ。たとえレストランは〔…〕大失敗に終わっても、シェフはセレブになる。〔…〕若いシェフたちがスペインのアバンギャルド・キュイジーヌのグル、フェラン・アドリアのようなスターシェフたちをお手本にして、自分たちのことを職人ではなく芸術家と考えるのも無理はない。(54)

この力学が成功したレストランを生み出しているかどうかは、また別の問題だ。ディナーの創造性に対する大衆の嗜好性には限界があるかもしれない*（実際、リチャード・ブレイスの最初のレストランはすぐに閉店してしまった）。しかしそれが着実にイノベーションを生んでいるのは確かだ。何世紀ものあいだ料理の分野では、イノベーションの進歩はよくても微々たるもので、最悪の場合嫌われさえした。それを考えれば、これは特筆すべき進歩だ。

ここまでの話をまとめると、シェフたちがたとえその中核となる創作物——レシピとそれから作り上げた料理——が自由かつ合法的にコピーされても、創造し続ける理由を三つ検証してきた。

●客と大衆がますます重視するようになった、シェフの創造性に対する評価が、コピーの氾濫によって高められるため。

＊ 同じことが現代美術についても言える。イノベーションは、たとえ穏健なものであっても、大衆レベルでは受け入れられない。（最近亡くなった）トマス・キンケードがアメリカで人気の画家であることに疑いはない。彼の作品はアメリカの全家庭の5パーセントの壁を飾っていると言われている。しかし自称「光の画家」（イギリスの『インディペンデント』紙は「キッチュの王様」と揶揄した）ことキンケードが前衛に分類されることは決してなかった。

●料理界におけるコピーは必然的に再解釈であって、まるごとコピーではないので、ただちにオリジナルと競合せず、それどころかオリジナルを宣伝する役目さえ果たしている。
●そして、熟練シェフたちの社会規範が、最悪な形でのコピーを抑止し、その影響を弱めている。

全体としては、これらの議論はなぜ新しい料理のコピーの蔓延が、料理界では大した脅威と見なされないのか説明するのに役立つ。キッチンにおけるコピーには好悪両方の影響があり、これら二つのバランスはケースバイケースで、シェフによっても変わる。しかし大切なことは、従来の著作権法による因習的な見方が想定しているような、コピーが創造性を殺してしまうという事態が必ずしも起こるわけではないということだ。ウォーレン・バフェットはかつて、自分の投資方法は実際にやってみると成功するが、理論的には成り立たないと言った（とされている）。反コピールールがほとんど適用されなくても、シェフたちは大きな創造性を維持しているので、コピーがシェフの創造性を殺さないことはわかっている。しかしこれまでのところ、なぜそうなのか、あるいはなぜそんなことがあり得るのか説明しようとした試みはほとんどない。

オープンキッチン

なぜシェフはコピーに直面しても創造し続けるのかという問題をもっと深く掘り下げるために、まずコピーは創造性と相容れないという前提に、もっと正面切って取り組むことから始めよう。おそらく善悪差し引きで考えれば、コピーはイノベーションにとってたいした脅威ではなく、むしろその実現のための価値あるツールなのかもしれない。これを考えるには、コピー規制の根拠という基本に立ち返る必要がある。この本の冒頭で説明したように、創作の独占権は、創作が生まれ続けるために社会が支払う対価だとされている。1970年代に音楽をめぐるある訴訟で最高裁が明言したように、著作権とは「公共の利益のために芸術的創造性を促すこと」を目的に存在する。[55] これらの規則の根底にある方針は、将来を考えたものであり、結果重視のものだ。

しかし、だからといってこれで必ずしもコピー防止に焦点を絞るものではない。真の目的はイノベーション、ションの動機を与えることにある。コピー防止はその目標への一手段にすぎない。もしコピーがイノベーションを減退させないなら、コピーそのものは問題ない。標準的な考えでは、コピーはイノベーションにとって有害なのは当然だとしている。でもファッションと食の世界を見ると、コピーは必ず有害だという考えに疑問を抱くに十分な理由が生じる。

他にも類似例はあり、それらについてもこれから考察しよう。おそらく最もよく知られているのが、オープンソース・ソフトウェア——個人が集まり大きな（時にはそれ以外のつながりを持たない）集団として共同でデザインしたソフトウェア——だ。ソフトウェアと食物は似ても似つかないし、オープンソースについてはこの本の結びで詳しく論じる。しかし、オープンソースの基本原理のいくつかもまた、驚くほど料理と共鳴しあっている。シェフたちは、料理の変化とはたいてい大きな飛躍的発明ではなく、集合体による漸進的イノベーション・プロセスの産物であるとよく言う。もしそうなら、イノベーションのアイデアの拡散と共有は、変化を生み出すために欠かせない。著作権に対する伝統的考えの前提で想定されているように、法によるコピー禁止は、確かにある種の創作の動機になるかもしれない。しかし、これらの制限は共有を妨げることで、他の創作を抑圧する恐れもある。これがオープンソースの背景にある大きな考え方だ。イノベーションにはオープンな共同作業と無制限の拡散と利用のほうが、財産権の行使よりもより有効なのだ。

この力学によって、なぜキッチンにおける創造性がおおっぴらなコピーに直面しても繁栄し続けるのか説明できそうだ。要するに、おそらくコピーは問題ではなく、むしろ解決法の一つなのだ。コピーの自由はシェフたちが他人から学ぶことを可能にし、それによって客に提供する料理の漸進的な改善をもたらす。

実際、独創的なシェフとして有名なフェラン・アドリア、ヘストン・ブルメンタール、トマス・ケラーは「新料理法声明」のなかで、「料理の伝統とは共有の、累積的発明であり、何百世代もの料理人たちによって創りあげられた遺産だ」と謳っている。[56] もしも彼らが正しいなら、料理やレシピへの標準的な著作権ルールの適用は、解決するよりも多くの問題を生み出してしまうことになる。シェフたちは訴訟コストを負担するだけでは済まなくなる——これまでの自分のイノベーションを護る一方で、(時には無根拠な) コピーしたというクレームから自衛しなければならなくなる。そしてアドリア、ケラー、ブルメンタールが敬意を表した、何世紀も続く「共有・累積」プロセスに参加するにあたり、新たな障壁に直面することにもなる。

そのプロセスは偉大なる食世界を生み出すことに成功してきた。そして現在の食はあまりに創造的なので、その創造性をこれ以上高めるのは難しいかもしれない。ファッション・デザイン同様、料理の創作は解決すべき問題ではない。むしろそれはイノベーションを理解するための、重要でこれまで見すごされてきた視点なのだ。

結び――創造的カクテル、あるいはなぜドリンクはディナーについて多くを教えてくれるのか

ニューヨークの喧騒のセントマークス・プレイスにある気取らないホットドッグ屋、クリフドッグスに足を踏み入れると――午後7時を過ぎていれば――少し落ち着きのない数人の人々が、左の壁にかけられた年代物の公衆電話に群がっているのに気づくかもしれない。受話器をとると女性が電話に出て、秘密の通路が現れる。通路の奥には、PDT（Please Don't Tell「誰にもいわないで」の略）と呼ばれる、薄暗い現代版もぐり酒場のような一角がのぞく。予約なしだと入るまでに1、2時間待たされることになるだろう――ホステスから番号を渡され、席が用意できたら呼ばれる。でも一度なかに入ってしまえば、きっと満足するはずだ。PDTは本格的バーが本格的酒飲みを惹きつけるために腕を競う、酔っぱらいの街として有名なニューヨークでも、最高のカクテルのいくつかを提供している。

PDTの魅力の一部が、そのレトロなもぐり酒場風の雰囲気と、リスの剥製などの異様な内装を多用したインテリアにあることは間違いない。* しかしもちろん同じくらい重要なのが、そこで提供されるすばらしいカクテルだ。ニューヨーク、ロサンゼルス、シカゴ、サンフランシスコといった都市の多くの新しいバー同様、PDTは非の打ち所のない革新的ドリンクを提供する。PDTとその一派は、21世紀バー文化における重要な二つのトレンドを取り入れている。秘密性と創造性だ。

＊　そして近いという地の利から生じた天才的なひらめきとして、PDTからクリフドッグやワッフルフライを注文することもできるのだ。頼んだ品はバーの後ろの壁にあるさらに小さな隠しドアを通じて出される。ここで出されるホットドッグのいくつかは有名シェフに因んだ名がつけられている――常連客であるモモフクのデヴィット・チャンの名が付けられたホットドッグにはキムチが盛られている。

秘密性の部分――気づきにくいドア、偽物の電話機――は禁酒法時代を思い起こさせるが、逮捕される恐れはない。創造性の部分こそは、本書での興味の対象だ。PDTのようなバー（今日ではたくさんある）では、確かにマティーニやマンハッタンのようなシンプルなカクテルも出す。しかし非常に創造的なカクテルも提供し、それらの多くには独自の手作りビターズ〔香草をつけ込んだアルコール〕、入念に選び形を揃えられた氷、様々な種類の抽出されたばかりのアルコール水薬が使われる。すばらしい材料を独自の方法で組み合わせ、注意深く混ぜ合わせることで興味深い卓越したドリンクが出来上がるのだ。

実際、料理同様、私たちは今やカクテル黄金時代を迎えているといっても過言ではない。そしてその結果、料理の章で提起した問題の多くはカクテルについても当てはまる。偉大な料理同様、偉大なドリンクは――多くの人が考えている以上に――非常にイノベーティブだ。いくつかの例を挙げよう。ロサンゼルスのタール・ピットは、強いラム、キンカン、カフェライムリーフ、ブラックペッパー・アガヴェシロップ、ヴェルベット・ファラナム（熱帯調味料の一種）、ライムジュースから作られるプルーズ・デマイズというカクテルを出す。同じように、ニューヨークのデス&Co.では2種類のラム、コーヒー豆入りベルモット、ホワイト・クレーム・ド・カカオ、デメララシュガー、アンゴスチュラ・ビターズ、そしてモール・ビターズから作るコルタドというカクテルを出す。シカゴのアヴィアリーは、テキーラとフェルネット・ブランカ入りのココアを出し、燃える葉巻で燻されたミルクが添えられる。今はもう閉店してしまったニューヨークのテーラーでは、カクテル管理人ことイーベン・フリーマンが、ラモス・ジンフィズ・マシュマロや「ホワイト・ロシアン・ブレックファースト・シリアル」――カルーア、ミルク&クリーム、ウォッカに浸したシリアルを脱水乾燥して小さなボウルに盛ったもの――といった「固形」カクテルを出していた。*

ヴァージニア州シャーロットヴィルのような、酒飲みのメッカとしては知名度のそれほど高くない街でも、高級カクテルビジネスが急成長している。シャーロットヴィルのブルー・ライト・グリルでは、自家製トニックをはじめとする多くの独自原料を作っている。ブルー・ライトで最近売り出されたドリンクは、バーボンとシュガー・シロップをミックスしたものに、高価な煙草の香りを慎重に加えたものだった。バーテンダー兼イノベーターによれば、目標は火をつけることなくウィスキーと煙草の味を表現することだという。すべての革新的カクテルが成功しているわけではない——実のところ、呑み込むことができないものもある。それでも、創造性と入念さという点において、これらのドリンクはフローズン・マルガリータやロングアイランド・アイスティーの世界をはるかに超えて、既成概念の枠を打ち壊した。

偉大な創意あふれる料理同様、偉大な創意あふれるドリンクは他人からコピーされる可能性があるし、実際にされている。時に公然とオマージュのためにコピーされることもあるが、たいていの場合、単にそれがすばらしく、人々が飲みたがるのでコピーされるのだ。場合によっては、創造的カクテルは、バーだけでなくレストランの主な呼び物になることもある。事実、ピューリッツァ賞を受賞した料理評論家ジョナサン・ゴールドは、ロサンゼルスについて「街で最良のレストランでは、今やバーテンダーがシェフ同様に名を成し、創造性ではシェフたちに勝っている」と語っている。[57] 分子カクテル法と分子料

＊　悪名高いマックナゲッティーニに触れないわけにはいかない。ヴァニラ・ウォッカとマックシェイク・チョコレートから作って、縁にバーベキューソースを塗ったグラスに注ぎ、チキンマックナゲットを最後に飾りに載せたドリンクだ。作り方については http://www.youtube.com/watch?v=iX8Hzu7C1g （15万回以上再生されている）を参照されたし。でも私たちが許せるのはギリギリでハム・ダイキリまでだ。

理法の境界線は曖昧だ。有名なロサンゼルスのスペイン人シェフ、ホセ・アンドレスのレストラン、バザールのダーティー・マティーニには、球状化したオリーブ――オリーブオイルとオリーブエッセンスがゲル状の膜で包まれたもの――が添えられ、彼のモヒートはある種の綿菓子の上から注がれる。評価の高いシカゴのレストラン、アリネアから派生した、以前言及したアヴィアリーでは、バーさえ省略して、オープンキッチンでドリンクも一緒に作られる。

創造的カクテルをコピーから護れるだろうか？　レシピは、すでに述べたように自由にコピーされてしまう。しかし、他の法的ルールを使って自身の液体創作物を護ろうと試みる者もいる。2010年、ニューヨークのポリネシアン・バー、ペインキラーは、ペインキラー・カクテル[58]（ダークラム、オレンジジュース、パイナップルジュース、ココナッツクリームをミックスしたものにナツメグをトッピングしたカクテル）の商標権を主張するパッサーズ・ラムの製造元から、使用停止の警告状を受けた。バミューダに本社を置くゴスリングズ・ブラック・シール・ラムも同じように、単にラムとジンジャービールをミックスしただけのダークン・ストーミーの商標権を主張している。

「我々は自社の商標を強力に護ろうとしているが、それには多大な時間と金がかかる。それほど護るべき価値ある資産なんだ」と一族でゴスリングズ・ラムを所有するマルコム・ゴスリング・ジュニアは言う。でも違う見方をする者もいる。『ニューヨーク・タイムズ』紙の記事は次のように述べている。

ドリンクの商標保護――特にダークン・ストーミーのように物語化され、新古典主義的なクールさを備えたドリンク――は、時の試練を経たドリンクから個々の創造性が生まれているバーテンダー稼業の実情からすると、受け入れ難いように思える。このようなドリンクはある種のウィキ・プロセスを経ている。改変さ

れ、置換されることでドリンクは再発明されるのだ。(59)

多くの場合、バーテンダーは自分のイノベーションを秘密にしない。シェフたちと同じように、彼らは自分たちのレシピとテクニックを惜しみなく他人に教える。それでも、高級カクテル界にはコピー文化に対する何らかの抵抗感が存在する。テイラーの固形カクテルの元祖であるイーベン・フリーマンも、溶けた油を何かスピリッツと混ぜて冷まし、表面に上がった油を取り分けて、風味だけを残す「油洗浄」と呼ばれるテクニックが、自身の創作だと主張している。(60)「これほど創作財産と金が簡単に結びついてしまうビジネスは他にないだろう。私たちの知的財産は暗黙のうちにやりとりされている。それなのに私たちは他の誰と比べても、最も保護が手薄だ」と最近のインタビューでフリーマンは語っている。(61)最後の主張がいくらか大げさだとしても、カクテル界でコピーが一般化しているのは間違いない。それでもフリーマンが自ら示しているように、イノベーションはしっかり起こっている。

つまるところ、カクテルは料理とよく似ているのだ。著作権不在の創造性が活気あふれる競争に結びついている。そして、キッチンにおけるイノベーションを形作っていると私たちが論じた要因の多くが、そのキッチンからレストランを横切ったところにあるバーにも当てはまる。

第一に、カクテルは多くの場合客の目の前で手作りされるので、テクニックと材料がとても重要になる。だから食物同様に、個々のドリンクは作り手によって必ずしも同じとは限らないし、同じバーで同じ時間に出されたドリンクでさえ同じではないかもしれない。これは、正確で多くの場合難解でさえある調合が必要な、今日の繊細なロココ様式カクテルであればなおさらだ。

第二に、カクテルは料理以上に、製品であると同時にパフォーマンスでもある。基本的に、少なくともバーは酒を飲むところであると同時に、雰囲気を楽しむ場でもある。ある特定のカクテルをコピーしたものが、必ずしもオリジナルと競合するとは限らない。もちろん、バーそのもの——場所すべての見た目や雰囲気——をコピーすると、トレードドレス違反で訴えられてしまう。これはレストラン全体の見た目や雰囲気をコピーすることが禁じられているのと同様だ。

第三に、バーテンダーは、イーベン・フリーマンの指摘にもかかわらず——おそらくシェフたち以上に——共有を一つのエートスと考えている。テクニックに関する重要な問題について考えてみよう。アメリカでクラシックなカクテル作りが流行する以前は、日本のバーテンダーたちが長きにわたりアメリカのドリンクを細心の注意を払いながら再創造してきた。なかでも最も有名な一人が上田和男で、彼は「ハードシェイク」というドリンクのミックス方法を発明した。すでにブームは収まったように見えるが、最近まで上田はカクテルアカデミーというウェブサイトを主宰し、そこで自身のドリンク作り哲学全般（哲学と呼ぶのは大げさだと思うかもしれないが、そんなことはないのだ——サイトには日本伝統の茶道、すなわち茶の道を参照した「カクテル芸術への道」などといった項目があった）とともにハードシェイクについて説明していた。

ハードシェイク技術をみんなで共有したいという上田の願いは、*必ずしもバーテンダーたちが格別協力的な集団だということを示しているわけではない。しかし全体として見ると、実際それはカクテル（あるいは料理）文化について私たちが見出した他のすべてと一致している。公開性、共有、イノベーションは、一般的に不可避的に競合するものとしてではなく、協調するものと見なされている。

上田和男はバーテンダーとシェフのもう一つの接点領域についても強調している。キッチン以外で金を稼ぐ選択肢が増すばかりのセレブシェフ同様、セレブバーテンダーはコンサルタントとして働いたり、特別なバーテンダー学校で教えたりすることもできるのだ。上田自身も2010年ニューヨークにイベントの特別出演者として来て、そこでバーテンディングへの自身の取り組みを（通訳を介して）説き、もちろん集まった人々に有名なハードシェイクを教えた。イベントのチケットは675ドルだった。ここからもわかるように、公開性と共有のエートスは、その過程で金儲けをする妨げにはならないのだ。

＊　興味深いことに、イーベン・フリーマンはカクテルに対する知的財産権保護が限定されていることに不満を抱いているにもかかわらず、上田の弟子に教わったハードシェイクを実演するビデオを公開している。http://videos.nymag.com/video/Eben-Freemans-Hard-Shake#c=XR4JYD0V7W83M87K&t=Eben%20Freeman%27s%20Hard%20Shake

3 コメディ自警団

ある日、ミルトン・バールとヘニー・ヤングマンは、ジョーイ・ビショップがとても面白いギャグを言うのを聞いていた。「ちぇっ、俺が言いたいようなギャグだぜ」。バールが言った。「大丈夫だよ、ミルトン。［ヤングマンが言った］。いずれお前も言うから[1]」。

2007年のある土曜の夜遅く、ジョー・ローガンは法に代わって自ら手を下そうと決意した。有名なコメディアンで人気のリアリティー番組『フィアー・ファクター』の司会も務めるローガンは、尊敬を集めるロサンゼルスのサンセット・ストリップのクラブ、コメディ・ストアに出演していた。ローガンは仲間のコメディアンたちから、自分よりずっと有名なスタンダップ・コメディアン、カルロス・メンシアがローガンの友人の一人でそれほど名を知られていないコメディアン、アリ・シャフィールのジョークをコピーしたと聞いた。客のなかにメンシアを見つけたローガンは、客の目の前で彼を「カルロ・メンステアリア」〔Mencia と Men-stealia（盗む人）をひっかけた〕と呼んで蔑み、彼がジョークを盗んだと非難した。メンシアはステージに駆け上がって弁解し、長く、けたたましい、下卑た言い争いが始まった。[2]

ローガン対メンシアの大喧嘩はビデオに撮られているので、少しばかり乱暴な言葉づかいが我慢できるなら、一見の価値はある。[3] 怒り狂ったコメディアン二人が胸を突き合わせるように立って、大声で侮辱の応酬をするなかで、ローガンはメンシアが犯したとされる違反の数々を挙げた。それにはアリ・シャフィールから盗んだとされるジョーク＊や、メンシアがジョージ・ロペスやボビー・リーらライバルのコメディアンから盗んだネタも含まれていた。メンシアは腹立たしげに盗みを否定し、ローガンを嫉妬に駆られた「泣き言ばかり言う女々しいやつ」だと断じた。言い争いが激しさを増してきたところで、シャフィール自身がステージに上ってローガンに加勢した。

やがてコメディアンたちはステージから降りたが、ローガンは報道陣の取材でもメンシアを非難し続けた。その後数週間で、多くの芸人がこの争いに加わったが、その多くがローガン側についた。おそらくそれ以上に重要だったのは、ローガンが言い争いの動画にメンシアが盗んだ疑いのあるジョークの実例を添えて、ユーチューブに投稿したことだった。この動画はこれまで500万回以上再生されている。[4]

この最後の数には驚いただろう。二人のコメディアンが公共の場でジョークのコピーを巡って言い争う様を録画した動画が500万回も再生されたのだ。いったいどうなっているのか？

私たちのうちの一人（スプリグマン）がヴァージニア大学の同僚ドタン・オリアーと共同で行った2

＊ 問題となったジョークは、密入国者を防ぐためにアメリカとメキシコのあいだに建設が予定されている防護壁に関するものだった。オチの一節は「それで、誰がその壁を作るんだい？」。このジョークについてはこの章で後に詳しく述べる。

年間の研究(5)に基づくこの章では、スタンダップ・コメディ界で創造性とコピーがどのように機能しているかを詳しく見る。この話はそれだけでも十分興味深い。さらに視野を広げると、創造的コミュニティがコピーを告発し、それによって生じる損害を抑えるために、法の枠を超えた非公式の行動基準――この本で私たちが社会規範と呼んでいるもの――をどうやって発展させてきたかということについて、コメディの世界は重要な洞察を与えてくれる。長い間、コメディ界ではコピーが容認されてきた。しかしスタンダップ・コメディがワンセンテンスのジョークからもっと長いものへと移行し始めた1960年代あたり以降、社会規範がコメディアンのあいだのコピー規制のなかで重要な役割を果たすようになった。

コメディは、これまでの二つの章で語ってきた料理やファッションの世界とはいくつかの重要な点で異なる。コメディアンはシェフ以上に、反コピーという点で意見が一致している。コメディ産業には、ファッション産業以上に強力な、効果的にコピーを抑制する一連の社会規範が存在する。しかし食とファッションの世界同様、コピーに関する法的ルールは、コメディでもほとんど何の役割も果たしていない。ジョークとコメディの演目は、法的には著作権保護の対象になっている――食やファッションとの違いが見られる部分だ――が、実際問題として著作権法はほとんど役に立たない（そして特許権はそもそも適用されない）。要するに、料理、服、コメディはどれもすべてコピーを法律によって効果的に制御できない領域なのだ。それでもその三つすべてで、創造性は栄えている。

なぜ法的ルールがコメディアンたちに無関係なのか、そしてそれにもかかわらず、コメディがいかにして創造性を維持し続けているのかを説明しよう。コメディの物語が示すのは、大がかりな模倣が行われても――確かにスタンダップ・コメディ草創期にはそういうこともあったが――イノベーションは生まれるということではなく、法律だけが模倣を抑制する唯一の方法ではないということだ。ファッションや食同様にコメディは、コピーに関する法的ルールは創造性の繁栄に必ずしも必要ではないことを示している。

しかし、コメディアンたちの社会規範システムの仕組みを検証する前に、少しばかり時計を巻き戻す必要がある――現代のスタンダップ・コメディが始まった頃、そしてジョークのコピーが当たり前のように行われていた時代まで。

スタンダップ・コメディ超略史

アメリカのスタンダップ・コメディのルーツは演芸場、なかでもとりわけ19世紀末から20世紀初頭のアメリカの中心的娯楽形態であるヴォードヴィルにまでさかのぼる。ヴォードヴィルのチケットさえ手に入れれば、歌、踊り、ジャグリング、アクロバット、マジック、動物ショー、パントマイム、そしてコメディとなんでもござれだった。ヴォードヴィルのコメディは演劇形式で行われ、劇やダンス、歌、そして時にはマジックや投げ輪など他の才能と喜劇的要素とが組み合わされていた。

ヴォードヴィルにはただジョークを繰り出すだけの直球勝負もあったが、あまり一般的ではなかった。だが1920年代末頃に、「進行役」や「MC」のキャラクターをますます強調するようになって、現代のスタンダップ形式に近づいてきた1920年代末までは、それほど一般的ではなかった。MCの短いジョーク（出し物の流れるような進行を滞らせないために、簡潔でなければならなかった）が、ポスト・ヴォードヴィル世代のワンライナー（1行ギャグ）コメディアンたちのスタンダードを形作った。ヴォードヴィルの演者たちはみんな他の演者から自由に面白いネタを拝借した。オリジナリティは重視されなかった。

1930年代になるとヴォードヴィルの人気は、様々な理由で凋落した。理由としては大恐慌の影響、そして最も強力なものとしてラジオと映画の出現があった。ヴォードヴィル出演者たちは、これらの新しいメディアに移行し始めたり、ニューヨーク州北部の「ボルシチベルト」といった地域に集中するナイトクラブ、カジノ、行楽地での単独のスタンダップショーに活動の場を移したりした。

ミルトン・バール、ヘニー・ヤングマン、ジャック・ベニー、ボブ・ホープらは、コメディアンたちの大きなバラエティーショーで比較的マイナーな役を演じていたヴォードヴィルから、スタンダップ・コメディが単独の演目として提供される新しい形態への移行を象徴するコメディアンたちだ。これらの演者はたくさんのヴォードヴィル的美学――矢継ぎ早に繰り出すギャグ、言葉遊び、劇場の名残（歌、踊り、そして扮装）、そして身体的笑い――をこの分野に持ち込んだ。それはワンライナー・コメディアンたちの黄金時代だった。笑いの基本はジョークにあり、コメディアンたちはお喋りにたっぷりジョークを盛り込んで、客に向かって早口でまくしたてた。

ポスト・ヴォードヴィル一派のなかでも最も早口だったフィリス・ディラーは、1時間の出し物のあいだ1分間に12のジョークをコンスタントに連発し続けた。ディラーと彼女の仲間のポスト・ヴォードヴィル・コメディアンたちは――不発に終わることもしばしばあったが――観客の間合いを見つつ新しいギャグを発する技をマスターするようになった。幅広い様々な話題について、ひとつひとつは互いにあまり関連のないジョークを連発するのが特徴だったスタンダップ方式は、1960年代半ばまでは主流となり、現在でもコメディ界の一分野として残っている。

このスタンダップ草創期のコメディアンたちは、手持ちのジョークをたくさん用意しておく必要があった。当然、多くのコメディアンが大規模なジョークアーカイブを持っていた。(6) フィリス・ディラーはトピックごとに入念に整理した5万以上のジョークを持っていた。* (ディラーのジョークアーカイブは現在スミソニアン博物館に保管されている)。ディラーのジョークのおよそ半数は、彼女が使っていた大きな作家集団のうちの一つから入手したものだ。ファイルを見ると、彼女は新聞の連載漫画など他の情報源からも自由にネタを拝借していたようだ。例えば、ディラーの架空の夫「ファング」との奇天烈な結婚生活に関するいくつかのジョークは、彼女が熱心に読んでいた『ロックホーンズ』という連載漫画から着想を得ている。ディラーのジョーク・ファイルにはインデックスカードによって『ロックホーンズ』に分類されたネタが何百も含まれている。(7)

この時期、ジョークをまるごとコピーするのは、他のコメディアンのネタに「手を加えて」使うのと同様に、ごく一般的なことだった。ボルシチベルトの「喋り屋」たち、あるいはジョーク連射機たちの歴史には次のように記されている。「ヘニー・ヤングマン風の喋り方だと、いつもジョークが不足することになる。その他のすべての喋り屋同様、彼も新しい、新鮮なネタを必要としていたのだが、彼が毎シーズン常連客相手に仕事をしているという事実のため、ネタのニーズもずっと切実になった。通常ネタを仕入れる方法は［…］最高の売れっ子から盗むことだった。ロウズ・ステート劇場やパレス劇場の

＊　ディラーはまた、自分のジョークにしょっちゅう手を加えた。ファイルのあるインデックスカードは、司法についてのジョークが書かれている。「足が18本、頭が9つ、おっぱい4つあるものってなーんだ?」と彼女は書いている。そしてそのオチは「最高裁」。そして彼女はその後、法廷での変化を反映させるために元のジョークを横線で消して、その下にペンでこう加筆している。「足が18本、頭が9つ、おっぱい3つ、黒いケツの穴［ろくでなしの意味もあり］1つあるものってなーんだ?」。

初日には必ず、客のなかに鉛筆を手にしたコメディアンがたくさん混じっていた[8]」。

ミルトン・バールはワンライナー時代の最も有名な演者の一人で、ジョーク泥棒としても有名だったから、ライバルたちから「最高のギャグ泥棒」と呼ばれていた。バールは自分のコピー癖を公然と認めていて、それをジョークにさえしていた——例えば、ビバリーヒルズ・フライアーズ・クラブのステージでのバールの有名なギャグとして、彼の前の出し物が「あまりに面白くて鉛筆を落としてしまった」というのがある。バール自身が1948年に説いているように、コピーは単に仕事のやり方にすぎない。「あんたは俺、ミルトン・バールが［…］ボブ・ホープから盗んだというのかい？　わかってないなあ、それは大金を貸し借りするのと同じなんだ。［…］俺がボブ・ホープのジョークをもらって［…］エディ・カンターがそれを私からもらって［…］ジャック・カーソンがそれをカンターからもらって［…］俺はカーソンからそれを取り戻す。［…］そうやってまわっているので、トウモロコシ取引所〔「トウモロコシ／コーン」には陳腐なギャグという意味がある〕って呼ばれてるんだ[9]」。

しかし、ケネディが大統領になった頃に、スタンダップ・コメディは大きな転換期を迎えた。もっと大きな社会的変化を反映して、新世代コメディアンたちは、政治、人種、セックスを使い、ますます個別化する笑いへの全般的移行の一分野として開拓した。多くのコメディアンが、ワンライナーや短いジョークから、個々の人生や考え方を反映した個性的な語り口による、ずっと長い独白へとシフトした。まぬけな義母ネタのようなストックされた共有ジョークは次第に廃れ、個人的観察やドジの話、そしてそれを時には長いストーリーに織り込んだものが次第に流行ってきた。

この笑いの新しい波を主導したのが、モート・サールとレニー・ブルースだ。サールのステージは明らかに政治的かつ知的だった。ブルースは口汚い言葉を盛った時事ネタで社会慣習、なかでも人種、宗教、セックスにまつわる話題を槍玉に挙げた。サールとブルースは絶大な影響力を持っていた。現在活躍中のコメディアンの大半は彼らの末裔だ。そして影響力を持つこれらのアーティスト同様に――ジェリー・サインフェルド、クリス・ロック、ザック・ガリフィアナキス、パットン・オズワルト、ルイス・ブラック、ルイスC.K.、マーガレット・チョー、サラ・シルヴァーマンら多様なコメディアンを含む――現世代のほとんどが、ある喜劇的人物像を十分に発達させて、そのなかで活動している。

1960年代以降のコメディの主流は、手短に言えば、極めて個人的な独白にジョークと面白い余談を織り込んだ、もっと対話型のスタイルだ。* その結果、コメディのスタイルは以前より多様になった。初期のコメディアンたちが決まったテーマやタイプのジョークに固執する傾向にあったのに対し、今日では、型どおりの演目に、ずっと多様なアプローチや主題を組み合わせている。そしてコメディアンのステージ上でのキャラクターがリアルなものだろうと作られたものだろうと、お決まりの演目には、ファンたちが好み、期待している確立されたパーソナリティが反映されている。

ここ50年間のコメディの演じられかたの変遷に伴い、コメディアンたちの創造性に関する考え方の変化も同様に変化を遂げていた。ボルシチベルトのコメディアンたちのコピー文化はこの新しいスタイルの犠牲になった。1940、50年代にはコピーは当たり前のことだった。しかし、現在では当たり前からは程遠いようだ――少なくとも当のコメディアンたち自身は昔に比べてまるでコピーを受け入れな

＊　もちろん、古いワンライナースタイル専門のコメディアンもいまだにたくさん存在する。しかし、現在もワンライナーを演目にしている者でも、スティーヴン・ライトが一人称シュールレアリスムのギャグを単調に連発するように、キャラクターやキャラクターを確立するパフォーマンス的要素を強調している。要するに、現代のスタンダップ・コメディは、実際にステージに立ったコメディアンのキャラクターを（本物か作り物かにかかわらず）かなりはっきりと際立たせる傾向にある。

くなった。今ではジェネリックなジョークに頼るコメディアンは「おいぼれ」と馬鹿にされる。独創性——実際、それはコメディアンたちが他のコメデイアンを評価する第一の基準だ——が尊重され、イミテーションは非難される。これから説明するように、このコピーに対する考え方の変化は、基本的に同じ時期に起こったコメディ・スタイルの変化とおそらく無関係ではない。

もう一つの変化も注目に値する。1960年代以降、コメディ産業はスタイルと姿勢の両面における変化を見せたが、それにともなって規模的にもずっと大きく成長した。コメディクラブの国内巡業は、ほとんどの大都市とかなりの数の小さな町にまで広がった。コメディアンたちは、自分のパフォーマンスの録音盤を発売するようになった——そしていくつかは大量に売れた。コメディアンは、深夜番組と連続ホームコメディの両方を通じて、テレビにずっと頻繁に露出するようになった。ここ数十年、このような露出は加速化し、HBOのようなチャンネルで多くのスタンダップ・コメディが放映されるだけでなく、ケーブルの専門チャンネル、コメディセントラルには、多くのコメディアンが様々な形で出演している。要するに、今やどこもかしこもコメディだらけなのだ。*

スタンダップ・コメディアンには無意味な著作権

ジョークや演目は文学作品であり、著作権法が明確に保護対象としている分野だ。しかし多くのジョーク盗用の例があるのに、これまでにコピーに関する告訴は数えるほどしかない——そして、ここ半世紀について探してみても、コメディアン同士で争ったケースは見あたらない。スタンダップ・コメディアン同士で告訴すると脅したり、示談にした例も見あたらない。

なぜコメディ界では法がほとんど関わってこないようなのか？——ジョークのコピーが息をするのと同じくらい当たり前だったかつての時代ですらそうなのだ。その理由の一つは、法の執行にかかる費用にある。著作権訴訟を起こそうと考えたコメディアンは、すぐに訴訟費用が多くの場合数万ドル、あるいは数十万ドルにものぼることを知る。さらに訴訟に勝つにはこれ以外にも障壁があり、そちらのほうが間違いなくもっと重要になってくる。最も重要なのが、法で保護された独自性ある表現と、法で保護されていない創造的アイデアの著作権上の区別だ。

アイデアと表現の区別は著作権法の中核だ。これはコメディにとって、あるちょっとした言い回しは保護されても、それを面白くしているアイデアや設定は保護されないということだ。ライバルのコメディアンが、こちらの面白い設定をいただいて、言い換えて自分版のジョークを作るのは著作権法上認められている。この著作権法の原則から見て、コメディアンたちは現実的にほとんど保護されていないことになる。なぜなら、観客を笑わせるのはたいていはジョークが伝えるアイデアや前提であって、その設定は同じくらい面白いいくつかの違う方法で表現できるからだ。

もう一つの重大な障壁は、他のコメディアンが、独自にジョークを創作したのではなく、本当にコピーを行ったと証明する難しさだ。特許は、後から同じ特許発明を考案した人がいても（彼らがその発明をコピーしたかどうかにかかわらず）有効な独占権が先行者に与えられる。これと違って、著作権は実際のコピーに対してのみ有効だ。もっと創造性の高い分野では、現実にはこれは問題にならない。二人の作家が同じ劇を書いたり、二人の画家が同じ絵を描いたりするとは想像できない。しかし素材がジョーク

＊　実際、かつてアメリカで最も信用があるニュース・レポーターといえばウォルター・クロンカイトだったが、今では、ディリーショーの元スタンダップ・コメディアン、ジョン・スチュワートということになるだろう。

となると、問題は難しくなる。ジョークは多くの場合、かなり時事的な設定を基にしているため、多くのコメディアンが同時に同じ設定をもとにとてもよく似たネタを思いつくことがある。

この良い例が、まさにジョー・ローガンがカルロス・メンシアと大論争を始める発端となったジョークだ。少なくとも4人のコメディアンが、メキシコとアメリカの国境壁の建設について似たようなジョークを話している。最初にアリ・シャフィールが、このジョークを２００４年３月の「ラテン・ラフ・フェスティバル」で披露したことが記録されている。

「カリフォルニア州知事のアーノルド・シュワルツェネッガーは」カリフォルニア州内のメキシコ国境全域にレンガ壁を建てたいらしい。高さ３・７メートル、厚さ90センチの壁でメキシコ人が入ってこれないようなやつを。でも俺は言いたいね。「よお、シュワちゃん、それでその壁をいったい誰に作らせるつもりだい?」(10)

別の三人のコメディアンによる別バージョンも存在する。すべて２００６年に披露されたものだ。

●カルロス・メンシア（２００６年１月）——まず不法滞在の外国人をみんなこの国から追い払って、すごいフェンスを作って奴らが戻ってこれないようにしようと考えたんだ。でもふと気がついた。「いったい誰がその壁を作るんだ?」

●Ｄ・Ｌ・ヒューリー（２００６年10月）——それで、アメリカからメキシコ人を締め出すために、壁を作りたいって言うから俺は言ってやったんだ。「馬鹿野郎、それをいったい誰が作るんだ?」

●ジョージ・ロペス（２００６年11月）——共和党は不法移民対策として、全長１１００キロ、幅６メートルの壁を作ると言う。いいだろう、でも「誰にその壁を作らせるつもりだ？」[11]

コメディアンたちは、あるコメディアンが他のコメディアンをコピーしたのか、あるいは二人が同時に同じアイデアを思いついたのかを判断するのが難しい場合が多いことを認めている――だから訴訟で勝つのは難しい。「メキシコ国境フェンス」ジョークは、この良い例だ。ニュースにヒントを得て、独自にネタを考えている多くのコメディアンが、同じ設定をもとに似たようなジョークを書いたのかもしれないからだ。

結論は、コピーを規制する法的ルールは有用な手段に思えても、コメディ界では実際にはほとんど機能しないということだ。それでも現代のコメディアンたちは、しばしば共同的に面白いアイデアを生み出し、おかげで模倣の余地をかなり作ってはいるが、独創性を重視し、コピーには反対している。彼らは、非常にうまく発達した社会規範システムを通じてこれらをうまく取りまとめている。これらの規範は完全に私的かつ非公式なものだ。しかし、それらはある特定のものを斟酌しつつ、コピーを抑制している。そしてこれらの規範は法的根拠がないにもかかわらず、驚くくらい効果をあげている。

当世スタンダップ・コメディアンとその社会規範

本章の記述の主なネタ元となった研究で、本書共著者の一人（スプリグマン）とUVA法学部教授ドタン・オリアールは独創性とイノベーションについて、そして特に仲間のコメディアンが自分からネタを盗んだと確信した時、どのような行動をとるかということについて、多くの有名コメディアンにインタビューを行った。(12) 言い換えると、その研究は規範がどうなっていて、なぜそれが存在するのか解明しようとしたものだ。これらの規範のいくつかは著作権法のルールによく似ている。例えば、重要な規範として他のスタンダップ・コメディアンのジョークやネタを公然と演じることは禁じられている。しかしその他のものは通常の著作権に関するルールからは逸脱している。例えば著作権は、表現は保護しても、それに内在するアイデアは保護しないが、コメディアンたちの規範はアイ、デ、ア、と、同、じ、よ、う、に、表現を保護する。

これらの規範についてもう少し掘り下げてみたい。しかしその前に、コメディアンの規範システムには非公式ではあるが強力な懲罰が含まれることにはぜひ注目しよう。これらの懲罰は、まずは単純な悪口と村八分から始まる。これが効かない場合、懲罰はもっとエスカレートして、違反したコメディアンとの共演を拒否するまでになる。場合によっては、コメディアンたちがジョークを盗んだ者を脅したり、殴ったりすることとさえある。このような制裁行為は法的規則に基づいたものではない——実際コメディアンたちが他のコメディアンを脅したり、殴ったりするのは、明らかに違法行為だ。それでもこのような手段は効く。コメディアンのコミュニティでは、剽窃したと申し立てられると評判が著しく下がってしまう——この本の序章で紹介したデイン・クックの例を思い出してほしい——芸能界でのキャリアを終わらせてしまうことさえある。

結論は簡潔だが、深遠だ。非公式の規範を利用して、コメディアンたちはコピーを制限できているのだ。彼らはジョークの所有権を主張し、それらの使用と改変を規制し、制裁を強制し、新ネタへの投資のしっかりとしたインセンティブを維持している。ファッション・デザイナーやシェフと同様に、これはイノベーション独占理論にとっては不思議な現象だ。ジョークや出し物のコピーを規制する実効性を持った法的保護が存在しない以上、独占理論からすれば、剽窃が一般的になって創造性が枯渇してしまうはずだ。だが多くのスタンダップ・コメディアンが次から次へとすばらしい新ネタを毎晩のように生み出している。

もしもコメディアンと話す機会があれば、彼らが次の一点で一致していることがわかるだろう。カルロス・メンシアはジョークをたくさん盗んでいる。この章の冒頭で有名な例を挙げた――メンシアとジョー・ローガンの論争だ。ここでもう一つ例を挙げておこう。２００６年、メンシアは自作アルバム『ノー・ストリングス・アタッチド』で、愛情あふれる父親が息子にアメフトを教えるネタを披露している。

彼は息子にボールを与え、パスのしかたを教えた。彼は毎日息子にパスのしかた、スリー・ステップ、ファイブ・ステップ、セブン・ステップ・ドロップのやりかたを教えた。彼は息子にボム、アウト、フック、コーナーの投げ方を教え、偉大なクォーターバックになるために知っておかなければならないすべてを教え、息子が強豪校に入れるよう別の都市に引っ越しもした。そして息子は大学へと進学したが、その男はそれでもすべての試合を見に来て、父親として寄り添い、息子は大学で活躍するようになり、ハイズマン賞を勝ち取り、とうとうＮＦＬに入って、５年後にはスーパーボウルに出場し、スーパーボウルで勝利し、ＭＶＰになり、テレビカメラが来て「何か言いたいことはないですか」と訊かれた時、息子は「愛してるよ、**ママ**」。ああ……あの女はお前とキャッチボールさえしたことがないのに！(13)

これをビル・コスビーの1983年のヒットアルバム『ヒムセルフ』のネタと較べてみよう。

まだこれくらいの男の子を捕まえるんですな。そしてこう言う。「坊やここにおいで」——まだ2歳だ——そしてこう言う。「よく見てろ、父さんがどうやるか見せてやる」「そうだ、こっちにきて、俺を突破するんだ」（ドーン！）「そこで、下がって、下がって——そうさっきとは違うだろ、それでかかってこい」（ドーン！）わかったか、こんどは俺たちが教えてやる番だ——こう言うんだ。「ほら行け、あの木にアタックだ、やっちまえ（あぅ！）ほら下がって、もう一回」（あぅ！　あぅ！）子供にすべてを教えてやる。「かかってこい！（バン！）」。彼はすぐにこっちより大きく強くなり、こっちを倒せるようになり、もうこれ以上倒されるのはもうごめんで、こう言う。「その調子だ、坊主」。そいつを高校に進学させ、子供はグラウンドを走りまわって、1ゲーム100回もタッチダウンを決め、あんたは言う。「イェイ！　それでこそ俺の息子だ」。そして息子は強豪大学に入って、強豪大学チームでプレーして、300万人の学生と80万人の人々がスタンド——全国放送のテレビの前——に集まり、彼はボールをキャッチして、逃げ出そうともせず、みんなを乗り越えて（タッチダウンを）決め、彼は振り返って、カメラが彼を捉えると、あなたが見ている前で彼はこう言う。「**ママ！**」。あらら……でもこっちは気にしませんよねえ。教えたのが誰かわかってるんだから。(14)

メンシアは、コスビーのアメフトネタをコピーしたとは認めていない——それどころか自分のネタを披露するまで、コスビーのネタを聞いたことさえなかったと言っている。しかし、それはなかなか信じ難い話だ。コスビーはコメディ界の象徴的存在であり、『ヒムセルフ』は大ヒットして、発売開始から25年経っても売れ続けているのだから。これらの事実を鑑みると、メンシアが一度も聞いたことがないというのはありえない。そしてこれら二つのネタがあまりに似ていることを考えると、メンシアがコピーしたと考えるのが妥当だ。コスビーはコピー屋たちを非難しつつも、かつて自身が一度だけジョージ・カーリンをコピーしたことを認めてはいるが[15]、メンシアに対しては何の行動も起こしていない。ジョージ・ロペスの場合は、それほど寛容ではなかった。2005年、ロペスはメンシアが自分から盗んだネタをHBOの特集番組に13分間も織り込んだと非難した。そしてロペスは報復行為をとった。彼はコメディクラブ、ラフ・ファクトリーでメンシアに摑みかかり、彼を壁に押し付けて殴った[16]。

でも、コメディアンのあいだでは強烈なパンチを一発お見舞いすることがジョーク泥棒に対する正当な対応であるなら、ロペスも用心したほうがいい。2008年のグラミー賞スピーチで、ロペスは女性（ヒラリー・クリントン）とアフリカ系アメリカ人（バラク・オバマ）が、民主党の大統領指名候補を争っているのを見て実に嬉しいと述べた。しかし、彼は初の女性大統領、あるいは黒人大統領が暗殺されやしないか心配してみせた。そして彼らの安全を確保するには、メキシコ人を副大統領にするのが一番だと言う。「何かまずいことが起きたら」。ロペスは断言した。「ホワイトハウスに住むことになってしまうのは、フラコ副大統領になっちゃうんだから」〔女性大統領や黒人大統領を嫌う人々ですら、メキシコ人大統領よりはいずれもマシだと思うはずだ、ということ。アメリカ社会でのメキシカンに対する偏見を利用したネタ〕。

面白いジョークだが、その8年前に、デーブ・チャペルがHBOの自身の特別番組『キリング・ミー・ソフトリー』で、自分が初の黒人大統領に選ばれたら、自分を殺そうとする人が絶対にいるだろうが、それでも怖くないと明言している。その理由は？　「保険」のためにメキシコ人を副大統領に選ぶから。チャペルのオチの一節は「そうなれば、俺とサンチャゴ副大統領には手出しをしないほうがいいってわけだ[17]」。

メンシアはコスビーとロペスをコピーしたのか？　ロペスはチャペルをコピーしたのか？　確かなことはわからない。これらの例に限った話ではないが、コメディアンが他のコメディアンを真似たのかもしれないし、それぞれが独自にジョークを思いついたのかもしれない。ジョークがコピーされたことを示唆する例は多数ある――しかし決定的な証拠はほとんどない。

「メキシコ系副大統領」ジョークを見れば、模倣をめぐる訴訟がなぜ予想外に少ないか説明しやすい。誰がオリジナルか決めるのが難しいのだ。それでも――ほとんどがそうだが――選挙のような時事問題を基にしたコメディばかりではないのだから、これまでなぜ訴訟がまったくないのかは不思議だ。訴訟がまったくないのは、単に著作権が上手く馴染まないためだけではない。それはコメディアンたちの社会規範がもたらした結果でもある。これらの規範についてもっと詳しく探ってみよう。

汝、隣人のジョーク、設定、ネタを欲しがるなかれ

最も重要な規範は基本的なもので、広く共有されているコピーに対するタブーだ。この規範は基本中の基本として、新人スタンダップ・コメディアン向け一般ガイド『コメディ・バイブル』の新人向け十戒第一条に次のように書かれている。「汝、隣人のジョーク、設定、ネタを欲しがるなかれ」。その他のハウツー本にも同じような内容が書かれている。(18)

明らかな問題の一つは、この規範が禁じているのは正確には何かということだ。まるごとコピーすることを禁じているのか、他のコメディアンの面白いアイデアを真似ることすべてを禁じているのか？これまで見てきたように、著作権の基本ルールは、保護された作品に「相当程度似た」表現の使用を禁じているが、その根底にあるアイデアは保護しない。コメディの社会規範は同じような線引きをしていない。それらは表現とアイデアの両方を保護しているのだ。

あるコメディアンがこれを、教会でセックスをしている人に関するジョークを例に説明している。このコメディアンが言うには、そのアイデアはごく一般的なものでライバルのコメディアンが自由に使ってもかまわない。しかし、何らかの具体性をごくわずかでも追加すると（このコメディアンは教会でセックスしているところを神父に見つかったことをジョークにしていた）、そのアイデアを具体化した個別ジョークとアイデア自体を他人が使うのはご法度だと。同じような考えに沿って、多くのコメディアンが、一般的な設定――「ストック」でも「ありきたりなこと」でもないすべて――でさえ借用は好ましくないと言っている。

言い換えれば、コメディアンの規範システムは通常は剽窃とされるような行為までカバーしているということだ。法的視点から見ると、著作権侵害と剽窃はかなり異なる。著作権侵害は、保護された表現を許可なくコピーすることを指す。剽窃はもっと広い概念だ。他人の表現、あるいは他人のアイデアを出典を明らかにしないままコピーすること（前者は著作権法に違反する場合があるが、後者は著作権も、そしてほとんどの場合、特許権も侵害しない）を意味する。もちろん引用であることを適切に示さないままアイデアをコピーするのは、大学、出版社といった一部の機関や作家や研究者など特定の社会集団からは重大な違反行為ととられる。しかしこれらの剽窃を禁じたルールは法的規則ではない――アイデアの剽窃で訴えられることはない。むしろこういった剽窃に対する処罰は、大学の研究規約といった組織内のルールか、いくつかの（ジャーナリストなど）特定の専門家集団内の非公式規範のなかに見られる。

多くのコメディアンが、面白いアイデアのコピーに言及する際、「剽窃」という言葉を使う。そして興味深いことに、彼らはアイデアがその創作者に帰するとされていてもされていなくても、この言葉を使う。通常は剽窃というのは、オリジナルの作者が明記されていない場合にのみ適用されるものだが、これはそこからさらに大きく一歩踏み出したものだ。研究論文の場合を考えよう。ここでは作者が文中、あるいは脚注で明記さえされていれば、他人のアイデアをコピーしてもかまわない（実のところ私たち研究者は、誰かからアイデアをコピーされると大喜びだ——もちろん引用元が明記される場合に限るが）。

なぜコメディアンはこれをさらに一歩進めて、引用を明記したアイデアのコピーさえ制限するのだろう？　贔屓のコメディアンのショーを見る時、観客たちは常に新しい新鮮なネタを求めているので、他のコメディアンのジョークを話すコメディアンは、たとえ人のネタであることを明らかにしたとしても、ネタを露出過剰にすることで本家に損害を与えることになるから、ということかもしれない。そしておそらくそれは（これに関連する問題だが）、コメディアンたちはコミュニティ全体として、一人のコメディアンの決定的特徴としての独創性を大切にしているからだ。他人のジョークを披露して生計を立てているような輩は、そもそもスタンダップ・コメディアンではない——少なくとも他のスタンダップ・コメディアンに言わせればそういうことになる。

しかしこの章でさっき説明したように、必ずしもこれまでずっとそうだったわけではない。初めの頃は、コメディアンは普通にライバルのジョークに手を加え、再利用し、あっさり盗んでいた。誰もそれを特に異常で間違ったこととは考えなかったし——意外ではないが——多くのコメディアンがそれをジョークにした。コピーについての見方がなぜ変わったかは定かではない。技術の変化によって観客がコピーに気づきやすくなったのは確かだ。ボルシチベルトの時代、観客はみな生でショーを見ていた。今ではそれがテレビの特番、コメディ・アルバム、そしてもちろんユーチューブだ。しかし本当の理由がなんであれ、今日のコメディアンたちは基になるアイデアや表現のコピーに対して、ずっと強く防衛しようとする。

設定を制するものがジョークを制する

ジョークはしばしば共同作業で作られる。コメディアンたちはクラブやドサ回りで多くの時間をともに過ごすが、一緒に過ごしているあいだに、新しいネタを思いつくことも多い。手持ちの設定がたくさんあるコメディアンが、他のコメディアンに頼んでオチを考えてもらったり、友達に新しいジョークを試して、仲間の助言を受けてオチを変えたりするのは珍しいことではない。著作権法の規則では、設定を考案したコメディアンとオチを考案したコメディアンは、その結果生まれたジョークの共作者であり共同所有者ということになる。しかし、コメディアンたちは違ったルールを持っている。設定を思いついたコメディアンがジョークの所有者なのだ。そこにオチを与えたコメディアンは、事実上それが無償奉仕だとわきまえている。

なぜ、コメディアンたちは共作を管理する法的ルールを拒否するのだろう？　それはそれらが、反コピー規範の効果的な実施と相容れないからだ。もしも本当に二人のコメディアンが共作者ということになれば、両者はそのジョークに対して同等の権利を持つことになる。でも、二人が同じジョークを話したら、仲間のコメディアンや観客はどちらかが他方をコピーしたと考える。

つまり、ジョークの共同所有は、基本的な反コピー規範の施行をやりにくくするのだ。今日、規範の実施には、二人のコメディアンが似たジョークを話しているという証拠さえあればいい。しかし、共同所有権を認める規範システム下では、盗みを見つけるのがもっと難しくなる。なぜなら二人のコメディアンが同じジョークを話していても、それは盗みと共同所有の両方の可能性があるからだ。このような曖昧さが残っていると、規範システムは崩壊しかねない。

これと同じような基本的懸念が、コメディアンたちのジョークの売買を統制している別の規範の原動力にもなっている。著作権法は、作品の使用許諾を得たり購入したりするには、購入者は署名入りの書面契約をもらわねばならないとしている。しかしここでもまた、コメディアンたちは独自のルールに従っている。ジョークは通常握手によって売買される。法がなんと言おうと、コメディアンにとって口約束には拘束力があり、売り手がジョークに関するあらゆる権利を委譲したことに疑いの余地はない。ジョークに関する権利の委譲は完全で、創作者は自分がそのジョークの作者であることを公にすることさえできない。あるコメディアンが言っているように、「［ジョークを買ったら］それはすべてが完全に私のものになる。［私と］作家との口約束で、彼は誰かに自分がそのジョークを書いたことさえ言ってはならないことになる。履歴書に、私のためにジョークを書いたことを記すのはかまわないが、どのジョークを書いたのか記すことはできないんだ」。

誰が最初か?

著作権法では、著作が「最初」であること、あるいは「先行」していることは、著作権の有効性とはほとんど関係ない。二番目に書いた人が偶然、先行する作品とまったく同じ作品を独自に書いたなら、二番目の創作者も正当な著作権を持つ。しかし、コメディアンの規範システムは、最初の人を支持する。またコメディアンたちのあいだには現実問題として、二人のコメディアンが似たようなジョークを演じた場合、最初にテレビでジョークを演じたほうがそれを独占所有するという合意がある。テレビでジョークや演目を演じるのは、多くの意味で、特許保護申請に少し似ている。それによってジョークの排他的権利が付与されるのだ。

最初であることは、深夜のトークショーに投稿されたジョークが誰のものか決める役割も果たす。ジェイ・レノやデヴィッド・レターマンらホストは、コメディアンたちが毎晩の一人芝居のネタの投稿に使うメーリングリスト（当初はファックスが使われていた）を持っている。ジョークが放送で使われると、それを書いた幸運な人には小切手が届く。しかし、時には二人のコメディアンが基本的に同じジョークを送ってくる。その多くが時事ネタで、その日の出来事に関するものだ。そのようなことが起きた場合、最初にメールしてきたほうに小切手は支払われ、自分のジョークが放送で使われたのに小切手が届かなかったコメディアンは、自分が遅かったことを知ってしまいだ。

施行・強制

あらゆる社会規範の中心的課題は、それをいかに施行強制するかということにある。コメディアンたちは、ジョー・ローガンとカルロス・メンシアのような確執もあるにはあるが、現在コピーはそれほど蔓延しているわけではないと言う。これは直感的に考えて筋が通っている。何千人ものコメディアンが日々ショーに出演し、それぞれのショーでいくつかの演目が、様々な面白い余談をはさみながら演じられている。これだけの量があることを考えると、確かにコピーはあまり見当たらない。しかし、皆無ではない。そして自分がコピーされたと思った時は、コメディアンは違反した疑いのある者を糾弾する。このような糾弾はおおむね、簡潔で、礼儀にかなっており、効果もある。何度もコピーを繰り返すのは、コミュニティ内でも札付きとされているごく一部の常習犯だけだ。

しかし規範システムを機能させるには、コメディアンたちにはコピーを見つけるための信頼できる手段が必要だ。そしてそういう手段は実在する。スタンダップ・コメディアンにとってコピーの発見は、コミュニティ全体のプロジェクトとなっている。通常スタンダップ・クラブでは一つのプログラムに数人（時には8人、10人になることもある）のコメディアンが出演する。これらコメディアンはたいてい1週間に数夜出演し、そのあいだ他のコメディアンの演目をしっかり見ている。このように仲間のネタをいつも見ているコメディアンたちは、イミテーションを見つけるには恰好の存在だ。あるコメディアンは次のように言っている。

やつらは互いに監視しあってるんだ。仲間内のことだ。盗人とかハック（コメディアンたちはこのように呼ぶ）とかいう評判がたつと、キャリアに傷がつく。仕事がなくなる。あっさり追放されてしまう。

では、コメディアンがライバルにジョークを盗まれたと思ったら、何が起きるのだろう？　まず最初は示談にしようとする。権利を侵害されたコメディアンは被疑者に面とむかって、似ている点を詳しく説明し、自分がずっと前からそのジョークを使ってきたことを主張したりする。そしてこれまでどこでそのジョークを披露したか伝え、目撃者の名を挙げるかもしれない。疑いをかけられたコメディアンが、過ちを認め、問題になったネタを使うのをやめると約束することもある。これは、被疑者がそうと気づかないままライバルの持ちネタを使っていた時にはありがちだ――著作権法が「無意識下の私有」と呼んでいるものだ。

あるいは二人のコメディアンが、それぞれ独自にジョークを思いついたという結論にいたる場合もある。その場合、二人は同一のショーで同じジョークを使わない、あるいはそれぞれが違う言い回しで使うか、それぞれ別の地方でそのジョークを使うことで話をつけたりする。一方が好意でそのジョークを自発的にあきらめることもある。ジョークがどちらか一方のコメディアンに向いていることもあれば、一方がそのジョークに思い入れがあったり、それを「必要」としていたり、あるいは単にジョークの話し方が上手い場合もある[19]。

権利を侵害されたコメディアンが、うまく紛争を解決できず、それでもその問題を追及しようと決めると、多くの場合彼は二つの制裁手段を実施しようとする。「評判への攻撃」と「取引拒絶」だ。二人のコメディアンがその過程と結果について説明している。

［自分がコピーされたと思った］その男は［そいつを］クラブから締め出そうとする。相手の悪口を言いふらす。その男は他のコメディアンとそいつに敵対させる。［そいつには］他のコメディアンが寄りつかなくなった。

もしもジョークを盗んだりすれば、他のコメディアンから仲間外れにされ、仕事のクライアントにまで電話される。テレビ番組やクラブの出演交渉担当者につないでもらうには、良い評判が必要だ。コメディアンたちは仲間のコメディアンが巡業の仕事がもらえるように助けるんだ。

このような制裁は非公式ではあるが、強力だ。信用に足る申し立てなら、多くのコメディアンが価値を認め大切にしている仲間内での評価が貶められ、台無しになってしまう。多くのコメディアンが仲間内での評価はとても大切だと言う。アメリカにはおよそ3000人の現役コメディアンがいる。インタビューを受けた多くの人が、スタンダップ・コメディアンを「部族」のメンバーだと言っている。このような文脈から、人の真似をしたという評判は、この分野での成功の障害となりうる。*

ジョークで生計を立てているのは、ほんとうに限られた内輪の集団なんだ。しょっちゅう会うし、お互いにテレビで見たり、クラブですれ違ったり、一緒にニューヨークに出かけたりするので、コメディ業界では、「あいつは盗人なんだ」と言われること以上に、忌み嫌われているひどい言葉はない。

そうだなあ、盗人として知られている輩はごく一握りしかいないけれど、でも改めて考えてみると、職業上とても役に立つのに盗む人がほとんどいないのには驚くね。ジョークってのは――ちゃんと説明するのは難しいなあ――部屋に大勢集まった見知らぬ人々を大きな声で確実に笑わせるような言葉の連なりだよね。実に美しいちょっとした宝石のようなもんだ。めったに思いつくことはないし、願わくば何かを明らかにするものであってほしいし、聞き手がなにか自分との結びつきを感じてほしいし、内容が語り口にマッチして、短く簡潔で親しみやすく、腹の底から笑うくらい面白いものであるべきだし、その他同時にいろいろ違った要素が要る。

だから、それらのわずかな言い回しを生み出すには大きな労力が必要で、誰かがやってきてアイデアを盗んで、それを使うような真似をしたら、とても腹が立つ――どのくらい腹が立つか言い表せないほど。私にとって驚きなのは、それがあまり頻繁に起こらないことなんだ。コメディアンと彼らをブッキングする人々は、そこに既得権があると思っていて、だからジョークを盗んだ奴をステージにあげたくないと思っている。すでにかなりの名声があったら、あちこちまわってジョークを盗んでキャリアを維持なんかできない。システムのなかで十分な自己監視が行われているのは驚くべきことだね。

仲間はずれと悪口がうまく機能しない場合には、第二段階の制裁が待っている。コメディアンは、自分が模倣者に違いないと考えている者とは同じ晩の同じラインナップに出演したくないとブッキングエージェントにはっきり言える。仲介役――クラブ・オーナー、ブッキングエージェント、代理人、そしてマネジャー――も模倣者を出入り禁止にできる。特に、少なくとも多くがかつては自身もコメディアンだった一部のブッキングエージェントたちは、コピーするコメディアンを軽蔑している。

クラブをブッキングしている連中は、少数の例外を除いて［…］ジョークを盗んだことのある奴はブッキングしたがらない。コメディ業界に関わる人々はたいてい、かつて自分もコメディアンだったか、自分のことをユーモアのある人間だと考えていて、だからこの仕事が好きなんだ。［…］つまり多くの場合、これらの人々は芸を愛するがゆえにこの仕事をしてる。ということで、ここでもまた正しい行動をとる仲間のネットワークのようなものが存在する。つまり、明らかに［ジョーク泥棒だという］評判がある奴がオマハのファニーボーンに中堅として出演を交渉しようとしても、ファニーボーンのブッキング［エージェント］はたぶんその噂を聞いていて、電話に出てくれない。これは直接そいつのキャリアを傷つけることになる。もし

＊　長い間、繰り返しジョークを盗んだと申し立てられてきたロビン・ウィリアムズは、1992年、『プレイボーイ』誌のインタビューでその経験について話している。「そう、一晩に8時間はクラブに入り浸り、人々と即興で一緒に演じ、ステージをこなした。それでときどき何かネタを耳にして、そういうのをうっかりトークショーで使ったりしたんだ。それでそんな評判がたって、私がそれにクソうんざりしてる理由でもある。［…］私があちこちで人のネタをあさってるなんていうのはひどいデタラメだ。そんなことで非難されるのはもうまっぴらだ。［…］クラブと関係をもつのはやめたよ。みんなこう言うんだ。「コメディ・ストアに出ないんですか？」ああいう世界に戻って、人からとやかく言われるのはもう金輪際嫌だね。［…］（他のコメディアンから）ここに何しにきたんだ？　という目で見られるのはもうまっぴらだ」。

も盗んでいることがあまりに有名になれば、そいつのキャリアは終わってしまうことさえある。ファニーボーンの中堅以下のレベルにしか出られないのは確かだ。結局、［低レベルな］バーや火曜の夜だけコメディをやるようなところで、臨時出演でジョークを披露することになる。そういうバーだと、コメディが終わればカラオケで、次の晩はトリビアナイトだ。なかにはそんなドサまわりで終わる奴もいるよ。

評判による制裁と取引拒否は、報復手段として最も一般的だ。しかしそれでもうまくいかない場合には、権利を侵害されたコメディアンが暴力による報復に出ることもある。あるコメディアンが語っているように、コメディアンが、ジョークを盗んだと思われる相手のところに行って、こう言う。「「おい、それは俺のネタだ、ここに賞味期限だってある――製造年月日だ。これまで何年間もこのネタを使ってきたのに、突然あんたが自分で使い始めたけど、止めていただこうか」。9割のコメディアンはこう言う。「ああ、いいよ」。しかし残り1割はこう言う。「ほう、そうかよ? でも今じゃあこれは俺のネタなんだ」。こうなるとアッパーカットパンチが著作権保護の唯一の手段となる」。[20]

このような暴力は稀だ。それでも多くのコメディアンが、暴力的報復を支持するか、あるいは少なくとも非難はしない。ジョージ・ロペスはカルロス・メンシアを殴ったことを隠そうとしなかった――それどころか、それを『ハワード・スターン・ショー』で自慢している。ボストンのコメディアン、ダン・キノがライバルのコメディアンたちに襲撃されたという記事には、この話の公表に手を貸したと思われる襲撃者の名前がほのめかされている。[21] キノの反応も記されている。糾弾を受けたコメディアンは、他人のネタを使ったことを謝罪したが、武力「介入」はひどいなどとは一言も言わなかった。おそらく最も重要なのは、コメディ・コミュニティがこれを受け入れたらしいことだ。キノの事件についてコメントしたコメディブログは「ボストンの有志が知的財産権のために立ち上がったことを知り溜飲が下がった。[…]彼らが互いに気遣っているのは称賛に値するし、不文律をあからさまに無視した輩を叩きのめしたのはまったく妥当なことだ」と書いた。(22)

社会規範は、コピー・コントロールの手段としては確かに完璧ではない。例えば、模倣者が創作者よりもずっと有名な場合には、強制は難しいと多くのコメディアンが言っている。クラブでの共演を拒否して規範を強制しようとしても、うまくいかないだろう。また、仲介者も模倣者が有名コメディアンの場合、規範の強制や出入り禁止に乗り気ではない。つまり、有名であることによって、少なくとも社会規範から部分的に逃れることができるのだ。

反コピー規範の効力にはもう一つ別の限界がある。それが一般社会で広く共有されていないことだ。高価なドレスの安いコピー商品を買うことに抵抗を感じない消費者と同様に、観客はオリジナルかコピーか気になんかしないというのが多くのコメディアンの見方だ。客はただそこで酒を飲んで、笑って、楽しく過ごしたいだけだ。しかし、これに同意しないコメディアンもいて、客のなかにもオリジナリティにこだわる熱狂的ファンがわずかながら存在すると言う。コメディアンのなかには、これら熱狂的ファンを反ジョーク盗用の規範強制に利用できるという者もいる。彼らとこじれると痛手を被りかねない。ファンの噂、特にネット上の噂とコピーの評判は、それほどマニアックではないスタンダップ・コメディの消費者にまで広まる。そして当然ユーチューブに、例えばこの章の最初でとりあげたジョー・ローガンがカルロス・メンシアの恥をさらしたような、コメディアンの「恥さらし」動画がアップされ、それが非難の輪をさらに広げることになる。すなわち、社会規範は常に効果的に規制役を果たすわけではない。しかしそれを言うなら、法的保護にしても当然常に効果的なわけではないではないか。*

コメディにおける反コピー規範とイノベーション

コメディアンが、コピーに関して独自に私的な超法規的社会規範システムを発達させてきたことは興味深い。しかし、この規範システムはこの本の中心となる問題にも光明を投じている。すなわち、イミテーションはイノベーションにどのような影響を及ぼすかという問題だ。三つのポイントが浮かび上がってくる。

まず一つめとして、コメディ界は少なくとも場合によっては、社会規範が法的権利の効果的な代役になることを示している。料理の章で書いたシェフの行動も、確かにある程度は社会規範に左右されてはいるが、ヒッペルとフォシャールの研究におけるパリの超高級レストランのシェフたちを例外として、シェフにおけるコピーと所有権に関する規範は比較的弱くて緩い。これとは対照的にコメディでは、規範はずっと強く広く共有されている。ファッション界はコピーに関する社会規範が、あらゆる業界のなかで一番弱いようだ。

私たちは、これら三つの分野における創造性の組織化に関する何かが、これに反映されているのではないかと考えている。通常一人で働くコメディアンは、基本的には個人事業主と言える。シェフは小さなチームの一員として働く。そして（通常）ファッション・デザイナーは、10人程度から数百人、あるいは数千人の従業員を抱える企業のなかに組み込まれている。創造性に関する社会規範は、最も社会化が進んだ状況——個人が鍵を握り、互いに頻繁に切磋琢磨しあうような状況——においておそらく最も上手く機能し、最も根づきやすい。このような考えは、少なくともこれまでのところこの本で研究してきた三つの分野で見られるパターンと一致している。

コメディ界における社会規範が成功しているからといって、他の創造的分野でコピーを抑止する知的財産に関するルールが必要ないということにはならない。それでも、そうしたルールがあらゆる創造の領域に必要というわけではないことは、確実に示している。ファッションや食同様、現実問題としてコメディ業界にはコピーに関する法的ルールが欠けている。それでも創造性は栄えているのだ。

二つめとして、コメディアンたちが独自の――そしてたいてい法とはかなり異なる――規則システムを創りあげているという事実は、たとえジョークをめぐる訴訟についての実務的な障害が克服できたとしても、著作権に関する既存のルールはコメディアンにとってそれほど魅力がないことを示している。コメディに関する規範が著作権の基本構造から大きく逸脱したいくつかの領域についてさっき詳述した。それはよい方針に関するもっと一般的な問題を強調するものではないだろうか。既存の知財法は一つで何でも賄うシステムだが、もっと焦点を絞った、特定業界に特化したルールがあれば、もっと効果があがるかもしれない。

実際に、もっと先へ進めてみよう。ファッションや食品などの業界は、コピーを禁ずるまともな法律がなくても、とてもうまくいっている。同様の他の産業についても後述する。そしてだからこそ、これらの業界は強力な規範システムを発展させたり、議会にコピー防止法の改正を働きかけたりしなかった(とはいえ第1章でふれたように、ファッションについては――成功はしなかったが――長年そのような努力がなされてきた)。

＊　音楽産業――この本の終章の主題――に聞いてみるといい。

三つめとしてコメディアンの規範が示唆する点は、所有権に関するルールによって、生み出される創造性の量だけでなく、どのような創造性が生み出されるかにも、しばしば重要な影響を及ぼすということだ。言い換えればルールは単にコピーを規制するだけでなく、創作される作品の種類も形作る。このような所見は、経済的な問題だけでなく文化的な問題をも提起している。

この章で詳述したスタンダップ・コメディの歴史について考えてみよう。戦後のワンライナー絶頂期には、他のコメディアンの模倣を禁じる強力な規範は存在しなかった。実際、コメディアンたちは恥じることなく互いにコピーしあい、コピーをジョークのネタにしていた。また、当時流行したコメディの種類が、この習慣を可能にし、助長さえした。コメディアンたちは主に取り替え可能で、幅広い観客が受け入れてくれるような、一般的なジョークを披露していた。芸人たちはパフォーマンスのスタイルによって自身を差別化した。巧みにジョークを話し、うまく観客にあわせる者なら、豊富なジョークの蓄えのなかから、特定の観客にマッチしたいくつかのジョークを引き出して組み立てられる。多くのコメディアンが、ストックされたジョーク、人から買ったジョーク、コピーしたジョークを組み合わせて自分たちの演目を作りあげた。現在主流の自分独自のネタといったものには、あまり投資しなかった。当時のシステムを鑑みれば、これは当然だ。ワンライナーは簡単にコピーできる。しかし話し方を盗むのはそれに比べれば難しかった。ヴォードヴィル以後のコメディアンたちは、新しいジョークを作るより、その話し方に力を注ぐことが重要とされた。

ではこれらのコメディアンを、現代のコメディアンと比較してみよう。現代の芸人たちは、オリジナルの独自の内容に力を入れている。義母ネタのようなずっと昔からあるジャンルの焼き直しに専念するようなことはない。またジョークを次から次へと放ったりするだけではない。今日のコメディはもっと個人的で、ワンライナーよりも物語のほうにより傾倒しており、ステージ上のキャラクター（地でも作ったものでも）とうまくマッチしている。すなわち、レニー・ブルース以後、コメディアンたちは独自の雰囲気に力を入れるようになったのだ。彼らは一種のコメディ・ブランドを作り上げた。そして投資したものとそのブランドを護るために、彼らはコピーを罰する社会規範システムを発達させたのだ。同時にコメディアンたちはパフォーマンス的要素にはあまり力を注がなくなった。今日では多くのコメディアンがマイクの前に突っ立って話し、服装もシンプルで、ほとんど動くこともなく、ヴォードヴィル以後のコメディアンたちに特徴的な凝った衣装、物真似、音楽、芝居といった要素はなくなった。

コメディの生産方法も変わった。以前に比べ、今ではジョークを買うコメディアンは少なくなった。これは筋が通っている。ジョークの売買につきもののリスクも高くなってきているからだ。コメディアンの立場からすれば、自分自身の独特なキャラクターにあったネタを書いてくれるライターを探す必要がある。それができるライターは万人向けのジョークが書けるライターより少ない。ライターの立場からすると、書く前に顧客の演目を理解するには時間もとられる（そしてコストもかかる）し、取引が不成立に終わった場合に、投資を回収できる見込みが少ない（他人が特注したジョークに興味を持つコメディアンはほとんどいないため）。

ここで一息つこう。はっきり言っておくと、個人の話術に頼るスタンダップ・コメディへの移行が、規範システム誕生の原因だと（あるいはその問題について、因果関係が一方的かどうかを）証明するのはおそらく不可能だろうと思う。しかし、これはコメディ・スタイルの変遷とコピーに関する規範の誕生が無関係ということではない。コメディが個人的で、視点が促すユーモアへと変化したのに伴って、規範システムが誕生し、次第に大きな支持を勝ち取ってきたのだ。おそらくそれぞれがともに互いの進化に貢献してきたのだ。

これについてあるコメディアンが、他の多くのコメディアンがインタビューのなかで支持している考えをうまく説明するような方法で捉えている。

そう、これまで他人が私のジョークを使っているのを目の当たりにしたことが、少なくとも3度あることを言っておかなければならない。今ではそんなことはあまりなくなったけど、それは私がコピーしにくいコメディアンになったからだ。私はコメディアンとしてビッグになるにつれ、独創性を磨いてきた。だから、誰かがそれを盗もうとしても、すぐにバレるようになった。[…]私がそうしようと思った理由は、そう二つほどあるけど、一番はユニークな存在になりたかったからだ。他の何千人もの奴らとしのぎを削りながら、スタンダップ・コメディ界で成功するには[…]誰も話してないことを話す必要があった。そして意図せぬ効果として、それによって人が私から盗みにくくなり、誰かが私がネタを盗んだと責めるのも難しくなった。

今では私のジョークも長くなった。[…]だいたい2、3分の長さでいくつかのパラグラフでできているので、誰かがそれをそのまままるごと盗んだりすれば、すぐにわかる。私のネタからパラグラフを三つも盗んだ日には、もうバレバレだ。

規範システムは定着すればするほど、コメディアンたちにとっても筋の通ったものになった。そして彼らのネタがユニークであればあるほど、規範システムの施行と維持は容易になる。

さて、以前はジョークの創造性は限られてはいたが、コメディはもっと身近で共感的だったという可能性はある。義母ジョーク、ワンライナー、ダジャレはどんな聞き手でもすぐに楽しめ、他人に披露しやすい。このようなコメディは個性と独創性には欠けるが、社会性があった。今日、スタンダップはよりイノベーティブで個人的なものになったが、それと同時に包含性が、なくなり、聞いた人がカクテルパーティーで簡単に再現できなくなってしまった。

要するに、コピーに関するルールは単にイノベーションを増減させるだけではない。どのようなイノベーションが起こるかも規定している。そしてここから、創造性を統制するルールについて考える時、本当に欲しいのがどのようなイノベーションかも考えなければいけないことを示唆している。

結び——規範のマジック

自分の出し物を真似るライバルたちに頭を悩ませる創造的パフォーマー集団は、ジョークがコピーされるコメディアンたちだけではない。そしてそれらを規制する規範を発展させているのも、彼らだけではない。創造性保護の手段として規範に大きく依存しているパフォーマー集団——スタンダップ・コメディアンよりもずっと前から存在する——がもう一つある。若手弁護士ジェイコブ・ロシンの研究は、マジシャンたちがトリックの秘密が公表されないようにするために、どのように社会規範を利用しているかを明らかにしている[23]。

マジシャンの事情はコメディアンとは異なる。マジシャンたちはコメディアンほどネタの借用については気にしていない。彼らは総じて、他のマジシャンたちとの秘密の共有に協力的だ。彼らにとって他のマジシャンはライバルというよりは仲間に近い。実際、マジシャンたちはよく『ジニー』『マジック』『ザ・リンキング・リング』といった業界誌に、具体的なトリックの実演方法を発表しているし、トリックを発明し共有するマジシャンは、同業者の仲間内で特別な栄誉に与る。そしてニーズが異なるため、規範もまた異なる。

マジシャンたちがいかに長い時間をかけてその技を発展させてきたかを考えると意外ではないかもしれないが、マジックの創造性の多くは改変によるものだ——最高の技術と独創性を持ったマジシャンのなかには、何十年、何世紀も前から知られているトリックの演出方法を改変することで名声を得た者もいる。(24) マジック界の巨匠の一人、ネヴィル・マスケリンは「新しいマジック効果を創り出すのは、ユークリッド幾何学で新定理を発明するのと同じくらい難しい」と言っている。(25) 完全に新しいマジックがほとんど存在しないためか、その他の理由からかはともかく、マジシャンはコメディアンほど模倣を気にしない。

しかし、彼らは「裏切り者」——トリックの秘密を公表してしまうマジシャンたち——にはおおいに気をもむ。一度トリックが種明かしされると、その「マジック」としての価値は失われ、ひいては業界のすべての人に損害を与えることになる。このため、マジシャンたちの規範はほとんどが、トリックの種明かしをしたマジシャンへの罰に——たとえそのトリックが暴露者自身の発明であっても——焦点が絞られている。

種明かしがマジック界にとって痛手なのは確かだが、通常アイデアの公表と普及は良いことだと考えられている。通常は法律がそれを奨励しているほどだ。その良い例が特許で、特許を得る際の契約の一部には発明を機能させるための「秘密」の開示が含まれる。しかしマジックのトリックの場合、種明かしは秘密をなくしてしまい、トリックの価値を減少、抹消してしまう。トリックがマジックとして機能するには、謎めいていなければならない。

　ではなぜマジシャンたちは、トリックの公表を防ぐために法律を利用しないのか？　答えは簡単だ。現実問題として、知財法はコメディアンの場合と同じく、マジシャンにとっても利用しやすいものではないからだ。トリック、あるいはイリュージョンのやり方を説明する行為は著作権保護の対象ではない。クレーム・ブリュレのレシピ同様、女性の消しかたのレシピは事実と過程が組み合わさったものだ。それらはともに、著作権が区別している保護されないアイデアと保護される創造表現という見地からすれば、著作権保護の対象外だ。ごく少数の創造的マジシャンたちが著作権侵害訴訟を試みてきたが、これまでのところ成功していない。2003年連邦裁判所は、マジックのトリックを明かしたテレビ番組により、演目の権利を侵害されたと主張したマジシャンの訴えを却下した。[26]ごく最近では、有名なマジック・デュオであるペン・アンド・テラーのテラーが長い沈黙を破って、ネヴァダ州で著作権訴訟を起こしている。テラーは訴訟で、ユーチューブにペン・アンド・テラーのトリックを真似たビデオを投稿し、3000ドル以上でトリックの秘密を売るともちかけたオーストラリア人マジシャンに損害請求を求めている。[27]本書執筆中の現在、テラーの訴訟は係争中だが、それは著作権の限界を如実に示している。実際テラーは、トリックの中身について著作権を主張しているわけではない。彼はトリックに伴う複雑な（そして独自の）パントマイムについて著作権を主張している。ほとんどのマジックのトリックには、複雑なパントマイムは必要ない。だからこの訴訟が最終的に成功裏に終わったとしても、マジシャンのコミュニティにはほとんど関係ない。[28]

　特許も助けにはならない。理論的には、新規で自明性のないものならば、マジックのトリックで特許を取ることは可能だ。しかも、マジックのトリックのほとんどが、定評ある演目に手を加えただけだとすれば、そのような高い基準に適合するものはほとんどないと思われる。たとえ適合したとしても、どうすることもできない大きな問題が一つある。特許権保護は、特許権所有者がアイデアを公衆に十分に開示した時だけ認められる——それこそがまさにマジシャンが避けたいと思っていることなのに。

知財法にはもう一つ別の形式——企業秘密——があり、これは注意深く秘密が保たれているトリックにある程度の限定的保護を与えてくれる。かつて企業秘密法はマジシャンにも利用価値があった。例えば1922年、マジシャンであるホレース・ゴールディンは、映画会社による彼の「美女をのこぎりで真っ二つ」イリュージョンの種明かしを阻止するため、企業秘密訴訟を起こした。(29) しかし、現行の企業秘密法は20世紀初頭のそれに比べ、適用範囲がずっと狭くなっているので、ゴールディンのような訴訟はその後ほとんど続かなかった。

適用範囲が狭まった理由は二つ。第一に現行法は、秘密が盗みや契約不履行といった「不適切」な方法で暴露された場合に限って、効力を発する。この場合、法律は過去にアシスタントによって秘密を暴露されたマジシャンを救済することはできても、最も一般的な暴露形態——ライバル・マジシャンや客によるリバースエンジニアリング——には適用されない。つまりトリックを見て、そのからくりを推定できたら、誰でも合法的にそれを再現していい。第二に、おそらくこれが一番重要な点だが、現行の企業秘密法では、秘密保持者は暴露防止のために妥当な努力をすることが求められている。しかし、マジシャンは相互共有の文化を持っていて、多くの場合暴露したものは——たとえ他のマジシャンへの暴露であっても——保護対象にならない。要するに、企業秘密法はマジシャンにとっては無力なツールなのだ。

コメディアン同様、法がマジシャンにとって役に立たない時には、規範が介入してくる。秘密の暴露は頻繁に起きるわけではない。しかし暴露されると、マジック・コミュニティは報復にうって出る。1

997―98年シーズンに、テレビネットワークのフォックスは『マジシャンの掟を破れ――マジック最大の秘密がついに明かされる』という四部構成の番組シリーズを放送した。番組では「覆面マジシャン」と名付けられた人物が、小さなトリックや大規模なイリュージョンをひと通り実演したあとで、そのマジックを成立させている秘密を明かす。最後にこの裏切り者マジシャンがかなり無名の、ヴァル・ヴァレンティノという名のラスベガスのパフォーマーであることが明らかにされた。

マジック・コミュニティの反応は早く、情け容赦ないものだった。ヴァレンティノは裏切り者のレッテルを貼られ、どこへ行ってもマジシャンたちから仲間外れにされた。「私は今やマジック界から村八分にされたような状態だ」とヴァレンティノは認める。(30) アメリカ国内でほとんどの仕事を干されたヴァレンティノは、現在はほとんど海外で出演している。その後数年、彼はイギリスとフォックス傘下のマイネットワークTVと提携するアメリカのテレビ局で放映された『マジシャンの掟を破れ』の続編の制作に携わった。

最初の覆面マジシャンの登場以来10年以上が経つが、マジック・コミュニティのヴァレンティノへの嫌悪は続いている。2010年秋、ラスベガスのあるカジノでヴァレンティノを見つけた有名マジシャン、クリス・エンジェルは警備員を呼んで彼を追い出した。ヴァレンティノが報道陣に語ったところによるとエンジェルは「私を見て叫んだ、「この○○○○野郎をここから追い出してくれ」。それはもう奇怪で、とてもプロとは言えない所業だ。彼には失望したよ」。ヴァレンティノとその連れがカジノの別のラウンジに行くと、エンジェルはまた彼らを見つけ出して、再び彼らを追い出した。(31)

ここから何が学べるだろう？　マジシャンには保護が必要だが、それはコピー禁止の法的ルールが与えてくれるような類のものではない。マジシャンの社会規範は一種の「特別企業秘密」保護を提供し、その保護下でマジシャンたちは、正規法が却下してしまうような、秘密の暴露に対するコミュニティによる制裁を受け入れる。秘密の暴露が違法行為にはまずならないが、規範システムが暴露した者を罰する。そして法はマジシャン仲間との共有と一般人との共有を区別しないが、規範システムはこの二つをまったく別のものとして扱う。

そしてコメディ同様、マジックの世界もイノベーションについていくつか重要な教訓を与えてくれる。社会規範は法的ルールの適用にコストがかかったり煩雑だったりする場合に、法的保護に代わる、あるいはそれを補助する役割を果たす。そして規範は、コメディショーの歴史が示すように、発達する。規範に基づいた私的システムは、著作権、特許、企業秘密を巡る法的システムよりも望ましいのか？　これは一般論としては答えられない。それぞれのシステムには独自の費用と便益がある。一方で、規範システムは安価に実施できて、多くのイノベーションに動機を与えているようだ。今日私たちは、量的にも多様さに関しても、コメディやマジックに不足していない。しかしその一方で、このシステムは正義の乱用（ゴシップや抗議制度の不備を含む）も生み出しているし、正規法には存在する所有権や譲渡のあらゆる形態は考慮されていないし、明確で公正な使用基準と所有権への妥当な時間的制限が欠如している。

もちろん、あらゆる脆弱性は相対的なものだ。通常の知財法はほとんどコメディアンやマジシャンの助けにならないし、法的ルール改正の可否も不透明だ。もっとここでの論点に即して言えば、コメディアンやマジシャンのために、法的ルールの改正が必要とは思えない。彼らはそれがなくても十分うまくやっているのだから。

4 アメフト、フォント、金融、ファイスト裁判

１９５０年に20歳のジョン・ボーグルは、プリンストン大学図書室で経済学の卒論のために夜遅くまで調査を進めていた。ボーグルは成長著しい投資マネジメント業界に興味を持っていた。特に、プロのファンドマネジャーが運用するミューチュアルファンドにお金を預ける人々の判断が正しいのかどうかを理解したいと思っていた。ミューチュアルファンドのマネジャーたちは、その投資ファンドについて高い手数料を取っている。それだけの価値はあるのだろうか、とボーグルは疑問に思ったのだった。

この答えを見つけるため、ボーグルは何百ものファンドの価格報告を細かく検討した。そして得られた答えに驚いた。アクティブに運用されているミューチュアルファンドは、マネジャーたちの高い手数料を正当化できるほど市場を上回るだけの運用益を上げていなかった。いやそれどころではない。平均で見ると、運用益はそもそも市場をまるで上回っていなかったのだ。「ミューチュアルファンドは市場平均より優れているとは言えない」と題された卒論で、単純に市場収益率を実現できる低コストのやり

方があるなら、そちらのほうが投資家たちにとってはミューチュアルファンドより得だ、とボーグルは論じた。

投資に対するボーグルの関心と、ウォール街に対する疑念の発端は幼い頃からのものだった。父親は1929年の株式市場大暴落で破滅してしまい、家を売るはめになった。ボーグルの話では、この経験から自分は金融面で保守派となったそうだ。そしてこの視点は、アクティブ運用型のミューチュアルファンドが投資家に公約通りの見返りをもたらしているかという疑念につながった。

ボーグルの卒論はA＋の成績をもらった。そしてこの卒論は、フィラデルフィアに本社を持つウェリントン・マネジメント社の社長ウォルター・モーガンの目にも止まった。同社は当時も今も、大手の投資マネジメント会社だ。モーガンは1951年に、プリンストン大学を卒業したばかりのボーグルを雇った。ボーグルは出世を遂げて、やがて社長にまで昇進したが、何年にもわたりウェリントン社のアクティブ運用ファンドで赤字を出し続け、さらにボストンを拠点とする競合他社との合併が問題ばかりを引き起こしたことで、1974年にクビになった。

40代半ばで失業したボーグルは、プリンストン大学の4年生時代の研究の続きに着手した。卒論のアイデアを実践してみることにしたのだった。1974年にウェリントン社をクビになってすぐに、ボーグルはヴァンガード・グループを創立した。ヴァンガード社の当初の仕事はボーグルの古巣であるウェリントン社に対し、管理サービスを提供することだった。でも1976年になるとヴァンガードは同社初のインデックスファンドである、スタンダード＆プアーズ500社インデックスを創始した。

古参投資家たちは鼻でせせら笑い、このファンドを「ボーグルの愚行」と呼んだ。そしてアメリカ人たちが、意図的に市場平均収益率しか目指さないような投資収益で満足するなどという話は信じなかった。でも、それが大間違いだということはすぐにわかった。ヴァンガード・グループは、当初はたった1100万ドルの投資額で出発したのに、低費用のインデックスファンドが大人気となって、爆発的な成長をとげた。ヴァンガード社の主力商品である500インデックスファンドは、1999年11月にはファンド総額1000億ドルのマイルストーンを突破し、2000年にはアクティブ運用型のマジェランファンドを追い抜いて、現存する最大のミューチュアルファンドとなった。(1)

ヴァンガード社自身も、今やアメリカ最大のミューチュアルファンド企業だ。そして同社は、金持ちの大企業というだけでなく、イノベーションも盛んだ。ヴァンガード社は債券市場のインデックスファンドを初めて導入し、ある特定の時価総額規模（例えば時価総額の小さい株や大きい株）に特化した市場インデックスファンドや、特定の特長を持つ株（過小評価株や高成長株）の導入でも先陣を切った。今日では、こういうやり方はミューチュアルファンド組成の方法としてきわめて一般的で、投資家たちはそれが当たり前だと思っている。でもこうした新しいインデックスファンドが導入された時には、ウォール街の専門家たちからは一斉に批判を浴びた。それなのに、どの場合でもヴァンガード社のイノベーションについてはかなりの市場があることが判明したのだった。

ジョン・ボーグルは、インデックスファンドという発想で特許を取ろうとしたことはない。出願したところで、ほぼ間違いなく却下されただろう。インデックスファンドが発明された頃には、ほとんどの裁判所はビジネス運用の新手法は特許の対象にならないと定めていたからだ。投資家にかわり、株の代表的なインデックスを保有するミューチュアルファンドという発想は、特許不可能なビジネス手法として扱われたはずだ。

その後、ビジネス手法も特許可能となった。でもボーグルがインデックスファンドを導入した頃には、競合他社はそのアイデアをまったく自由にコピーできた。でも、すぐにそうした会社はなかった。ヴァンガード社のインデックスファンド競合他社として最初のものは、ウェルズファーゴ・ステージコーチ・コーポレート株式ファンドだったが、登場したのはやっと7年たってからだった。

どうしてウォール街は、ヴァンガード社のビジネスが大成功をおさめるのを見ていたのに、ボーグルのイノベーションをコピーしなかったのだろうか？　アクティブ運用型ファンドを運用していた投資マネジャーたちとしては、あまりメリットを感じなかったのかもしれない。インデックスファンドはあまりマネジメントの必要がない——まさにそれが存在意義なのだから。したがって、マネジメント手数料として投資家からもらえる金額は限られている（もちろんそのファンドが巨大なものになれば話は別だ。ヴァンガード社のファンドはやがてそうなった）。でも顧客がヴァンガード社のファンドに殺到して、ウォール街も抵抗しきれなくなった。1980年代に、ファンドの巨人フィデリティ社がインデックスファンドを導入し、1990年までにもっと小規模の競合他社もそれに続いた。1990年代末までには、市場で競合するインデックスファンドは270もあり、そのうち40は、30年前からボーグルのファンドがやっていたのとまったく同じように、S&P500に連動していた。2001年になるとインデックスファンドは400もあり、今日では1000を超えている。

つまりジョン・ボーグルはインデックスファンドを発明したが、特許がないからヴァンガード社の競合他社はボーグルのイノベーションを好き勝手にコピーできた。そして、やがて彼らはそうした。ヴァンガード社の競合他社としては賢明な動きで、人々が求める投資商品を独自に提供できるようになった。また消費者たちにとってもすばらしいことだ。多くの人々は、退職年金の運用は雇用者が管理する口座でしかできず、ヴァンガード社以外の会社が提供するファンドしか選べない。インデックスファンドが広く模倣されるようになってやっと、こうした人々も何年にもわたりヴァンガード社しか提供していなかった、低コストのインデックスファンドに等しくアクセスできるようになった。

でも、ここで不思議なことがある。どの会社でもインデックスファンドは売り出せるし、それを実践している会社も何十社もあるのに、いまだにインデックスファンドを提供する最大手は圧倒的にヴァンガード社なのだ。同社はイノベーションにより大成功した。そしてその中心的なイノベーションがこれほど広く模倣されても、相変わらずトップの座にあり続けている。

こうした例はヴァンガード社だけではない。ファッションや食事、コメディと同様に、金融もイノベーションの盛んな業界なのに、知的財産保護の範囲は驚くほど限られた形で運用されている。この章では、少し金融を検討し、それからコピーが通例であり、ほとんどの場合には合法な他のクリエイティブ活動をあれこれ検討しよう。それぞれの分野に独自の話があるし、独自のクリエイティブ文化があり、コピーがあってもその創造性を維持する独自の方法を持っている。こうした業界の基礎を示して、それがイノベーションに対する理解をどのように深めてくれるか示そう。同時に、創造性と模倣との関係における、ある肝心な側面の重要性を検討することになる。その側面とは、ちょっとした改良、あるいはイノベーションを改変改良して、もっと大きく優れたものにする自由だ。

まずは「アメリカン・フットボール」から始めよう。このスポーツは、イノベーションの豊かな歴史を持っているが、特許や著作権などの法的保護は使っていない。それから、書体——またはもっと最近の言い方では「フォント」——というまったく違う世界に進もう。文字の形は著作権が設定できず、このためフォントのデザイナーたちは、ライバルが自作をコピーするのを防げない。それなのに新フォントの生産は活況を呈している。それから出発点に戻ってこよう——「金融サービス産業」でのイノベーションだ。実はジョン・ボーグルの話以外にも例はいろいろあるのだ。金融サービス業界は、模倣があってもイノベーションを行うという長い歴史を持つ。なぜそうなるかを検討しよう。最後に、「データベース」を少し検討する。ファイスト判決と呼ばれる画期的な判例で最高裁判所は、事実は、データベースで収集されたものであっても、自由に複製できる、との判断を下した。その直後、欧州連合は正反対の方向に向かい、データベースのコピーを禁止した。それでも、ヨーロッパの規則が発効してほぼ20年だが、アメリカはデータベースの数の面でも価値の面でも、ヨーロッパに対するリードをかえって増していっている。なぜそんなことが起こるのだろう？

こうした産業はそれぞれ違っている。金融は経済の原動力だ。データベースは巨大で成長中だ。アメフトはそれよりは小さいが、それでも経済的にかなり大きな存在だし、フォントは実に小さな市場だ。この四つはそれ以外にも多くの点で（当然ながら）違っている。でもそれぞれが、イノベーションが模倣と共存し、時には模倣から利益すら受けるような形でクリエイティブ文化を構成する各種の方法について、何らかの示唆を与えてくれるものとなっている。

アメフト――イノベーションとIフォーメーション

19世紀末から20世紀初期のアメリカン・フットボールは、純粋に走るスポーツだった――巨漢のランニングバックたちが、ディフェンスのラインマンたちのスクラムをゴリ押し突破するというものだ。そしてプレーヤーたちがほとんど防具をつけない時代だったので、こういう試合の結果は凄絶なものだった。「はじめに」でも述べたように、１９０５年には大学アメフト選手が18人死亡し、重傷を負った選手はもっと多かった（当時のアメフトは圧倒的に大学のスポーツであり、もちろん今も大学アメフトはきわめて重要な存在だ）。試合場での死傷者に対する全米の抗議が広まってホワイトハウスが介入し、大学カルテルが組織されて、これがやがて全米大学競技協会ことNCAAになった。*でも同じくらい重要かもしれない点として、この抗議のおかげでアメフトのルールが見直された。なかでも最も特筆すべきなのは、フォワードパスの導入だった。

パスの大いなる魅力は、ランよりも選手たちへの危険が少ないと思われていたことだった。でも、これは安全をはるかに超える影響をこのスポーツに与えた。パスが引き起こした変化のプロセスは今日なお続いている。おかげでアメフトはずっと複雑でおもしろいスポーツとなり、各種の新しいプレーやフォーメーションができた。そしてパスの重要性は次第に増す一方で、強力なパスを使うゲームなしに成功できるチームは最早ほとんどない。

２０１１年全米フットボールリーグ（ＮＦＬ）のシーズン最初の11試合で統計を見ると、言いたいことはわかるはずだ。この期間、ジャクソンヴィル・ジャガーズは3勝8敗という情けない成績をおさめた。ジャガーズは一方で、アメフト業界でパスが最も下手なチームの一つであり、ランのほうでは優秀なほうだ（32チーム中12位）。それでも、パスで得たヤード数（１４４４）のほうがランで得たヤード（１３０６）よりも多かったのだ。そしてこの数字は、パスのオフェンスがきわめて弱いチームにとってす

＊　当時のアメリカ大統領だったテディ・ルーズヴェルトは、男らしさにやたらにこだわることで有名で、１９０７年の演説でアメフトこそは「攻める勇気であり、耐える勇気」を体現するスポーツだと述べた。でもルーズヴェルト大統領は、１９０５年にはイェール大学のコーチでアメフトの先駆者だったウォルター・キャンプをホワイトハウスにさっさと呼びつけて、アメフトを安全にできないか議論している――特に息子のテディ・ルーズヴェルト・ジュニアがいまやハーヴァード大学のチームで1年生になったせいもある。

らパスが持つ価値を次の数字より過小に示している。ジャガーズは、パス1回あたり平均で5・2ヤードを稼いでいる（これはかなり情けない数字だ――パスのうまいチームは平均で7ヤード以上は稼ぐ）。ラン1回あたりでは平均でたった3・8ヤードしか稼いでいない。インチの差で勝負がつくスポーツにおいては、この差はかなりのものだ。ジャガーズが得点できない根本的な問題は、ボールのパスがあまりにヘタだということなのだ。*

パスは重要だし、これは今に始まったことではない。アメフトがオフェンスの力点をランからパスにシフトするにつれて、各チームは無数の新しいプレーやフォーメーションを開発した。これに対抗して、ディフェンスのほうも空中戦に対抗するため変容をとげた。その結果、創意あふれるオフェンス戦略と、ディフェンス側の対抗戦略との長きにわたる力学が生まれ、これが絶え間なくアメフトを刷新してきた。アメフトほど大幅かつひんぱんに変わったメジャーなスポーツは他にない。野球では、せいぜいが指名打者（代打）ルールくらいだろう。バスケットボールではショットクロックとスリー・ポイント・ショットだ。これは重要なイノベーションで、確かに一部では議論も引き起こした。でもどれ一つとして、パスがフットボールを一変させたほどそれぞれのスポーツを一変させたりはしていない。フォワードパスは、試合に各種の複雑性を追加した。結果として生じたのは、ボールをパスする能力をうまく活用し、それを止めるための、イノベーションの連続的な波だった。

本章で興味があるのは、このイノベーションがどうやって起こるのかということもあるが、それがその後間違いなく模倣されるのになぜそれが生き延びられるのかということでもある。アメフトのプレーやフォーメーションは、本書の他のほとんどすべてのものと同様に、著作権や特許法でカバーされていない。もちろん、やろうとした人はいる。1980年代にジェームズ・R・スミスは、「Iボーン」オフェンス・フォーメーションについて著作権申請をした。著作権登録を見ても、その記録はない（ただしIボーンを説明した本には著作権がある）。すぐに説明するように、理論的にはフォーメーションに著作権をつけられるかもしれないが、実際問題としてアメフトでは真似るのは自由だし簡単だ。別のコーチやチームが、フィールドですばらしいイノベーションを模倣してもまったく邪魔されない。でも一方で、それがわかっていても、すばらしいイノベーションの導入は止まったりしない。

有名な例をいくつかざっと見てみよう。

ウェストコースト・オフェンス――ウェストコースト・オフェンスは、すばやく短いパスを使い、細かくヤードを稼ぐ方法で、サンフランシスコ・49ナーズの主任コーチとしてスーパーボウルで３回勝ち、選手たちに「天才」と呼ばれるビル・ウォルシュが考案したものだ。ウォルシュがウェストコースト・オフェンスを思いついたのは、シンシナティ・ベンガルズのオフェンスコーディネーターだった時のことだ。ベンガルズは、１９６０年代末当時はできたばかりの泡沫ＮＦＬ新設チームでしかなかった。ウォルシュは、短いパスの戦略が試合を一変させられることを本当に理解していた初期の一人だったのだ。後に死因となる白血病の診断を受ける直前に『フットボール・ダイジェスト』誌に載ったインタビュ

＊　確かに、パスのほうが攻守入れ替わりが起こることは多い（パスだとインターセプトされたら攻守が入れ替わり、ランだとファンブルで入れ替わる）。それでも、試合の勝敗と最も相関が高いアメフト統計は、パスによる平均獲得ヤード数であり、これはそのチームのパス攻勢の効率性指標となる。パスによる攻勢が攻守入れ替わりを相対的に多く引き起こしがちではあっても、よいパスによる試合のほうが、ランよりも勝敗にとっては重要なのだ。そして、パス重視でインターセプトをなるべく低く抑えるように組み立てられたチームは一般に、アメフトの試合で勝つ可能性が最大になる。詳細ＮＦＬ統計の「チームの勝因とは」http://www.advancednflstats.com/2007/07/what-makes-teams-win-part-1.html を参照。

ーで、ウォルシュはウェストコースト・オフェンスの誕生を語っている。

［ベンガルズは新設のフランチャイズだったので］まともに試合で勝負できるだけの選手がまるでいなかった。たぶんNFL史上、最悪の掃きだめチームだっただろうね。だからチームをまとめるにあたり、私としてはなんとか勝負できるような方法を探したわけだ。考えられるベストの方法は［…］できるだけたくさんのファーストダウンを取って、フットボールをコントロールできるチームを作ることだ。うちはランではフットボールをコントロールできない。他のチームがとにかく強すぎた。だからフォワードパスしかないし、当然ながら通る確率の高い、短いコントロールの効いたパスの試合しかなかったんだ。そこで一連のフォーメーション変更とタイミングのいいパスを使って――レシーバーとして使える選手を全員、特にフルバックを使って――うちはオフェンス戦略をまとめあげて、時間をかけて発展させたわけだ。そうすることで、なんとかそれなりの勝ちを収められたってわけだな。(2)

ウォルシュの新アプローチがおさめたのは、それなりの勝ちどころではなかった。49ナーズとジョー・モンタナがこれを使ったら、スーパーボウルで3回勝った。それでも、ウェストコースト・オフェンスは全面的に称賛されたわけではない。アメフトの伝統主義者たちは、小手先の技だと考えた。ウォルシュが『フットボール・ダイジェスト』誌に語ったように「古参NFLの連中は、小銭オフェンスと呼んでいたよ。ある意味で、それを軽視して見下していたわけだな。でもうちと対戦する時には、対処するしかなかった」(3)。やがてウェストコースト・オフェンスの利点は認知され、真似られた。例えばマイク・ホルムグレン率いるグリーンベイ・パッカーズ、ジョン・グルーデン率いるフィラデルフィア・

イーグルスなどいろいろ。

ゾーン・ブリッツ――ウェストコースト・オフェンスが試合で威力を見せつけると、それはＮＦＬ中に広がり始めた。ほとんどランに頼るオフェンスしか見たことのなかったディフェンスは、短いパスがほとんどの攻撃には対処できなかった。ディフェンスも適応が必要となる。なかでも特に成功した適応がゾーン・ブリッツだ――ウォルシュのオフェンス案の土台となったのと同じシンシナティ・ベンガルズで、ディフェンス・コーディネーターを１９８０年代半ばに務めていたディック・ルボウが完成させたものだ。そもそもの着想は、１９７０年代初期にビル・アーンスバーガー率いるマイアミ・ドルフィンズが始めたものだった。

ルボウの狙いは、相手のレシーバーたちをマークしつつ、クォーターバックへの圧力を増すことで、ウェストコースト・オフェンスのすばやく短いパスを邪魔することだった。

このためルボウは、マンツーマンのマークを行うというきつい任務をこなせるコーナーバックを重視し、ディフェンス側のラインマンやラインバッカーに、浅いゾーンディフェンスをやらせた。オフェンスにとっての問題は、どこから攻撃がくるか見極められないということにある。結果として、これはウエストコースト攻撃に対する有力な対抗戦略となる。

ノーハドル・オフェンス――「はじめに」で述べたように、１９８９年に当時シンシナティ・ベンガルズ（またもベンガルズだ！）の主任コーチだったサム・ワイチは、「ハリーアップ」〔大急ぎ〕オフェンスを試合中ずっと続けるというやり方の先陣を切った。「ノーハドル」として知られるこの戦略は、まさにその名の通りのものだ——ワイチ率いるベンガルズはすばやくプレーを繰り出し、相手方ディフェンスの巨漢で動きの鈍いプレーヤーたちを混乱させ、疲れさせた。戦略としては実に有効だったが、やはりかなり議論を呼ぶものでもあった。バッファロー・ビルズのコーチであるマーヴ・レヴィなどは当初、それをインチキ呼ばわりした。でもレヴィのビルズはやがてその利点に気がつき、自分たちもノーハドル・オフェンスを実施した——そして4回連続でスーパーボウル出場を果たした。

スプレッド・オフェンス——怪我をした選手の処置を間違えたというスキャンダルで失職するまで、テキサス工科大学レッドレイダースのマイク・リーチは大学フットボールにおける最も一貫してイノベーションを続けてきたオフェンスだった。リーチの主なイノベーションは、スプレッドだ——ほとんどあらゆるダウンごとに、パス（ショートパスもロングパスも）を投げ、しかも使えるレシーバーは全員使い、限られた数のプレーが、オフェンスのラインマンがフィールド一面に展開する各種のフォーメーションから走りだしてくるようなプレーとなる。結果としてディフェンスは混乱し（レシーバーが多すぎる！）、フィールド全面に展開したオフェンスをカバーするので疲れ切ってしまう。リーチのテキサス工科大チームは、長いことテキサス大学、オクラホマ大学、テキサスA&M大学などの強豪がひしめく地域で万年敗者と思われていたが、有名なライバル校たちと競って最も才能ある選手を獲得できないのに、不釣り合いなほどの勝ち星を収めた。

リーチのスプレッド・オフェンスに対する当初の反応は、ウォルシュのウェストコースト・オフェンスと同じで、蔑視だった。同じく必然的にやってきた二番目の反応は、模倣だった。大学アメフトもプロアメフトも、スプレッドの各種形態を採用した——リッチ・ロドリゲスはウェストヴァージニア大学とミシガン大学で「スプレッド・オプション」を開発し、２００７年にはニューイングランド・パトリオッツがスプレッドを使って、16試合全勝という完璧なレギュラーシーズンの戦績を収めた。

　挙げられるバリエーションやプレーは他にもたくさんある。でも、基本的な論点は明らかだろう。アメフトはきわめてイノベーション豊かなスポーツなのだ。そしてそのイノベーション形成にあたり、コピーに関するルールはほとんど何の役割も果たしていない。別にＮＦＬが知的財産のことを知らないわけではない。連盟もチームのオーナーたちも、きわめて高価な弁護士たちを雇っているし、商標などの価値にはきわめて敏感だ。でも私たちの知る限りでは、アメフトのプレーやフォーメーションが特許を取得したり、著作権を得たと主張されたりしたことは一度もない。

　そしてこれは、何やら克服不能の法的な障害があるからじゃない。イカレた話に思えるだろうけれど、アメフトのフォーメーションは、一種のダンスとして著作権を得られるかもしれない。実は、ジェームズ・Ｒ・スミスがＩボーンでやろうとしたのがまさにこれだった（でもその試みはどうやら失敗したらしいが）。コレオグラフ〔振り付け〕作品は、アメリカの著作権法に明示的に、保護可能だと述べられている。そしてフォーメーションやプレーは、広く考えれば、選手の一団の動きをコレオグラフする手段だ。イノベーション豊かなコーチや選手が、フォーメーションをコレオグラフィの一種として著作権を取ったら、競合チームはそれを真似できない*。でも知る限りではそんな主張が通ったことはないし、それを本気で試みた人もいない。特許法でこうしたイノベーションを保護することもできる。特許による保護は、新しく有用な「システム」にまで適用される。そしてフォーメーションやプレーは、そういうものだと言えるかもしれない。また「ビジネスを行う手法」だとも言える。これもアメリカ法の下では、多少の制約はあるが、特許が取れる（アメフトは文句なしのビジネスだ）。要するに、知的財産法は、アメフトのイノベーションを保護することも十分考えられる。でもそんなことは起こったためしがない。

だったら、なぜアメフトのコーチたちはイノベーションを続けるのだろうか。ライバルたちが自分のイノベーションを研究し、真似して、そのイノベーションをこちらに対して使うことさえあるのに？理由はいくつかあると思う。

まず、これまでの話が示す通り、アメフトのイノベーションはしばしば、才能のない選手を使って勝とうと苦労するコーチの手になるものだ。少なくとも一時的にせよ互角にわたりあうには、優れたイノベーションしかない。だから競争がチームのイノベーションに拍車をかけるわけだ。長期的にはそうしたイノベーションが敵に採用されてもかまわない。負け組が競争で勝とうとしてイノベーションを行うという力学は、もちろん決してスポーツに限られたものではない。でもアメフトは、強い競争と、シーズンで勝てば大金が動くという性質から、競争がイノベーションを活性化するのにいかに重要かをはっきり示してくれる。

第二にそれと関連したこととして、あらゆるアメフトのコーチは短期でしか考えない。試合に勝つ報酬はすさまじい――スーパーボウルで1回でも勝てばキャリアは安泰だ――だからコーチたちは、いま勝つことにだけ専念しており、長期的にそのリードが失われることで及び腰になったりはしない。少しでも優位性をもたらすイノベーションは――それが一時的でも――追求する価値があり、来週どうなろうと、来シーズンどうなろうと知ったことではないのだ。

第三の――そしておそらく最も重要な――理由は、長期的にはうまいプレーの模倣に対する保護はまったくないにしても、即座に真似るのを妨げるような実務的な障害があるということだ。こうした障害は、イノベーターが実質的には模倣されないある程度の短い期間を確保してくれる。革新的なオフェンスやディフェンスを真似るには、まずそれを理解する必要がある。初めてあるフォーメーションやプレーが使われると、不意打ちの要素が大きく効いてきて、これがイノベーションをしたチームにとても有利になる。でもいったん試合でイノベーションが導入されたら、それをリバースエンジニアリングするのはかなりすばやくできる。もっと難しいのは——少なくとももっと時間がかかるのは——理解できたイノベーションを完全に活用するようにチームを再編するというプロセスだ。複雑なオフェンスやディフェンスを実施するには、選手たちをそのシステムにあわせて訓練しなおす必要がある。また、必要な選手の種類も変わってくるかもしれない——例えば、スプレッド・オフェンスは小柄ですばやく、反射的な動きができるよう練習したオフェンス・プレーヤーに有利であり、巨漢のオフェンス・ラインマンは重視されない。

経済学者たちはこの短期間の優位性を、「先行者利益」と呼ぶ——イノベーターたちがしばしば享受できる、実質的な独占期間のことだ。これは真似るのが実際的に難しいから生じるもので、法的な保護が何もなくても構わない。もし先行者利益が十分に大きければ、真似されるのが不可避であってもイノベーションを行う十分なインセンティブとなる。アメフトのように、イノベーションが成功すれば潜

＊　もしあるチームがプレーやフォーメーションに対して著作権や特許権を申請して認められたとしても、全米フットボール連盟はイノベーション保護のためにその知的財産権を使うのを禁止するか、あらゆる特許や著作権をライバルチームにもライセンスするよう義務づけるかするだろう。でもNFLがこうした動きをしたら、反トラスト法上の問題を引き起こしかねない。最高裁は最近、アメリカンニードル社対NFL判決（American Needle v. NFL）で、NFLのチームは経済的な競合同士であり、連盟全体が一つの組織体ではないと定めた。結果として、無用に競争を制約するNFL規定は——そして知的財産権取得禁止規定はそういうものと見なされかねない——連邦反トラスト法審査の対象となるかもしれない。

的な報酬が巨大で、報酬が得られるまでの時間が短く、うまく真似るのに必要な期間がそこそこあるなら、先行者優位だけでもイノベーションのインセンティブとして十分かもしれない。

パイオニアvs改変屋

アメフトは、イノベーションのもう一つ重要な側面を浮かび上がらせてくれる。これはもっと注目されてよい側面だ。イノベーターは、イノベーションと同じく、多種多様だ。イノベーターの大きな区別の一つを考えよう。一部のイノベーターは、それまでに行われたどんなものともまったく違うものを思いつく。みんながイノベーションという時、念頭にありがちなのはこうした人々――世界のトマス・エジソンたちだ*。こういう人々を「パイオニア」と呼ぼう。だが、パイオニアだけしかいないわけではない。多くのイノベーターは、他人のやったことを改善したり見直したりすることで、アイデアや製品を改良する。この種のイノベーターは、何かをやるお馴染みの手法に新しいものを追加し、それを改善するのだ。こういう人々を「改変屋」と呼ぼう[4]。

改変屋は、パイオニアたちほど注目されることはほとんどない。特に、複製に関する法的なルールは主にパイオニアたちの利害にしか注目していない。他の観察者が指摘するように、知的財産法は、しばしば、孤高のパイオニアというロマンチックな発想を反映している。そういうパイオニアが誰にも知られず苦闘して、まったく新しい偉大な発明を作り出す、という発想だ。これに対して改変屋は、主に後付けの人々だ。でもアメフトが示すように、改変屋たちは、成功した有効なイノベーションの発展にとって、きわめて重要なこともあるのだ。

例はいろいろあるが、アメフトのオフェンス側の一例を考えよう。伝統的には、アメフトのオフェン

TE　LT　LG　C　RG　RT　WR
QB
FB
HB　HB

図4-1　ウィッシュボーン・フォーメーション

スはウィッシュボーンのような、「パワー」フォーメーションからランを繰り出すものだった。このフォーメーションでは、クォーターバック（QB）はスナップをセンターの真後ろで受け取り、そのうしろにフルバック（FB）がいて、フルバックの斜め後方にはハーフバック（HB）が2人いる。このバックたちのポジションはVを引きのばしたような、ウィッシュボーン型になる。図4－1のような具合だ（以下、TEはタイトエンド、LT／RTは左右タックル、LG／RGは左右ガード、Cはセンター、WRはワイドレシーバー）。

　ウィッシュボーンはランを重視する試合に適応したものだったので、オフェンスの主要な武器がパスになるにつれて、だんだん効力を失っていった。試合がパスにシフトするにつれて、オフェンスの哲学も大きく考え直す必要が出てきて、その一つの結果がスプレッド・オフェンスだった。

　前出のようにテキサス工科大学のマイク・リーチは、スプレッドをもたらしたパイオニアだと思われている。でも実は、リーチはただの改変屋だったかもしれない。スプレッドの本当の起源については論争が多いが、多くのファンは、その主要なパイオニアはダレル〝マウス〟デイヴィスだったと考えている。** デイヴィスは、1970年代にポートランド州立大学ヴァイキングスの

＊ 皮肉なことだが、エジソンは実は電球を発明していない。スタンフォード・ロースクールのマーク・レムレイが指摘したように、エジソンは単に、ソーヤーとマンが開発した電球のフィラメントとしてもっと優秀な、竹の繊維を見つけただけだ。そのソーヤーとマンも、他の人がやった照明の研究をもとに改良している。この種のイノベーション――段階的な改変――こそまさにここでのテーマだ。

主任コーチとして、「ラン&シュート」と呼ばれるスプレッドの原型を実施している。[5] リーチはラン&シュートを改変して、クォーターバックをセンターの真後ろからショットガンのポジション（センターから7ヤード後ろ）に動かし、ランニングバックをクォーターバックの後ろから真横に写し、オフェンスのラインマンやレシーバーを、フィールドにずっと離す形で配置した。これをやることで、リーチはスプレッドをもっと空中攻撃のほうに移行させた――このスプレッドは、大量のワイドレシーバー軍団を核に構築され、あらゆるダウンごとにパスを投げた。結果として生まれたオフェンスで、NCAAは4年連続でパスのヤード数でトップになった。

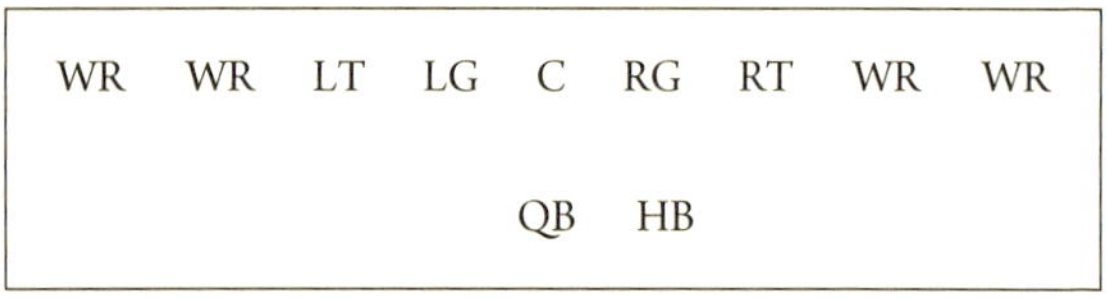

図4-2 スプレッド・フォーメーション

リーチはまた、スプレッドを加速するよう改変した。通常のオフェンスは、1試合あたりプレーを70回くらい走る。レッドレイダースはしばしばハドルなしで試合を進め、平均のプレーは90近くなった――そして試合運びの速度とリーチのレシーバーたちの速度のおかげで、相手ディフェンスのバックたちは疲れて間違いをしやすくなる。最も重要かもしれない点として、リーチはレシーバーだけでなく、オフェンスのラインマンの間隔も空け、クォーターバックのすぐ前に、1－2ヤードのギャップを作った。リーチのオフェンス・フォーメーションは、おおむね図4－2のような感じだった。

リーチのアプローチは、ある水準ではきわめて直観に反するものだった――クォーターバックは守られていないようだし、スクリメージラインのやりとりは、距離が開いてしまうとやりにくくなるから、ギリギリになって予想外のディフェンス配列が出て来ると反応が難しくなる。でもこのやり方はうまくいった。成功の原因は、主にディフェンスのエンドがクォーターバックからずっと遠い位置から出発させられるためだ。おかげでクォーターバックはフィールドを読んだり、プレーが展開したりするのをちょっとだけ長く見極められるし、パスの道筋もずっと増えた。

ラン&シュートやスプレッドは、それ以前のパワーフォーメーションとどう違うんだろうか。間隔を広く取ることで、ディフェンスも全員をカバーするためフィールド上に薄く展開せざるを得ず、このため利用できる開口部がたくさんできる。マウス・デイヴィスがラン&シュートを導入し、マイク・リーチがそれを改変してスプレッドにして以来、スプレッド・オフェンスの様々な変種が高校からNFLまでアメフトのあらゆるレベルで花開いた。そして、それは何度も改変されている。重要な改変者の一人はリッチ・ロドリゲスで、もとはウェストヴァージニア大学の主任コーチで、後にミシガン大学に移った人物だ。ロドリゲスはスプレッドをもとに、もっとバランスの取れた攻撃のほうへ引き戻して、パスにランをもっとたくさん混ぜるようにした。そしてこれをやるのに、スプレッドともっと古いオフェンスであるトリプルオプションとをマッシュアップして、その名刺がわりとも言うべき「スプレッド・オプション」を造り上げた。スプレッドと同様に、ロドリゲスのスプレッド・オプションはショットガンのように始まる。ロドリゲスはまた、広く間隔をとったレシーバーを使い、ディフェンスをフィールド上に薄く散在させる。だが純粋なスプレッドとは違い、ロドリゲスはハーフバックを2人使い、それを

＊＊　当のデイヴィス自身も、グレン「タイガー」エリソンなるオハイオ州ミドルタウンの高校コーチが考案したラン・アンド・シュートのあるバージョンを改変したのかもしれない。デイヴィス版のラン・アンド・シュートは、もっとパスを重視したものだった。

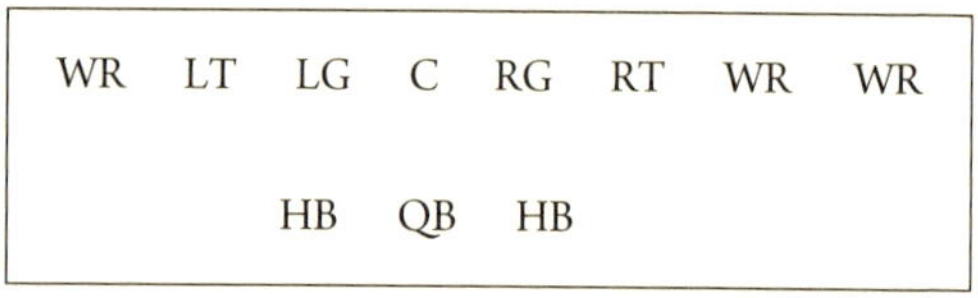

図4–3　スプレッド・オプション・フォーメーション

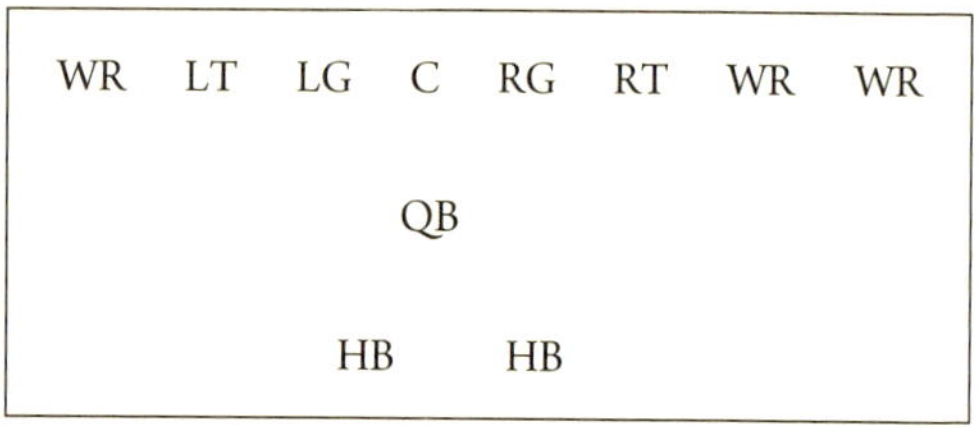

図4–4　ピストル・フォーメーション

クォーターバックの左右それぞれに配置した。これらのバックはどちらも、ボールを持ってランもできるしパスもキャッチできる。そしてクォーターバックもしばしば走る――図4－3を参照。

ロドリゲスのスプレッド・オプションは、ウェストヴァージニア大学では成功したが、ミシガン大学の強力なビッグ10ライバルたち相手ではそれほどでもなかった。その原因の一部は、すでに述べた要因かもしれない――新しいオフェンス（またはディフェンス）システムを適用するには時間がかかるのだ。ウルヴァリンズでロドリゲスは2008年シーズンから主任コーチとなったが、2010年末までにはクビになっていた。ロドリゲスがミシガン大学で始めた時、受け継いだ選手はスプレッド・オプションの要件を念頭にリクルートされていなかった。いずれにしても、ロドリゲスのものに似たシステムは、元フロリダ大学のアーバン・メイヤーや、その他大学アメフトやプロの両方で各種のコーチが実施している。

それでも、改変はとめどなく続く。例えばネヴァダ大学の主任コーチであるクリス・オールトはスプレッド・オプションをさらに改変し、クォーターバックをショットガン・ポジションから「ピストル」――ショットガンに比べてセンターからの距離が半分くらい――に戻し、ハーフバック2人はその少しうしろに配置している（図4−4参照）。

この改変は、オールト率いるそれまで鳴かず飛ばずだったウルフパックに、2009年シーズンにはすばらしい結果をもたらした。ピストルはボールをこれまでよりもほんの一瞬だけ早くクォーターバックの手に渡し、これでクォーターバックは早めに目をあげてプレーの展開を見られるようになった。さらに、ハーフバックたちがクォーターバックよりちょっと後ろなので、外側のルート（ショットガンの場合と同じ）でもまっすぐなルート（ショットガンからだと難しい）でも走れる。オールトはインタビューでこの利点に触れている。「この名前を思いついたのは、ピストルはまっすぐ撃つからだ。弾丸一つだけまっすぐ進む。結局はボールを北から南にランさせたいからね」(6)。

アメフトでは、イノベーションにおいて改変屋たちもパイオニアと同じくらい重要な後目を果たせる——いや、それ以上のこともあるというのを教えてくれる。パイオニアは、ゲームを改善する大きな洞察を与えてくれるが、それはまだ検証もされておらず、絞り切れていない。改変者たちは、パイオニアの創造したものを多様化して改善し、根底にあるアイデアを凝縮して、しばしばもっと効果的なバージョンにする。そして改変屋たちはアメフトの継続的な創造的刷新において重要な一部だ。根本的なイノベーションを限界にまで広げることで、改変屋たちは創造性の次のラウンドを拓く。スプレッドの後にくるものは何か？　それは改変屋たちがスプレッドの強みを探究し、弱みを明らかにし終えたところでわかるだろう。

改変ノミクス

このパイオニアと改変屋という論点にもうしばらく留まろう。というのも、これはアメフト以外のクリエイティブ作品の各種形態でも、重要な役割を果たすからだ。これを見るには、ちょっと寄り道をしてアメフトとは考え得る限りまるで違った別のものを検討するといい――おたく文化の昔ながらの伝統である、コンピュータのプログラミング・コンテストだ。

マスワークス社は、マサチューセッツ州ナティックの会社で、エンジニアや科学者向けソフトを作っている。同社はプログラミング言語MATLABを広めるため、一連のプログラミング・コンテストをオンラインで主催した。こうしたコンテストでは、参加者たちはある難しい数学問題を、最小限の時間で解決するプログラムを書こうとする。一例は古典的な巡回セールスマン問題だ。参加者たちは、都市の一覧を与えられ、セールスマンがその都市群をすべて回って戻ってくるための最短ルートを見つけようと競争する。みんな最短の旅程を計算するコンピュータ・コードを書き、そのコードをマスワークス社のコンテスト・ウェブサイトに投稿する。そのコードは、最適ルートにどこまで近づけるかだけでなく、どのくらいすばやく答えを出すかでも採点される。*

参加者たちは、数日の期間中に、好きなだけの応募をいくつでも行って構わない。それぞれが採点され、ランキングは絶えず万人に公開されている。コンテストの終わりに、勝者はマスワークス社のTシャツをもらい、その人の勝利が公式にアナウンスされる。それでおしまい。そしてたったこれだけのために、きわめて高技能の人々が相当数、かなりの時間を費やして――時には100時間以上――コードを書く。プログラミング・コミュニティのなかで栄光を獲得する機会というのは、非常に意義深いのだ。

でも、もっと驚くひねりが加わっている。コンテストでしばらくは、投稿されたコードは他の参加者には見えない「暗闇」状態になっている。でもその後、コンテストは「白昼」で実施される――参加者たちはみんな、お互いのコードを見られるようになる。しかも、単に見られるだけじゃない――それをパクって、目にしたものを改変するのが許されているどころか、それが積極的に奨励されているのだ。

こうしたルールは、アメフトで見られるものと類似のイノベーション環境につながる。一部の参加者はパイオニアだ――問題の解決につながる根本的な洞察を考案して、それを体現するコードを投稿する。他の人たちは改変屋だ。競合のパイオニアたちのコードを持ってきて、改善し、再投稿する。

ますます多くの改変屋たちがパイオニアのコードにある欠陥をほじくり出すにつれて、問題への解決はどんどん改善される。もっと重要なこととして、改変屋たちがあるパイオニアの解決案を最も優れた実装へと改良するにつれて、パイオニアの当初の洞察が持っていた限界も明らかになってくるのだ。こうすることで、改変屋たちは次のパイオニアの出番を作り出す――それまでの最善の解決案のパフォーマンスを制約していたボトルネックを避けるような、まるで違うコードを考案する人が出やすくなるのだ。

さて、読者のみなさんはこう思うかもしれない。わかったよ、改変屋も多少は価値を生み出すのはわかった。でも改変を促進するようなルール群は、パイオニアになるインセンティブを潰してしまうんじゃないの？　改変屋が成果をあっさり持っていき、それをちょっといじくって、コンテストで大躍進をとげられるのであれば、数学コンテスト問題への先駆的なアプローチなんか苦労して考案したがるやつなんかいないのでは？　このコンテストを仕切るマスワークス社の導師ネッド・ガリーは、こんな答えを示唆している。

改変は確かに、参加者たちがいちばん文句を言う問題でもありますが、同時にそれこそが、参加者たちを

＊　他のマスワークス社コンテストでは、参加者は火星の地表面をマッピングする式を設計しろとか、複雑なタンパク質分子を折りたたむ最も効率のよい方法を見つけろとか、古典的なマスターマインドのゲームで難しい配置問題を解けとか言われた。

何度も参加するように仕向ける問題でもあるんです。議論用の掲示板は、こんな質問だらけです。

●このコードについて最も貢献したのは誰?
●誰が大きく貢献し、誰が「ただの改変屋」なのか?
●大規模な変更と改変との違いは何?

こうした問題は、現実のソフトウェア・プロジェクトにもつきまとうものです。孤独な天才のブレークスルーというしばしば空想上の代物を見つけてほめそやしたがる、という文化的な偏向が存在するようですね。このモデルは必ずしも現実とマッチしないので、こうした質問に対する満足のいく答えというのはないんです。ありがたいことに、コンテストの枠組みは、この種の「オレのほうがお前よりがんばった」的な足の引っ張り合いを最小化し、多くの集団のあいだでの有意義なコラボレーションを最大化するような、溶剤として機能するんです。[…]この成功した仕組みの一部は、コンテストの勝者に対して高価な賞品を提供したりしないというところにもあります。主な報酬は社会的なものなんです。類比で言うなら、ウィキペディアの貢献者たちが、編集した記事のなかで自分の書いた単語のうちいくつがそのまま残っているかに基づいて、大金を支払われるとしましょう。そうしたら大騒動になるのは想像に難くありません。評判でまとまっている事業は、現金ですぐにダメになってしまうんです。

マスワークス社の経験を見ると、改変そのものに本質的にインセンティブを破壊するようなものは何もないのがわかる。むしろ人々は自分の期待とその個別世界の規範に基づき、模倣に対する見方も違うらしいことがわかる。マスワークス・コンテストの参加者たちは改変について文句は言いつつも、あらかじめこれがルールの一部だと知っているならばおおむねそれを受け入れる。

ネッド・ガリーは改変屋たちがマスワークス・コンテストで受け入れられているのは、大したお金が動かないからだと見ている。でもアメフトでは試合ごとに大金がかかっているが、それでも改変がたくさん見られる。そして改変につながるおどろくほどの情報共有も見られる。例えばリッチ・ロドリゲスは長年サマーキャンプを運営し、他のコーチたちはそこに参加してスプレッド・オプションを勉強していた。そして『ニューヨーク・タイムズ』紙が2010年に書いたように、ニューヨーク・ジェッツの主任コーチであるレックス・ライアンのオフシーズンの訓練キャンプは、霊感を求めるコーチたちにとってのメッカとなっている。

それだからこそ、このオフシーズンのあいだずっと、フローハムパーク［ニュージャージー州にあるジェッツの練習場］のサイドラインに見られるグラジオラスのようにポコポコと、ポロシャツやツイルスラックス姿のコーチたちが何十人も、インディアナやハワイ帰りの航空チケットを手にやってくるんだ。ある週には、放送解説者でもとレイダースのコーチだったジョン・グルーデンがフロリダからやってきて、ライアン療法を受けていた。続いて大学アメフトの現役全米チャンピオン校アラバマ大学のニック・サバンが、ブリッツの復習をしている。サバン曰く「われわれみんな真似っこなんだよ。私はこの業界で何も発明していない。いつもレックスのやることを見てきたんだ(7)」。

アメフトで、コーチたちは自由にコピーしてかまわない。多くの人は実際にコピーするし、コピーが違法とか不道徳とか思われることもない。結果として、それについて後ろ指を指されるようなことはほとんどない。それは背景となる文化の一部だし、優れたアイデアは模倣されるものとみんな思っているからだ。このような形で、時にはルールが道徳通りに決まるのではなく、道徳のほうがルールにしたがう場合もあるのだとわかる。その分野で当然のことが道徳となるわけだ。

あまりに当たり前なのでほとんど誰も気がつきさえしないのに、最も活発な芸術形態にとって中心的な存在といえる改変の例がもう一つある。アメリカ著作権法は通常、創造者が許諾を与えない限り、創作物の改変を禁止している。でも過去1世紀にわたり、歌については別のルールが存在していた――というかもっと厳密に言うなら、音楽作品の録音ではなく、音楽作品そのものについては別のルールがあるのだ。この音楽作品に関する特別ルールは、今日カバーソングとして知られているものを生み出した。カバーアーティストは、その曲の録音を販売したら、一定額を元の作曲者に支払わねばならない。でもカバーし、解釈しなおして改変するのに許諾を求める必要はない。

なぜアメリカの法律は、カバーソングについてこんな変な例外を設けているんだろうか？　この話は、おもしろい歴史的な偶然が関連している。著作権の草創期、音楽に関するルールはきわめて単純で、理由は簡単。当時、音楽を録音したり機械的に再現したりする方法がなかったのだ。音楽は（楽譜として）紙で存在し、生演奏中は空中に存在した。著作権法は――少なくとも理論的には――楽譜の無許可複製を防止するものだった。複製できるものはそれしかなかったからだ。

このすべてが南北戦争後に変わった。それは、プレイヤーピアノが発明されたせいだ。１８９０年代になると、プレイヤーピアノは全米に広く出回った（フォノグラフも同時期に発明され、これまた20世紀初期には至るところに出回っていた）。プレイヤーピアノは、人気ある作曲家たちを大いに困惑させ、その一人がジョン・フィリップ・スーザだった。スーザは、プレイヤーピアノが楽譜に対する世間の需要を殺してしまうと懸念した。楽譜こそは、作曲家の著作権印税の収入源だったのだ。さらに困ったことに、プレイヤーピアノのメーカーたちは、プレイヤーピアノのロールにした曲について、作曲家に印税を支払うのを拒絶した。こうしたロールは、ある曲をどう演奏するかピアノに教えるパターン通りに穴を空けた紙を巻いたものだ。こうした巻物は、プレイヤーピアノ会社に言わせると、作曲家の作曲を「複製」していない。結果として、完全に合法的ということになる。

スーザにはわかっていたことだが、このピアノ会社の主張は、不誠実なんてものではなかった。楽譜は歌を音符——演奏家に曲を再生する方法を伝える紙上の記号——に変換することで曲を「複製」する。同様に、プレイヤーピアノのロールは作曲を別の音符——機械に曲を再生する方法を伝える紙の穴——に変換することで「複製」する。楽譜とプレイヤーピアノのロールは基本的に同じ指示書であり、使っている言語が違うだけだ。それでも、最高裁判所はホワイト＝スミス音楽出版社対アポロ社の裁判における１９０８年の意見(8)で、プレイヤーピアノ会社のほうに肩入れした。法廷によれば、人間はプレイヤーピアノのロールを読めないので、それはそこに符号化されている作曲の複製であるとは言えない、という。

ホワイト＝スミス社裁判の結果は1年もたたないうちに、議会にひっくり返された。１９０９年著作権法は、作曲のあらゆる「機械的な」複製を、それが人間に読めようが読めまいが含めるよう拡張された*。この法律により、議会はあらゆる音楽作曲が「強制許諾」の下にあるよう義務づけた。要するに、１９０９年以来、著作権法はミュージシャンが他のミュージシャンの曲を、許諾なしにコピーしてよいと定めたのだ。ただし、もとの作曲者に対しては決まった料金を支払わねばならない**。

なぜ議会は、こんなコピー方式を作り出したのか？　それはエオリアン社の力を恐れていたからだ。

エオリアンって誰？　エオリアン社というのは、はるか昔に店を畳んだ、ピアノやプレイヤーピアノやオルガンのメーカーだった（エオリアン社は1985年に倒産を宣言して消滅した）。でも20世紀最初の10年ではプレイヤーピアノが最新ほやほやの技術で、それを支配していたのがエオリアン社だった――当時のマイクロソフト社（またはグーグル社）というわけだ。議会がホワイト＝スミス判決を覆そうとするのを予想して、エオリアン社はすばやく立ち回り、音楽家や出版社から曲の権利を買い取って、プレイヤーピアノのロールに複製できるようにした。エオリアン社の競合他社はすぐに議会に対し、音楽市場を独占しようというエオリアン社の試みについて文句を述べた。議会はその対応としてカバーソング規則を発明したのだった。

目先の結果としては、エオリアン社の競合他社は、料金さえ払えば独自のピアノロールを作る権利が得られた。これが議会の意図でもあった。エオリアン社が、当時としては重要なピアノロール市場で独占権を獲得しないようにすることだ。でも長期的な影響のほうがずっと重要だった。今や潰れた技術におけるエオリアン社の支配のおかげで、アメリカの音楽文化ではミュージシャンたちは気に入った曲を自由に改変できる――そしてみんな、これを実に熱心にやっている。ボブ・ディランは「見張り塔からずっと」を書いた。ジミ・ヘンドリクスはこれを改変してまったく違うものにして、すばらしい曲をもっとすばらしくしたとも言える。これまた1960年代の古典であるヴァン・モリソンの「グロリア」は、ジミ・ヘンドリクス、ザ・ドアーズ、デヴィッド・ボウイ、トム・ペティ、ブルース・スプリングスティーン、リッキー・リー・ジョーンズ、AC／DC、パティ・スミスによってカバーされたし、パティ・スミスのものはこの曲の最も印象的で創意工夫に富んだ再解釈かもしれない。「グロリア」が不滅の曲なのは、まさにこれほど多くの伝説的なミュージシャンたちがそれを改変してきたからだ。キャット・パワー、ジョン・レノン、ウィリー・ネルソン、ポール・アンカなど多くの有名アーティストたちは、全曲カバーソングのアルバムを発表してきた。こうした（合法的な）改変はすべて、アメリカの音楽文化を計り知れないほど豊かにしてきた。

でも、ごく低料金さえ支払えば他人の曲を改変でき、それについて原曲の作曲者がまったく止められないからといって、新しい曲を書くインセンティブは抑圧されただろうか？　そんな証拠はない。それ

＊　ジョン・フィリップ・スーザは、この著作権延長を支持する証言を議会で行ったひとりだった。でもスーザは、機械的に再生された音楽の普及について、深い疑念をも抱いており、１９０６年にはかなり辛辣な論説「機械音楽の脅威」を発表して新技術を攻撃している。スーザは民主活動としての音楽の重要性を深く信じていた。

世界中の他をすべてあわせたよりも、アメリカの労働者階級のなかにはピアノやヴァイオリンやギター、マンドリン、バンジョーがあり、こうした楽器が家庭にあることで、子供たちを辛抱強く教え、各種コミュニティに音楽に対する愛を育んできた無数の教師たちにも雇用をもたらしてきた。まさにここにこそ機械製音楽の脅威がある！［…］楽器は［…］もはや以前のようには購入されない。それというのも、自動機械装置がその地位を奪っているからだ。そしてその結果は？　子供たちは音楽に無関心となっている。というのも、楽器を身につけるという苦労やそれを実際に演奏するという努力もなく、さらに技法を身につけるという緩慢なプロセスなしに、音楽が家庭で聴かれるようになってしまえば［…］アマチュア主義の潮流は退行せざるを得ず、残されるのは機械装置とプロの演奏家たちだけとなってしまう（ジョン・フィリップ・スーザ「機械音楽の脅威」『アップルトンズ・マガジン』誌8号［1906］:278）。

もちろんスーザの懸念は的中した――楽器の演奏を習うアメリカ人の数は、スーザの時代から激減したし、アマチュア音楽はアメリカの生活からずっと昔に衰退してしまった。

＊＊　料金は当初はコピー1回あたり０・02ドル、つまり２０１１年のドル価値に換算すると48セントだ。でも現在の料金は０・09ドルをちょっと上回るだけ。つまり、歌のカバーを行う費用は、１９０９年の法律が可決されて以来、85パーセント引き下げられたわけだ。

どころか、毎日のように新しい作曲が継続的にあふれ出ている。音楽の世界では、改変屋とパイオニアが平然と共存している。実は時には両者を見分けるのも難しいほどだ。ジャズの巨匠であるチャーリー・パーカーやジョン・コルトレーンをちょっと考えてほしい。ある意味で、かれらは改変屋だ――コルトレーンによるロジャース＆ハマースタインのスタンダード「マイ・フェイヴァリット・シングス」は、明らかに原曲の有名なメロディを採り入れている。でもコルトレーンの出発点がそこでも、終点はまったく違う。13分以上にわたるこの曲の終わりまでに、コルトレーンは元のメロディを改変し、ずっと暗い、ずっと思索的な方向に向かわせている。曲のある時点で、コルトレーンは改変屋とパイオニアを隔てる不明確な境界線を越えている。

要するに、改変はアメフトのコーチやソフトウェアのエンジニアだけがやるものではない。改変はあらゆる発明的な分野に見られるもので、一部の分野は――音楽のように――改変が創作プロセスにおいてきわめて重要なものとなる。改変について最も重要な点は次のことかもしれない。改変は、パイオニア的なイノベーションを大して抑えたりはしないようなのだ。それどころか、むしろそれを奨励することも多い。最も重要で長続きするイノベーションは改変によるものだ。マルコム・グラッドウェルが論じたように、故スティーブ・ジョブズ――イノベーション経済のアイコンがいるとしたらこの人であり、iPhoneとiPadの生みの親だ――は「繰り返し巨大なビジョナリーで発明家だと言われてきた」。だが実は「ジョブズは改変屋の面のほうがずっと強い」。

さらにグラッドウェルによれば、スティーブ・ジョブズは「あの世代最高の改変屋だった」(9)。ジョブズ最後の大成功となったiPadですら、マイクロソフト社からのアイデアを改変したものだった。そしてグラッドウェルが正しく指摘するように、技術的イノベーション改変の重要性は、どの点で見ても単にニューエコノミーだけの話ではない。産業革命の起源を論じている経済学者たちは、工業時代が初めて根付いたのがイギリスであって、フランスでもドイツでもなかった理由は改変だったという。こうした学者の議論をグラッドウェルは次のようにまとめている――イギリスは必ずしも産業革命の基礎となる建築材料を生み出した、画期的なパイオニアたちの故郷というわけではなかった。むしろ、

> イギリスが産業革命を支配したのは、競合国よりもはるかに多くの高技能エンジニアや職人たちがいたからだ。こうした有能で創造力ある人々は、工業時代の基盤となる発明を見てそれを改変した――洗練させ、完成させ、うまく機能するようにさせたのだった。[10]

改変の法則

ここで、実際の知的財産権の構造を見直そう。特に、特許と著作権、そしてそれが改変にどう影響するかという点だ。今の法制度は、パイオニアと改変屋の両方が繁栄できるような環境をうまく作り出しているだろうか？　答えは、残念ながら、特許も著作権も（音楽以外は）かなりお粗末、というものだ。どちらかといえば特許法のほうがまだましだが、それでも改変の問題については煮え切らないというだけだ。一方では、特許法は他人の発明に対する自分の改良について改変屋が権利を獲得できるようにしている。だからあなたが特許可能な機械を発明して、当方が新しい便利な改変を思いついたら、あなたは機械の特許を得て、当方は改変についての特許を得られる。あなたの機械の改変版を当方が売り出すことはできない。そんなことをしたら、機械についてのあなたの特許を侵害することになるからだ。でもあなたも、こちらの改変を使えばこちらの特許を侵害したことになる。特許制度は、改良版の価値

の高い機械の販売について、私たちが協議して何らかの合意を得るよう期待しているわけだ。

ここまでは結構——特許法は、パイオニアにも改変屋にも権利を与え、その先の話をつけるのは民間の交渉に任せている。でも落とし穴がある。特許保持者は、特許取得技術の製造、使用、販売について独占権を持つ。今の例に戻ってみよう。もし当方があなたの特許取得機械を改変したければ、その仕組みを理解するためにはそれを使ってみるか、場合によっては新しく作り直してみる必要さえあることも多いだろう。でもそれをやるための権利を当方は持っていないし、あなたはそもそも改変されたくないと思えば、そうした権利を与えたがらないかもしれない——同じ市場での競合相手になる（あるいはすでにそうなっている）と思っている場合もあるだろうし。かつては特許法に、こうした「実験的な利用」に関する広範な例外規定があった。これが２００２年のマディ対デューク大学判決（Madey v. Duke University）により終わってしまい、今日では多くの場合、改変屋はパイオニアから許可を得る必要がある。[11]

そうは言ったものの、著作権に比べれば、特許の改変屋の扱いはすばらしい——改変屋に対する特許の弱い制限ですら、たった20年しか続かないというのが特に重要な点だ。著作権保持者は、作品の複製、頒布、上演についての独占権をものすごく長期間保持している——多くの場合、１世紀以上にもわたって。そして著作権保持者は（これまた音楽作品の場合を除いて）弁護士たちが「派生作品」と呼ぶものを作る独占権も持っている——派生作品とは、本書で改変と呼んできたものだ。だからあなたが小説を書いたら、他の人がそのキャラクターを別の時代や場所に移して改変することはできない。例えば、『スター・トレック』のエピソードを勝手に作って、ウィリアム・ライカー司令官とカウンセラーのディアナ・トロイのロマンスの可能性を追求してみたりもできない。*

この規則に対する例外は二つしかない。一つは、改変屋があらかじめ許可を得た場合。通常は、許諾／ライセンスを買うわけだ。あるいは、改変屋が自分の改訂を原作の「フェアユース」であると主張してそれが認められた場合。第2章で、アリス・ランドールが『風と共に去りぬ』を奴隷の視点から見て描き直した創作の話をした。この『風は去り過ぎぬ』が刊行されると、マーガレット・ミッチェルの遺産管理人は、著作権侵害で訴えた。でもランドールは、原作のパロディを書いたと主張し、フェアユース規則の下にあるのだと主張して訴えを逃れた。

ランドールの事例は、許諾なしで改変は不可能ではないことを示す。でもそれはまた、あくまで例外でしかないという点で、一般的な状況を明らかにするものでもある。フェアユースが認められた裁判はごく少数であり、どのみちそれを勝ち取るには裁判で戦わねばならない。これは実に高くつくことが多い。そもそも著作権作品を改変しないとか、パイオニアに新しい改変版のライセンスを出すよう説得するほうがずっと簡単だ。(12)

残念ながら、著作権法はこれすらますますやりにくくしてくれた。まず、著作権期間はどんどん長くなってきた。作品は今や、著作者の生涯プラス70年も保護されている――ほとんどの場合、これだと1世紀以上となる。だから改変屋はとても古い作品を使う場合ですら許諾が必要で、もちろん著作者が死んで権利がその遺族に移ると、そもそも誰に許諾を求めればいいのかつきとめるのがずっと難しくなる。これは特に、絶版になっているのに厳密には著作権が残っている本について言える。この問題は「孤児

＊　これはいいことかもしれない――が、実際にはファンたちが、時にはエロ要素も交えて、お気に入りの本や映画からのキャラや筋書きを改変する「ファン小説」という巨大な（そしてほぼすべて著作権侵害の）世界がある。そしてお察しの通り、インターネット上には『スター・トレック』のファン小説アーカイブがいくつかある。

作品」と呼ばれている。巨大な（そして議論の多い）書籍スキャン・プロジェクトである「グーグルブックス」*の狙いとして挙げられているのは、こうした本を復活させられるということだ――とはいえ、著作権者を見つけて書き直す許可を得るのは必ずしも容易になるわけではないが。

これが示唆するように、改変屋が改変の許諾を得ることさえとんでもなく難しい理由の一つは、著作権制度がその権利保持者を見つけるために改変屋が使える情報をきわめてわずかしか提供しないということだ。特許の場合とは違って、著作権作品のマスター登記所はない。実は、詩を書いても著作権を得るのに©マークをつける必要さえない――紙に書いたとたんに、著作権で保護されることになるのだ。

このアプローチだと、著作権を得るのはとても簡単になるが、改変屋にとってはかなりの障壁となる。アメリカの法律は、この点で実は後退してしまった。歴史の相当部分について、作品に著作権を得たいと思ったら、著作権事務所でそれを登録するか、後には刊行された作品の複製すべてに著作権の表示（あの©マーク）をつけねばならなかった。そして、定期的にその著作権を登録しなおさねばならなかった。結果として、誰が何を所有し、どうやってその所有者に連絡をとればいいかという公的な記録ができた。

こうした「手続き」方式は1992年に変わった。今日では、著作権を登録、更新、通知する必要はない。手続きを復活させれば、間違いなく改変は促進される。だがもっと根本的な点として、著作権の規則が特許のものに近くなれば、改変はずっと容易になる。もし誰かが本書を――例えば魅力的な脚本にするなどして――改善すれば**、その改変がある程度以上のものならばそれを公開していいはずだ。でも私たちだって、自分の貢献分について支払いを受けられて然るべきだ。要するに、特許やカバーソングについてと同様に、改変をもっと簡単にする仕組みがあるべきだ――そしてその便益を改変屋とパイオニアのあいだで分けあうような仕組みを創るべきだ。

フォント

何世紀にもわたり、本は手書きによるもので、本の1冊は書記による何百、何千時間ものつらい仕事の産物だった。だから本は高価で珍しいものだった。1440年にヨハネス・グーテンベルクが印刷機を発明したことで、ずっと安い本の時代がやってきた。でもそれは間もなく、安い海賊版の本ももたらすようになった。

安いが無許可の複製本の脅威こそ、やがていま著作権法として知られるものをもたらしたのだった。1500年代には、イギリスの出版者は「ステイショナーズ・カンパニー」なるギルドを通じて、イギリス王室により印刷の独占権を与えられた。1709年に、この独占権は初の現代的な著作権法にとって代わられた。これはアン法と呼ばれている。この法は、出版者ではなく著者に権利を与え、そうした権利を一時的なものとして、最終的には出版者たちがコモンローの下で主張してきた永続権を一掃した。

＊　グーグルブックスは、利用者が本の巨大なデータベースを検索できるようにする——グーグル社は1500万冊以上の本をデジタル化しており、これまでに刊行されたあらゆる本を取りこもうというのがその野心だ。グーグルは、本の出版者との合意がなければ著作権の残る本へのアクセスは認めない。かわりに利用者たちは、検索語を含んだ本の一覧を得られる。その本をクリックすると、グーグルは出版者が認めた分だけを表示するか、合意がない場合には検索語を含む数行だけを表示する。グーグルブックスは、著作権が宙に浮いた何百万という本へのアクセスを提供してくれている。

＊＊　それほど荒唐無稽な話でもない。ノンフィクションのスティーヴン・レヴィット&スティーヴン・ダブナー『ヤバい経済学』（東洋経済新報社）は（われわれも投稿している）ブログを生み出しただけでなく、映画ドキュメンタリーにもなり、ラジオ番組にもなった。

1790年にはアメリカがこれに続き、最初の議会がイギリスモデルにきわめて近い著作権法を可決させた。

本を安くし、海賊版をもっと安くすることで、印刷の発明は現代の著作権法につながる経済的な現実を作り出した。でもグーテンベルクの印刷機は、もう一つ重要な変化をもたらした。手書き文字は本質的に変わりやすい。印刷の発明は、活字の発明を伴っており、これはつまり言語の視覚表現がますます「タイプフェース」――初期の印刷機が紙にインキを記すのに使った、木や金属のかたまりに刻まれた字形に与えられた名前――の使用により標準化されていったということだ。

タイプフェースの技術はもちろん、印刷が機械から電子に変わるにつれて劇的に変わった。今のタイプフェースは主に、コンピュータ・コードのかたまりとして存在している。そして今日のコンピュータ化された世界では、ほとんどの人はタイプフェースを「フォント」と呼ぶ(この両者の技術的な違いを理解しているタイポグラファーやグラフィックデザイナーは別だが)。ここでは、一般的な用語のほうを使おう。

フォントの普及による視覚環境や文化への変化の重要性は、些末なものではない。フォントは、文章自体には含まれていない細かいメッセージを伝えることで、言語を豊かにしてくれる。(13) フォントは謹厳だったり華やかだったり、冷淡だったり温かかったり、しっかりしていたり魅惑的だったりするし、使われている文章の意味に陰影を与えてくれる。だからこそ、フォントのデザインには実に大量の努力が注がれてきたし、結婚式の招待や企業のロゴ、店舗カタログなどに適切なフォントを選ぼうとして大いに関心が注がれているのだ。フォントに価値があるのは、それが人々のコミュニケーション方法を形作るからだ。

最初期のフォントは、当時主流だった手書きスタイルを真似たものだった。* セリフ(線の終わりについたヒゲ状の装飾）は派手だったし、文字の細い部分と太い部分が大幅に違っていた。これは当時支配的だった執筆技術である羽根ペンから自然に生まれた筆書スタイルだった。やがてフォントは手書きの模倣から離れていった。フォントは何千という変種に多様化し、一部は読みやすさを最適化し（書籍や新聞向けだ）、一部はディスプレイタイプ（看板用の書体）など目立つように発達した。

20世紀半ばまでには、フォントはすっきりした線を持ち、セリフはないほうが主流の美学となった。この当時からのとても有名なフォント――そして独自のドキュメンタリーのタネとなった唯一のフォント――はヘルベチカ（Helvetica）で、1957年にスイスのタイポグラファーであるマックス・ミーディンガーの開発したサンセリフ・タイプだ。(14) ヘルベチカは世界で最も広く使われているフォントとも言われ、タイポグラフィーのモダニズムを代表する存在だ。だからヘルベチカの変種――ヘルベチカ・ノイエ・ライト――がアップル社のiPodなどに使われているのも自然なことだ。フォントはアップル社が発信したいマーケティングメッセージ、つまりすっきりしたクールなものというメッセージにぴったりだ。

ヘルベチカは広く模倣された。最も有名な模倣はマイクロソフト社によるもので、初期のワープロソフト向けにライセンス料を払いたくなかったので、ヘルベチカをパクった。結果としてできたのがアリアル（Arial）で、これはそれ自体が有名なフォントとなった。アリアルはヘルベチカをきわめて密接にたどっている。図4－5では、まん中の黒い文字は二つのフォントを重ねたものとなっている。

＊　初のフォントは「ドナトゥス＝カレンデル」字形で、設計したのはペーター・シェッファーだ。シェッファーは書記で、グーテンベルクが新発明のために初の活版設計を命じた人物となる。シェッファーのフォントは装飾の多い13世紀ドイツの手書き文字を真似たものだった。

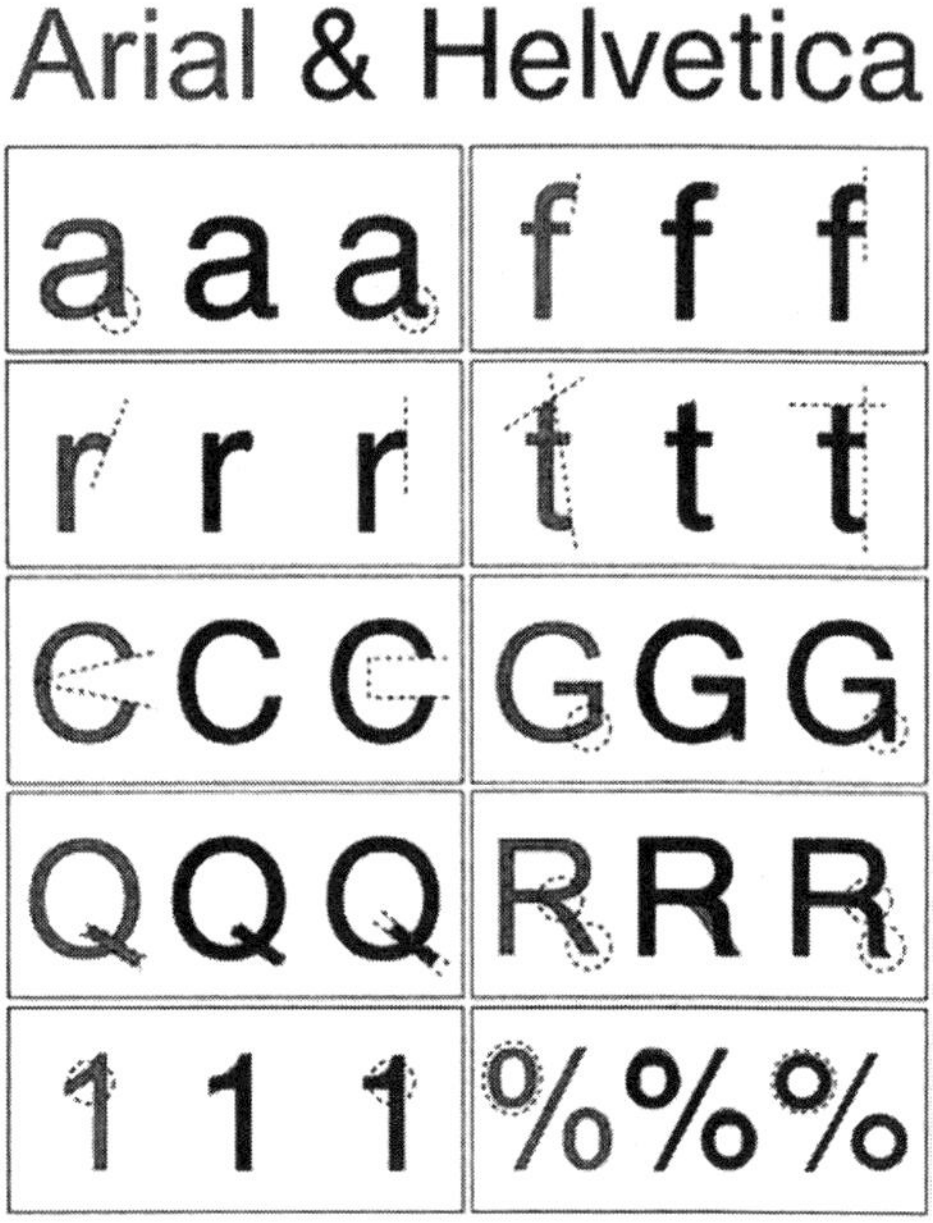

図 4-5　ヘルベチカとアリアル

これが示すように、ヘルベチカとアリアルは同じではない。でも間違いなくかなり似ているので、著作権の一般的なルールがここに適用されたら、アリアルはほぼ確実にヘルベチカと「きわめて類似」していると判断されるだろう――したがって違法だとされるはずだ。でも著作権はフォントの世界には適用されない。著作権がないので、人気があるフォントのちょっとした変種が広範に普及するようになった。通常の消費者はこうした変種に気がつかないかもしれないが、ある仕事のためにぴったりのフォントを探しているグラフィックデザイナーにとって、そのちょっとした違いがきわめて重要となる。もう一つお馴染みだが、まったく違うフォントは、タイムズ・ニューローマン（Times New Roman）だ。* タイムズ・ニューローマンは、20世紀初期に一般的だった粗雑な新聞印刷技術でも読みやすいように設計され、同じくらいの読みやすさを持つフォントに比べ、場所をあまりとらない。

以下の文章のフォントがタイムズ・ニューローマンだ。

Here is a sentence set in Times New Roman.

このフォントから受ける印象は、ヘルベチカとはまったく違う。ヘルベチカはすっきりしてモダンだが、タイムズ・ニューローマンは威厳があり、しっかりして信頼できる印象を与える――「記録の新聞」が伝えたい印象そのものだ。だから、タイムズ・ニューローマンの変種がたくさんあるのも驚くことではない。有名な例がジョージア（Georgia）だ。これはマイクロソフト社が１９９３年に発注したデザインだ。ジョージアはタイムズ・ニューローマンをもとにしているが、セリフがもっと広い。ここでも、ジョージアはきわめて似ているので、著作権がフォントに適用されたら、ほぼ確実に違法となる。ここでも著作権がないために、デザイナーはタイムズ・ニューローマンのようなフォントを真似て、ちょっと違っても全体としてはかなり似たフォントの一群を創り出せる。

フォントと著作権

フォントは、レシピやファッションのデザインと同じで、自由に合法的にコピーできる。それが著作権保護から外れているのは、ファッション・デザインとレシピが外れているのとおおむね同じ理由のためだ。著作権法の観点からすると、フォントは「絵画的、画像的、彫刻的作品」の範疇に入る。こうしたものは、それが「機能的」なら保護されない。フォントは、それが単語や文を構築するのに使われるという単純な（または単細胞かもしれない）理由から、機能的だと考えられている。

＊　タイムズ・ニューローマン・フォントが「タイムズ」と呼ばれるのは、ロンドンのタイムズ社が１９３１年に発注したものだからだ。それを作成したのは、イギリス企業であるモノタイプ社のキャメロン・レイサムだ。

フォントは明らかにこの狭い意味では機能的だが、その美的な魅力が何らかの形で、その効用的な目的から「分離可能」ならば、著作権で保護されるかもしれない——第1章で論じた宝石デザインと同じだ。だがフォントは、その機能を果たすためには判読可能でなければならないことから考えると、フォントの効用は避けがたいものだ。議会が現在の著作権法を可決した時、それに付随した下院報告はこの基本的な事実を認め、それに関連する委員会が「フォントのデザインは［…］この法案の意味する範疇において著作権付与ができるような「絵画的、画像的、彫刻的作品」とは考えず、［分離可能な］区分線を適用できるとも考えない」と明記している。[15] その後時代が過ぎても、アメリカ著作権局はフォントデザインの登録を拒絶してきた。この問題を扱った裁判数件がその後発生し、結局フォントには著作権がつかないという判決となった。[16]

だからフォントは著作権法では保護されていない。* フォントの複製に対する保護を提供するような法律はないのだろうか？　理屈の上では、真に独創的なフォントはデザイン特許で保護できなくはないが、実務的な理由からこの特許はあまり重要な意味を持たない。特許の新規性要件により、保護されるのはきわめて異様なフォントだけとなる。だが最も価値のあるフォントはほとんどすべて、有名なデザインの魅力的ながらも微妙な変種ばかりだ。そしてきわめて異様なフォントは、たぶんきわめて読みにくいものになるだろう。

商標法となるとなおさら関係が薄い。[17] フォントの名前は商標登録できるが、フォント自体は商標登録できない。フォント名を具体的に一つでも挙げられる消費者はほとんどいないし、ましてそれを特定の生産者と関連づけられる人などいないも同然だ。フォントとその生産者とのあいだの関連づけ——「二次的意義」「獲得された独自性」と呼ばれるもの——を消費者がまったく認識できないということが、フォントをコピー屋から保護するのに商標を使う可能性など基本的にあり得なくしてしまう。

フォント技術と複製の容易さ

何百年にもわたり、フォントに著作権が適用されなくても実際にはどうでもよかった。というのも印刷技術のためにフォントを複製するのはとても難しかったからだ。もともと、印刷の版は木の塊で、その後は金属製の字の形だった。そして15世紀に活字が発明されてから19世紀初期まで、フォントのデザインにかかる手間は、印刷用の活字を作る手間の総量のなかで、ほんのごく一部でしかなかった。金属の字形を造り上げるには、パンチカッター——彫刻、冶金、鍛冶を組み合わせた、失われた職人芸——がかかりきりで800時間近くかかる。(18) この条件の下では、盗用する意味などなかった。活字を再現するのに必要な作業にこれだけの手間がかかるということは、コピー屋が最終製品を作るのに、元の考案者とほとんど同じくらいの費用がかかるということだからだ。

これが変わったのはやっと19世紀末になって、写真とパントグラフ（写図器）なるものが導入されてからだった。これらの技術を組み合わせて使うと、あまり技能のない労働者でも、フォントの複製が容易にはなった。でも本当に安いフォントコピーの可能性が登場したのは20世紀初頭に、写真製版によるタイプセット、あるいは「写植」の技術が普及してからだ。この技法を使えば、コピー屋は字形を写真に撮って、その画像を化学的に金属板にエッチングできる。このプロセスのおかげで、フォントを複製

＊　ちょっとした但し書きが一つある。フォントがコンピュータのコードで記述されると——現代のフォントはほとんどすべての利用者によってこのような形で活用されている——そのコード自体には著作権がつく。でも実務的には、これは大した話ではない。おもしろいアイデアをいろんな形で表現できるように、ある字形はコンピュータコードで様々な形で表現できる。

する費用は9割以上も下がった。

だから20世紀初頭から、フォントのコピーは比較的簡単で安上がりになった。そして20世紀末には、複製はますます簡単で安くなった。出版が機械技術から電子技術に移行すると、フォントも物理世界からヴァーチャルへと移行した。今日のフォントは金属のかたまりの上に存在するのではなく、コンピュータのコードとなっている。フォントがデジタル化されてしまうと、コピーはキーをちょっと叩くだけで済む――あるいは最大でも、広く普及したソフトでちょっとした作業をすればおしまいだ。

フォントの複製が簡単なのに――そして多くの個人が熱心に複製しているというのに――フォントについての創造性はきわめて旺盛なものだ。フォントの数を正確に数えるのは難しい。でも既存のいくつかの試みを見ると、クリエイティブな環境が花開いているのがわかる。1974年の推計だと、フォントの数は3621とされている。[19] 1990年の調査では4万4000種類のフォントがあるという。[20] 1996年の推定では5万から6万のあいだとされた。[21] そして2002年にはこの数字が10万に修正された。[22] 最近の推計をいくつか見ると、最大で25万種類ともいう。[23] ざっとググって見ると、デジタル化されたフォントだけを見ても、その増加率がすさまじいことがわかる。2012年4月現在、fonts.com ウェブサイトには、売り物のコンピュータ用フォントが17万232種類挙がっている。この数字は個別フォントの数を示したものとは必ずしも言えない。fonts.com の用語法だと、フォントというのはあるフォント「ファミリー」の特定のタイプサイズやウェイトを指すものだからだ。それでも、個別フォントの数はかなりのものとなる。dafont.com ウェブサイトには、1万1500種類以上の無料のフォントが挙がっている。

いずれにしても、フォントの複製は簡単で禁止もされていないのに、新しいフォントのデザインには大量の創作努力がかなり投資されているのは明らかだ。１９７４年の推計が多少なりとも正確で、現在のフォント数として10万というのがかなり控えめな見積もりなら、フォントの数は過去35年で２７００パーセント以上も増えたことになる。さらに、新しいフォント生産の増加率は、減速するどころか加速しているようだ。

フォントデザインのイノベーションが、安価で実質的にまったく無制限の複製があるにもかかわらず花開いているなんて、どうしてあり得るのだろうか？　フォントのデジタル化で複製は実に簡単になった。法律は複製をまともに抑えるような抑止を何も提供していない。知的財産の独占理論によれば、複製が簡単で合法ならば、創作のインセンティブが破壊されると述べる。それなのに、数字を見るとインターネットの台頭以来、それまでの5世紀以上に多くのフォントが作り出されたらしい。

ブレイク・フライによるすばらしい研究（フライがまだ法学部生だった頃に書かれたものだ）が、この疑問に対していくつか興味深い取り組みを提供してくれている。その多くは、これまで本書で述べてきた議論をなぞるものとなっている。[24]フライによれば、フォントはある意味でファッション・デザインと同じだという。フォントには流行の浮き沈みがあるからだ。フォントはまた食品とも似ている。複製しにくい別の製品と束でやってくるからだ。食べ物の場合、ある料理はそのための調理とレストランの雰囲気とセットでやってくる。フォントだと、あるフォントのデザインはグラフィックデザインのソフトとバンドルされてやってくる。そしてジョークとも似ている。その生産は、あるクリエイティブな社会に存在している規範の集合に左右され、それが複製のもつ有害な影響を鈍らせているからだ。こうした議論のいくつかを手短に検討してみよう。

技術はコピーを容易にするが、イノベーションも容易にする

デジタル革命以前にフォントを作るのは、時間と設備と、おそらくは有能な職人チームの大量投資が必要だったろう。デジタル化が起こると、フォントデザイナーは一人で活動できるようになった。必要なのはデザインの才能とコンピュータ、安いソフトだけだ。資本費用が低くなり、インターネットを通じた流通も容易になって、創造性の費用は大幅に下がった。そして参入障壁も同じく下がった――フォントデザイナーの卵たちは、もはやこの商売に参入するのに専門設備は必要ない。デジタル革命は、海賊版の障壁も下がったということだ。でも新しいフォントを作る費用がデジタル化以前より実に大幅に下がったので、フォントの価格はさらに下がる余地がある――そして実際、大幅に下がってきた。安く（多くの場合は無料の）フォントが手に入るからといって、海賊版がなくなるわけではないが、その魅力を鈍らせる。ちょうど、アップル社の iTunes による安い音楽ダウンロードの普及で、それまで音楽ファイル共有をしていた人々の一部が合法市場に戻ってきたのと同じだ。

同様に、フォントデザイナーの数も大幅に増えてきた。デジタル化以前は、フライによれば、フォントデザイナーは１００人かそこらしかいなかったし、重要な点としてそのほぼ全員がプロだった。今日では、プロのフォントデザイナーはずっと多い――デジタル化以前の5倍から10倍はいるかもしれない。でも最も重要な変化は、アマチュアのフォントデザイナーたちが何千人と参入してきたことだ。デジタル技術のおかげで、アマチュアたちは新しいフォントデザインの重要な源泉となったわけだ。

アマチュアのイノベーションはしばしば軽視されがちだが、フォントデザインのようなクリエイティブ領域では、アマチュアがことさら重要になるかもしれない。本書で扱った多くの分野と同様に、フォントのイノベーションは、パイオニアよりは改変活動の面が大きい。ほとんどの新フォントは有名なデ

ザインに基づく部分改良的な発展となっている。アマチュアたちは、そういう部分改良イノベーションに参加するのに絶好の立場にいる。必要な投資はかなり小さいし、小さくて創造的な洞察は、決まった文字集合に対するちょっとした変奏でしかないフォントデザインという創作分野においては、とても重要なものとなることもある。

フォント作成には別の大きなシフトが生じており、これまた技術変化によるものだ。デジタル化により、フォントデザインはますますグラフィックデザインと融合しつつある。金属活字の時代には、字形を作るパンチカッターたちはきわめて高技能を持っていた。デジタル革命後、それが一変した。魅力的なフォントを作るのに必要なのは、一般的なグラフィックデザインの技能と、字形への関心だけだ。結果として今日では多くのグラフィックデザイナーがフォントデザインのプロジェクトにも乗り出している。デジタル化以前ではこれは不可能だった。おかげでフォントの数もさらに増える。

印刷技術の変化はフォントのイノベーションをもたらす

技術イノベーションで、フォントデザインは簡単かつ安価になった。でももっと目につきにくい影響もある。フォントはある特定の印刷技術と相性がよいようにデザインされているので、ある時代に広く使われている技術が、その時に生産されるフォントを左右する。そしてこうした技術が変わるにつれて、それに対応したフォントデザインも変わる。

例えば19世紀には、新聞がすさまじい成長を見せたので、いろいろなフォントのイノベーションも起きた。印刷機は読みやすい新聞を、安い低質な紙への大量印刷で作り出さねばならなかった。結果としてできたのは、こうした不利な条件でも読みやすいフォントだった。タイムズ・ニューローマンは、こうした新聞主導のフォント・イノベーションの波の例だ。後にオフセット印刷がもっと洗練されてくると、もっと繊細なフォントでも読みやすい形で再現できるようになり、これがまたもやイノベーションの波を引き起こした。１９７０年代に写植が成長すると、これまた新しいデザインを生み出し、その一部は写植がもっと細い文字や字間でも印刷できるという技術能力に頼ったものとなった。

このプロセスは、読者が１９８０年代と１９９０年代に、紙から画面に移行した時にも繰り返された。初期のコンピュータは細やかなフォントを扱えなかったので、フォントはでかいブロックを使って作られた。後にプロセッサとメモリの制約は緩くなったが、画面の解像度は低いままだった。結果として、サンセリフ・フォントのイノベーションがもっと起きた。これは低解像度の画面でも読みやすいからだ。画面の解像度が高まると、もっと新しいセリフ・フォントが登場してきた。でも技術はじっとしてはいない。スマートフォンやタブレットコンピュータの画面はずっと小さい。結果として、画面の判読性がまたもや課題として持ち上がってきた。

全体としての論点は、技術変化がフォントのイノベーションを引き起こすということだ。新技術はフォントを作りやすくした。そして他のイノベーション、例えばiPhoneやアンドロイド・スマートフォンの大成功が、人々の求めるフォントの種類を形成してきた。このようにフォントのイノベーションは、文章の消費に人々が使う製品のイノベーションに左右されてきた。こうした技術が発展を続ける限り、新しいフォント作りに投資するインセンティブは、幸運な事故のようなものとして生じてくるのだ。

フォントは製品ではない――製品は何か別のもの

これまでの議論で、フォントのイノベーションはしばしばフォントそのもののためではなく、何か他の目的に奉仕するためにおこるのだということがわかる。この力学は技術変化だけに左右されるものではない。広告出稿者たちから、モノを売る新しくておもしろいやり方が絶え間なく求められるため、多くの新しいフォントが生まれてきた。そしてフォントのイノベーションはまた、ワープロソフトやグラフィックデザイン・ソフトを売るためにも実施されている。

フォントをソフトにバンドルするという手法が大きな理由となって、通常の消費者はフォントデザインの海賊行為などあまりやらない。ほとんどの人は、どんなワープロソフトを使っていても、フォントの選択肢は十分すぎるくらいだと思っている。ビットトレントのようなP2Pネットワークにはフォントのファイルがたくさんあるが、そんな方面にまで手を出そうとするほどフォントに興味がある人はごく限られている。

グラフィックデザイナーたちこそは、フォントの本当の市場だ。この顧客層にとっても、フォントのバンドルはイノベーションの促進と、海賊行為への勢いを鈍らせるのに大きな役割を果たしている。例えば、世界で最もたくさんフォントを生産しているアドビ社がフォント商売をやっているのは、主に市場のリーダーであるグラフィックデザイン・ソフト、クリエイティブスイートの販売促進のためだ。アドビはクリエイティブスイートに１００種類以上のフォントをおまけでつけている。追加のフォントもたくさん売ってはいるけれど、これはきわめて小さな副業でしかない。それでも、アドビ社は新フォントのデザインに投資し続けている。フォントデザインにおけるアドビ社のイノベーションは、かれらの売り上げのほぼすべてをもたらす製品、つまりかれらのソフトの地位を強化するのに役立つのだ。新フォントデザインを作ろうというインセンティブは、ソフトウェアの関連市場における競争圧力に編み込まれている。フォントの分野では、市場競争がイノベーションをもたらすのに大きな役割を果たす。

フォントとファッションの周期

新しいフォントを作るインセンティブは、もっと広い文化の変化の反映でもある。フォントはファッション同様に、トレンドに左右される。確かに、フォントデザインのトレンドはファッション業界よりもずっと長続きするし、市場においてファッションほど圧倒的な要因にはならない。だがファッションと同様に、クラシックなスタイルもあれば、大胆な新デザインもあるのだ。

例えばヘルベチカを見てみよう。数ページ前に述べた、すっきりしたラインを持つフォントの原型とも言うべきフォントだ。ヘルベチカとその数多くの模倣フォントは、20世紀半ばのモダニズムと強く関係している。こうしたデザインは今でもかなりの人気を博していることは、アップル社がヘルベチカを取り入れたことからもわかる。だがその影響力はいまだに強いとはいえ、ヘルベチカは目下一番人気のフォントではない。モダニズムのヘルベチカ・スタイルとは正反対の様式が最近では最先端とされている。その例は、まったく予想外なところだが、ロサンゼルスにあるマリオ・バタリとナンシー・シルバートンの有名なピッツェリア・モッツァの食卓マットに見られる。

ピッツェリア・モッツァの２０１１年の食卓マットは、19世紀半ばのレタープレス字形を再現したようなフォントを使っている。この種のフォントは現在広く使われている。理由の一部は、それが「スチームパンク」運動のデザイン美学や、全般的な復古調スタイル好みと結びついているからだ――最近アメリカ大都市では古びた感じのカクテルバーが大人気で、袖止めゴムとチョッキ姿のバーテンが氷の塊を砕いているのが見られるが、その美学と同じだ。スチームパンクはもともと、コンピュータや宇宙旅行といったものがヴィクトリア朝の文脈で想像しなおされたような、ＳＦのジュール・ヴェルヌ的なジ

図 4-6　ピッツェリア・モッツァの食卓マット

ャンルとして1980年代末から登場してきたものだ。

2000年代になると、スチームパンクはアートとデザインでも重要なトレンドとして台頭してきた。スチームパンク美学を支持するデザイナーたちは、iPhoneのような物体に見られる、小ぎれいでしばしば冷たいモダニズムを、オーセンチックではなく疎外をもたらすものだとして拒絶する。そして、霊感の源としてもっと古い技術を参照するのだ。重要な点として、スチームパンクはインダストリアルデザインで長いこと支配的だった「すっきり感」を押し返そうとする――そこにはもちろん、ヘルベチカのようなモダニズム・フォントも含まれる。スチームパンクにインスパイアされたデザイナーたちは、ヴィクトリア朝やエドワード朝に一般的だったフォントにタイポグラフィーのお手本を求める。その一例が、ピッツェリア・モッツァの食卓マットに見られるものだ。

要するに、フォントのデザインはもっと広い文化的、美的なトレンドにも左右される。フォントはそれほど急激には変わらない。でもサイクルの広がる速度を除けば、フォントのトレンド周期はファッションのものと似ている。フォントの人気が十分に高ければコピーされる。時には、そのままコピーされることもある。でもしばしば、コピーした人が独自の変奏を加える——そしてそこから登場するものは、明らかに同じスタイルではあっても、元のフォントとまったく同じではないフォントだ。デジタル化のおかげで、新しいスタイルのデザインは作成も頒布もすばやく行える。コピーときわめて似通った変奏が広がるにつれて、そのスタイルはいたるところで見られるようになる。あまりに広まりすぎたファッション・トレンドと同じく、いたるところにあったフォントは力を失う。目新しさがなくなる場合もあるし、もともとデザインとして伝えたかった意味を伝えられなくなる場合もあるだろう。だからファッションと同じく、フォントデザイナーたちもそれに対応してイノベーションを行うのだ。

金融イノベーション

過去数十年で、金融サービス業はアメリカ最大級の経済セクターとなった。資金フローと取引量で見ると、この産業は巨大だ。アメリカの株式市場時価総額は、１９７０年には１３６０億ドルまたはアメリカＧＤＰの13・1パーセントだったが、それが２０００年には19兆ドルまたはＧＤＰの１８０パーセントに成長した。２００８年金融危機後でも、株式市場の時価総額はいまだにだいたいＧＤＰと同じ規模だ。(25) そして金融市場の時価総額や取引量が増えるにつれて、その利潤も増えてきた。金融産業の利潤は第二次世界大戦末に比べ、経済全体の規模に比べて3倍以上になっている。その同じ時期で見ると、この業界はますますアメリカ最高の賢い人材を集めるようになってきた。2007年、金融危機が始まる直前、ハーヴァード・カレッジの卒業生の半数は金融業界やマネジメント・コンサルティングに就職した。そしてこうした賢い人々は、当然ではあるが、かなり革新的でもある。*

金融セクターは、単に規模が急拡大してすさまじく儲かるようになっただけではない。

もちろん金融危機後の今、最近の金融イノベーションの多く——新種の証券やデリバティブ、価格モデル、投資手法など——が優れていたのかひどいものだったのかを判断するのはとても難しい。一部の識者は、ノーベル賞経済学者ロバート・マートンをはじめ、金融サービス産業は各種の大イノベーションを通じて社会にすさまじい便益を与えてきたと今でも主張している。そのイノベーションとは、低所得世帯向けの融資、無数の派生商品、低コストのミューチュアルファンドなどだという。一方で、ほとんどの金融イノベーションは銀行屋を儲けさせるものでしかないと論じている人もいる。有名な投資家ウォーレン・バフェットは、デリバティブを「金融大量破壊兵器」と呼んだ。元FRB議長のポール・ヴォルカーは2009年に、過去25年で社会に本当に便益をもたらした金融イノベーションはATMだけだと述べている。

答えはどうあれ、金融サービスがイノベーションをたくさん生み出したことは疑問の余地がない——

* イノベーションのやり過ぎとさえいえるかもしれない。2009年秋、ウォール街の苦痛がどん底にまで達していた頃、カルヴィン・トリリンは『ニューヨーク・タイムズ』紙にウォール街の古狸と会った話を書いている。その人物はバーでトリリンの隣に座っていたが、金融崩壊を一行で説明できると宣言した。「拝聴しようじゃないですか」とトリリン。男曰く、システムが崩壊したのは「ウォール街でお利口な連中が働き出したからだよ」。Calvin Trillin, "Wall Street Smarts," *New York Times*, October 14, 2009.

そして、知的財産権には驚くほど頼らずにそれをやってのけた。そうしたクリエイティブな産物として挙がるのは、例えば何千種類ものデリバティブや債券、通貨ワラント、クレジットスワップや通貨スワップ、CDO、取引所扱いのファンド、投資インデックス、価格モデル、そうした商品と関連した取引戦略などの各種変種だ。ジョン・ボーグルとヴァンガード・インデックスファンドの話でもわかるように、この業界は真似に対する保護として、時に秘密にしておく以外の手段をほとんど持たないでもイノベーションを生み出してきた。イノベーションの費用はかなりのものであることを考えると——ほとんどの金融イノベーション形態を開発するのに必要とされる費用の推計は、50万ドルから500万ドルとされる[26]——これは驚くべきことに思える。金融サービス業界のイノベーション記録はどう説明がつくのだろうか?

最も当てはまりそうな法的保護形態は特許だが、この業界の歴史の大半で、特許はそもそも多くの金融イノベーションには適用されなかった。またイノベーターたちは公開取引証券に関連する金融イノベーションについては、事業上の秘密にも頼れなかった。というのも、新しい証券の詳細のほぼすべては、その商品が証券取引委員会に登録された瞬間に公開されてしまうから、秘密にするのは不可能なのだ。取引上の秘密は、価格モデルなど他の金融投資ではもっと使いものになるが、そうした場合ですら、これから説明する理由のため、金融機関はしばしば情報を秘密にするより共有したほうがいい。

1998年に、金融産業に特許をずっと使いでのあるものにする大きな法的変化が起こった。ステートストリート信託銀行対シグネチャー金融グループ社裁判[27]（State Street Bank and Trust Co. v. Signature Financial Group Inc.）で、連邦法廷は初めてビジネスを行う目新しい手法が特許取得可能だという判断を下したのだった。この判決までは、ほぼどんなビジネス手法であろうと、特許取得は不可能だと思われていた

（本章ですでにビジネス手法特許の話は、アメフトのプレーやフォーメーションとの関連で触れた）。ステートストリート裁判での判決は、直接金融産業についてのものだった――この裁判の中核にあったのは、ミューチュアルファンドの資産をプールする「ハブ＆スポーク」手法だったのだ。

ステートストリート裁判以後、銀行家たちは自分の発明について特許を得ようとし始めた。ステートストリート判決前年の１９９７年に、アメリカ特許商標局（ＰＴＯ）は「データ処理――金融、ビジネス慣行、マネジメント、費用／価格決定」分類（これは金融業界に最も関係する特許のほとんどが含まれる分類で、さらにそれ以外のものも多く含まれる）では特許をたった１９８件しか認めなかった。ステートストリート判決後の１９９９年には、この分類でＰＴＯは８３３件の特許を認めた。２００６年には１２６０件、２００９年には１９５６件だ。だがビジネス手法特許の数をそのまま見るのは誤解のもとかもしれない。ステートストリート判決の10年以上も後の現在、最新データを見るとビジネス手法特許として認められたもののうち、金融業界と関係がありそうなのは1割程度でしかないという。[28]それでも何百件という特許にはなるが、実際の業界での変化は、この小さな数が示唆するよりはるかに小さい。これは一部は、ステートストリート判決以後の業界自身の行動による部分もある。高価な特許訴訟の被告になってしまうのではと恐れて、金融機関は結託して、コピーの糾弾に対する弁護論として「使用前例」主張を議会に認めさせるようにした。[29]これはつまり、ビジネスを行う秘密手法を開発した企業――例えば社内ビジネスプロセスなど――は、特許保持者が訴訟を起こす少なくとも1年前にそのビジネス手法が事業上の秘密となって実践されていれば、特許侵害訴訟をおこされることはない、というものだ。

この条項のおかげで、ステートストリート判決以後に認められた特許は競合他社に対する攻撃ツールとして使いづらくなった。それでも、業界全体が保護されるわけではない。２００６年のある調査では、驚くことではないがステートストリート判決以後に特許訴訟が増えたことがわかっている。こうした裁判の被告は通常、大規模金融企業だった。[30] いくつかの訴訟ではかなりの賠償金がかかっている。* 有益なビジネス手法特許の多くは、外部の企業が取得していて、そのなかには特に重要なものとして「非営業組織」――つまり、特許を集めて保有特許にカバーする発明を実際に使うのではなく、それをライセンスし、特許侵害訴訟に使うことで収益を得ている企業もある。こうした企業は時に「特許トロール」と呼ばれる――『三びきのやぎのがらがらどん』に出て来るトロールと同じく、隠れて待ち伏せし、支払いを要求するのだ。この場合は、ある発明が自分のものだと思ってうっかり使ってしまう企業を餌食にする。

そんなわけで、ステートストリート裁判はウォール街の様子を一部は変えた。でもコピーを抑制するルールの導入が業界のイノベーション方法に目に見える変化をもたらしたかどうかは、それほどはっきりしない。例えば全米科学財団は各種アメリカ産業の研究開発支出を集計しているが、ビジネス手法特許が生まれても金融産業での研究開発投資は有意には増えていない。[31] アメリカ労働統計局のデータサーベイによれば、ビジネス手法特許の導入の後で金融サービス業界が雇う研究開発職の数には何の変化も見られないという。もしそうした特許の有無が、産業としてイノベーションに割かれるリソースに有意な違いを生み出しているのであれば、研究開発職の数には大きな変化が見られてもいいはずだ。[32]

金融業界のビジネス手法特許台頭と、この業界のイノベーション大躍進とを結びつける証拠がほとんど見つからないのは、別に驚くほどのことではないのかもしれない。ステートストリート裁判以前から、金融サービス業界は重要なイノベーションを大量に生み出してきた。しばしば挙げられる例としては、オプション価格式であるブラック゠ショールズ方程式がある。これはウォール街がデリバティブを理解し値付けするやり方を一変させた。また1970年代のインデックス・ミューチュアルファンド組成もある（これについては本章冒頭で扱った）。1980年代には、ハイイールド債つまりジャンクボンドを使って企業合併買収の資金調達を行うといったイノベーションがあったし、1990年代には、取引所で取引されるファンド（インデックスファンドの進化したもの）や資産の証券化（各種の負債をプールして債券として売るファイナンス手法）が大流行した。いずれの例でも、重要なイノベーションは特許による保護の見込みがないのに登場している。

では、金融サービス産業で、知的財産なしに知的生産が行われているのをどう説明すればよいだろう？　かつて2002年に、元ハーヴァード・ビジネススクール教授のピーター・トゥファノ（現在ではオックスフォード大学のサイードビジネススクール学長）が書いた影響力のある論文では、いくつもの相互に関連しあう理由が挙がっている。金融機関は、ある決まった顧客の満たされぬニーズを満足させるためにイノベーションを行う。また取引費用を減らしたいこともある。税金や規制を逃れるための場合もある。格付け機関が負債の質を評価する時のルールを利用したいこともある。そして、新技術がもたらす機会を活用するためにイノベーションを行うこともある。[33]　そしてこうしたイノベーションの多くにとって、特許保護は非生産的となる。というのもこうした手法が効率的で儲けの多い規模にまで市場を育てるには、競合他社との共有が役に立つどころか必要不可欠な場合さえあるからだ。

＊　最近、ウォール街の金融機関はニューヨーク州上院議員チャールズ・シューマーに呼びかけて、突出して鬱陶しい特許訴訟原告であるテキサス州の事業者クラウディオ・バラードなる人物からの訴訟を逃れる方法を提供してくれと頼んだ。この人物は、紙の小切手のデジタル・コピーを処理する手法についての特許を持っているのだ。2011年にシューマーはアメリカ発明品法（オバマ大統領が2011年9月16日に署名して発効）にある条項を加筆させ、これにより金融機関はバラードの特許をPTOに見直すよう要求できることになった。

この論点を理解するには、新しい投資証券の市場を考えてみよう。ほとんどの場合、新しい証券は、それが標準化されて深く利用されるだけの規模を持つ市場で取引されたほうが、ずっと儲けは大きくなるはずだ。実際には、これは通常は多くの企業がその市場に参加する必要があるということだ。でも特許は、これに対する障壁になりかねない。イノベーターが新証券に特許を取得したら、潜在的な市場参加者たちは、その特許を使って邪魔をされるのではと恐れ、市場への参加をためらうだろう。イノベーターが競合他社にその特許をライセンスするつもりがあっても、こうした恐れは残りかねない——特にそうした競合他社は、ライセンス料の結果として市場でその証券を売るにあたり高い費用がかかることになり、イノベーターとの競争で不利になると思えばなおさらだ。結果として、現実問題としては新証券の開発において特許は滅多に関係してこないのだ、というのがトゥファノの議論だ。(34)

金融機関が標準化を進めていない市場もいくつかある——例えば店頭デリバティブまたはOTCデリバティブの市場などがその例だ。ここには今や悪名高くなった、2008年金融危機以前に（各種の意味で）爆発的に成長した「クレジット・デフォルト・スワップ」なども含まれる。OTCデリバティブは、基本的には根底にある何らかの資産（例えば株、通貨、金利）の価値に基づく賭けで、それが民間参加者のあいだで直接交渉される。

OTCデリバティブの多くの市場は、金融機関のマージンを高く保つため、意図的に標準化されないように構築されてきた。だがこうした市場においてすら、企業は自分のイノベーションを保護するのに特許には頼らない傾向が強い。その理由は、競合他社はその新OTCデリバティブを好きに模倣できるけれど、非公開OTC取引の詳細がわかってくるには時間がかかるからだ。なぜかといえば、一部は成功した新しいOTCデリバティブは、単なる巧妙なアイデアだけではすまないからだ——イノベーターは、取引の相手が市場を操作して自分に有利にできないかどうか、取引を「デバッグ」しなければならないからだ。そして重要な点だが、イノベーターはまたその取引の値付けを考えねばならない――これはOTCデリバティブの場合には難しい。何千、何百万もの取引を生み出している公開市場などないからで、したがって値付け情報がずっと少ないのが通例だからだ。

これが何とかすんでしまえば、イノベーターたちは相手が取引の詳細を明らかにしないようにするため、秘密保持契約――つまり契約――に頼ることが多い。イノベーターが取引をもっと広く売りさばくにつれ、情報が漏れ、競合他社がもっと多くを学ぶにつれ、ほぼ確実にその取引をリバースエンジニアできるようになる。とはいえ、これには時間がかかるし、その遅れのおかげで、新しいOTCデリバティブのオリジネーターたちは、かなりの先行者優位を享受できるということになる。

そしてこれは、金融イノベーションにおいて特許が滅多に使われない理由についての、もっと大きな論点につながる。市場での成功にとって、特許の有無は大して関係ないのだ。新しい無特許の証券を導入する金融機関は、競合他社が急速にそのイノベーションをコピーしても、数年にわたり優勢な市場シェアを維持し続けるのだ(35)。

なぜだろう？　それはイノベーションの過程で開発された、社内専門技能に関係しているかもしれない。ある特定のオフェンスを実施するよう訓練され、スカウトされてきた――したがってそのオフェンスを競合よりうまく実施できる――アメフトチームと同様に、イノベーションを生んだ起業は、その証券を使う専門特化した社内技能があるだろうし（少なくとも競合他社が追いついたり重要な社員を引き抜いたりするまでは）、その技能は競合に対し、他社よりも有利に立てるようにしてくれるはずだ。

だが大金融機関の市場支配力に関係して、もっと深い説明があるのかもしれない。全体として「ウォール街」を構築する多くの市場は、アメリカの投資銀行の巨人――ゴールドマン・サックス、モルガン・スタンレー、シティグループなどの企業――の限られたコーホートが圧倒的なシェアを占めている。それ以外にも、同じくらい限られた外国企業もある。ドイツ銀行、クレディ・スイス、HSBCなどだ。こうした企業は、特定の事業ラインにおいて大きなシェアを支配しており、重要な点としてその顧客も「硬直的」だ。投資銀行はリレーションに基づいており、多くの顧客は各種の製品領域にまたがる銀行と長期的なつながりを持っている。結果として、イノベーションが自由にコピーできる場合でも、大規模金融機関は、その問題のビジネスについて大きな支配力を持ち、長期的な顧客リレーションを持っているというだけの理由で、投資リターンの相当部分を懐に入れることになるのだ[36]。

これと整合する点として、金融サービス業のほとんどの分野では、先端的なイノベーターたちは最大手企業だった。イノベーションの多さと市場シェアとのあいだには強い結びつきがあるようだ――大企業は、イノベーションが複製されてしまう場合ですら、そのイノベーションからの便益を手に入れやすい立場にある。このために、比較的小さな金融機関がイノベーションを行ったら、もっと大きな金融機関とパートナーシップを組む強いインセンティブがある。大手の企業は、イノベーションからの収益で取り込めるシェアが大きいので、小さな企業はその分け前をもらうようになる。一部の例だと、金融機関はそのイノベーションが狙う事業において主導的な立場にある機関に対し、イノベーションを売却するインセンティブも生まれる[37]。

金融イノベーションは複雑な話ではある。でも基本的な論点はかなり単純だ。金融サービス産業で見るイノベーションの多くは、企業が市場インセンティブに応答した結果として生まれたものであって、知的財産権ルールによるインセンティブで動かされているのではない。こうしたイノベーションが導入されるにつれて、やがては広まる。競合他社が発明をコピーするという見込みがあっても、そもそもそれを作り出そうというインセンティブは破壊されないし、場合によってはコピーはそのイノベーションの市場を拡大してくれることで、その価値を高めてくれることさえある。顧客をめぐる競争市場にロックインされた投資企業は、顧客サービス改善のためにイノベーションを行い、その競合他社は競争力を維持するためにそのイノベーションを模倣する。

デリバティブ取引の急成長を引き起こすのに役立った、価格モデルを考案したノーベル賞受賞者であるロバート・マートンは、金融産業を説明するにあたり、一つの進歩が次の進歩を生み出すような「イノベーション・スパイラル」という考え方を述べた。[38] マートンは法の役割を明示的に考えていたわけではない。だがその論点は、ここで述べてきたこととうまくマッチしている。金融業界のイノベーション・スパイラルは、コピーを防止するような保護策がほとんどない状態で進んできたし、この歴史は金融におけるイノベーションが、知的財産権を求める標準的な理由が示唆するよりもずっと、コピーの時代においても耐久力のあるものだろうと示唆している。模倣は金融の世界のイノベーションを殺してはいない――そして一部の例では、むしろイノベーションを促進したかもしれない。

データベース

データベースは、検索と取得が簡単になるように材料を集めてまとめたものだ。例えば弁護士は、ウエストローとレクシスネクシスに大きく依存している。同様に、ヒト遺伝学を研究する多くの科学者は、ジョンズ・ホプキンス医学校が維持しているＯＭＩＭ（Online Mendelian Inheritance in Man ヒトにおけるオンにラインメンデル遺伝）データベースを大いに活用している。[39] 私たちもほとんどは定期的に、毎日のようにデータベースを使っているが、データベースの経済について大して考えない。でもデータベースは驚くほど大きなビジネスだ——そしてイノベーションについて興味深いことを教えてくれる分野でもある。

データベースなんて、そんなにクリエイティブには思えないかもしれない。でも、材料をどうまとめ、何を入れるかによって、そのデータベースがどれだけ成功するかは大きく変わってくる。一部データベースのコンテンツは著作権がある——例えば、レクシスネクシスやダウ・ジョーンズ「ファクティバ」データベースが提供している新聞記事の巨大なコレクションなどだ。でもその他多くの例では、データベースのコンテンツは少なくともアメリカでは、基本的な事実の集まりでしかないので著作権がつかない。対照的なのはヨーロッパで、事実を集めたデータベースでもコピーから保護されている。でも驚くこととして、データベース産業はアメリカでは成長しているのに、ヨーロッパでは停滞しているのだ。コピーの自由はアメリカのデータベース産業を潰してはいない。どちらかといえば、むしろ強化しているようだ。その理由を見てみよう。

データベースがしばしば合法的にコピーできるという点は、最高裁がファイスト出版社対ルーラル電話サービス社（Feist Publications v. Rural Telephone Service）の判決を下した時以来決まっている話だ。[40] ファイスト裁判はお馴染みの電話帳をめぐるものだ（電話帳は、実は紙で頒布されているデータベースでしかない）。ファイスト裁判での争点は、電話帳の名前や電話番号を他人がコピーしていいのか、という点だった。レシピに対する著作権を否定した判決を思わせる形で、最高裁は著作権が単なる事実は保護しないと判決を下した。そうした事実を選んでまとめる独創的な手法は著作権の対象だが、その根底にある事実はダメだ。そして電話帳の判決では、最高裁はそのまとめ方——ABC順の羅列——にはあまりに独創性がないので、こちらも著作権保護はできないと考えた。

ということでファイスト裁判は、誰でも電話帳を好きにコピーできるという判断を下した。でもこの判決の影響は、電話帳だけには留まらなかった。ファイスト判決は、完全に事実だけしか載っていないデータベースですら、著作権がつくというそれまでの一連の判例をひっくり返すものだった。こうした判決の背後にある理論は、事実を集めて有益なデータベースにするには手間がかかる、というものだった。他人がそれをコピーするのを認めたら不公平になる。だがファイスト裁判はこのデータベースに関する「額に汗」理論を却下した。法廷によれば、憲法はある程度の創造性を示す「独自の」作品にだけ著作権を認めている。そして事実については、独自性もないし創造的なところもない。

ファイスト判決が出て、データベースをコピーから法的に保護するようアメリカ法を改正すべきだというキャンペーンが起きた。データベース保護の支持者たちは、これまで何度も挙げてきた標準の主張を持ち出した。事実に財産権を与えなければ、人々はそれを自由にコピーする。そして自由で合法的なコピーは、そもそもの事実を集めるために手間暇とお金をかけるインセンティブを破壊してしまう、というわけだ。

案の定、こうした人々は最高裁の判決がアメリカのデータベース産業をひたすら衰退させるだろうと予想した。そして間もなく、この人々はヨーロッパでの展開を指摘することで、自分たちの主張を強化できるようになった。ファイスト判決後、EUのデータベース保護支持者たちは、ヨーロッパでは国の著作権法が弱いので、ファイスト判決がアメリカで作り出したような過小保護が生まれてしまうぞと警告した。そしてEUはそれに応え、事実に基づくデータベースに対しても強い保護を認めたのだった。

1992年に可決されたEUの規定では、当初は15年間の保護が与えられ、そして条件次第では延長も認められる。でも特筆すべき点として、EU法が保護するのは、作成者がヨーロッパ人か、ヨーロッパのものと「比肩するだけの保護」を提供している第三国出身者であるデータベースだけだ。この規定で、アメリカのデータベース作成者は保護されないことになる。この新しいEU規定ができて、アメリカのデータベース保護の支持者たちは、これでEUのデータベース産業は新たな保護に力づけられて、アメリカのデータベース産業を追い越してしまうと警告した。

実際には何が起きただろうか？　事実のコピーを止める法律がないという事実にもかかわらず、アメリカのデータベース産業は成長を続けた。情報の巨人であるダウ・ジョーンズ社[41]（現在では多国籍メディア巨大企業であるニューズ・コーポレーションの子会社）のウェブサイトにいけば、事実に基づくデータベース事例は何十と見つかる。エネルギーや商品データ、リアルタイムの市場指標、外国為替レート、企業の収益や主要役員や投資家を書いた業績報告、政府の反汚職反資金洗浄制裁リストを含む各種の規制データに関するデータベースなどがそこでは提供されている。

そしてダウ・ジョーンズ社は、著作権を設定できない事実を集めてまとめているデータベースを提供する数多くの企業の一つでしかない。フォーチュン500にも名を連ねるダン&ブラッドストリート社を例にあげよう。ダン&ブラッドストリート社のデータベースは、世界中の1・5億社にものぼる企業について、詳細な情報を集めたものだ。ダウ・ジョーンズ社やダン&ブラッドストリート社のような企業は、何億ドルも投資してこの情報を集め、それを正確で最新のものに保っている。そしてデータベースのコンテンツのほとんどを構成する事実に対する著作権保護がないのに、それだけのことをやっているのだ。アメリカのデータベース業界の成功だけでも驚くべきことだ。もっと驚かされるのは――少なくとも、コピーはかならず衰退につながると信じている人々にとって驚きなのは――ヨーロッパ企業がアメリカ企業を追い越していないということだ。むしろその正反対のことが起きている。

２００５年にＥＵは、データベースに保護を与えた１９９２年の規則についての調査を行った。その調査の結論では、新しい保護策の経済的な影響は「証明されておらず」、新しい規則は「ヨーロッパにおけるデータベースの生産を刺激するために導入されたものであるが、この新しいツールはデータベース生産に何ら影響を与えたとは証明されていない」。(42)さらに、事態はこの２００５年ＥＵ調査が示唆しているものよりも、ヨーロッパのデータベース産業にとってさらに悪いものなのだ。

２００４年時点で、ＥＵでのデータベース生産は１９９８年の水準を下回っていた。１９９８年は、ＥＵの規定が全ＥＵ諸国に適用されるようになる直前だ。つまり、コピーに対する新しい保護の導入は、生産を増やすどころか、かえって低下させるほうに相関しているということだ。そしてもっと重要かもしれない点として、ＥＵが世界のデータベース市場に占めるシェアは停滞している。１９９２年には、全オンライン・データベースのうち26パーセントほどはヨーロッパ企業が作っており、北米企業によるものは60パーセントほどだった。(43)それが２００５年になると、北米での生産は世界全体の7割ほどにまでふくれあがった。ＥＵのシェアはほとんど動かず、計測方法によっては、ちょっと低下すらしている。要するに、アメリカとカナダ（カナダでもアメリカと同じく、事実に基づくデータベースは保護されない）ではデータベース生産が増え続けているのに、ＥＵにおけるデータベース生産はよくても横ばい、おそらくはちょっと停滞を見せているわけだ。(44)

これはイノベーションの経済をめぐる、見事な自然実験だ。そしてそれは、なぜ事実に基づくデータベースの生産がアメリカでは保護もないのに花開き続けているのか、という問題を提起する。答えは、こうした例でしばしば見られるように、いくつかの側面を持っている。

まず、ファイスト判決の後ですら、アメリカのデータベースにもいくつか重要な著作権保護は行われている。ファイスト判決は、データベースの根底にあるデータは競合他社が好き勝手にコピーして構わないと判断を下したものの、それをまとめる独創的な方法は拝借されないよう著作権で保護されているということも明確にした。これは他の産業に適用される著作権保護よりもずっとせまい保護範囲ではある。それでも使い物にはなる。データベースのまとめかたに独自性があって価値があるなら、競合他社はそのまとめ方は模倣できない。繰り返すが、これは著作権が提供できる権利の全体から見ればかなり貧相ではある。それでも、十分に意味があるのだ。

第二に、コピーを抑えるためにデータベース生産者が使えるものは、著作権以外にもある。そうした戦略の一部は、知的財産保護が弱い他の産業で見てきたものをなぞっている。データベースの生産者は、契約法を使い、コピーを禁止したり制限したりする条項で利用者を縛れる。あるいは暗号やデジタル権利管理ツールを使って同じことができる。通常の財産権を利用してもいい——例えばオンライン・オークションの巨人イーベイは、オークションの「アグリゲーター」サイトであるビッダーズエッジが自社サーバからデータを取得するのを防ぐため、不法侵入罪を適用させるのに成功している。そして、濫用や不当競争を主張して訴訟を起こすこともできる——例えば濫用などを伴うコピーに関しては、コモンロー上の不法行為規定がある程度の保護を提供してくれる。

これは決して鉄壁の戦略ではない。契約は、それに同意した相手でなければ縛れない。暗号などの技術対策は迂回できる。多くのデータベースでは、データは所有者自身のネットワークに不法侵入しなくても取得できる（例えばそのデータがDVDで頒布されたり、第三者のサーバにダウンロードされたりする場合）。そして不当競争訴訟は州の裁判所の管轄であり、連邦法廷の著作権訴訟よりは狭いし使いにくい。でもこれらをあわせると、法的なツールは全体としては、アメリカにおいてデータベース作成のための健全な環境を維持できているようだ。

第三に、最も重要かもしれない点として、アメリカ法の下で自由にコピーできるため、新しく（改善された）データベースを作る費用が下がる。つまり広範なデータベース保護がないので、競合者は既存のデータを新しく創造的なやり方で再利用できるということだ。パイオニアと改変屋の議論を思い出そう。アメリカのデータベース産業を司る規定は、改変屋に大きな力を与えてくれる。改変屋は他人がしばしば苦労して集めた既存データを使って、新しい機能を提供し、利用者の手間を省いてくれる。もちろんこの仕組みには、欠点だってあるだろう。例えばEUのアプローチは個々のデータベース生産者に高い利潤を与えてくれるかもしれない。でも、産業全体の成長にはつながっていない。その原因の一つは、他の多くの例と同様にこの場合でもイノベーションにきわめて有益な改変や作り直しを、この規制が絞め殺してしまうからなのだ。

この好例は、ロサンゼルス市統合学区の維持するデータベースを、『ロサンゼルス・タイムズ』紙が加工した一件だ。ロサンゼルス統合学区は全国第2位の巨大学区で、その地区で働く何千人もの英語と数学の教師たちの名前と、その受け持ち生徒たちの試験成績を数年分集めていた。*『タイムズ』紙は、ロサンゼルス市統合学区のデータを使って統計ツールを適用し、個別教師による「付加価値」――つまり教師の質が生徒の進捗を、平均的に期待されている進捗度と比べてどのくらい改善したかという指標――を計算する形で改変したのだった。[45]

* こうしたデータはカリフォルニア州の公共記録法の下で、公開されねばならなかった――だからデータ全般に対する広範な著作権保護があっても、このような情報は好き勝手に使ってかまわない――それでもこの例はなかなか示唆的なものだ。

その結果は『タイムズ』紙のロサンゼルス教師採点データベースで公開され、ロサンゼルスで一大騒動を引き起こした。教師組合や教育を研究している一部学者は激怒して、教師の「付加価値」計測が粗雑であり、その結論があまりに風呂敷を広げすぎていると批判した。『タイムズ』紙のデータベースに対抗して、ロサンゼルス統合学区は別の統計手法を使った独自の付加価値データベースを公開し、見せ方も変えた。最終的には、このデータベース競争のおかげで市民はロサンゼルス統合学区で提供されている教育の質について、ずっと多くの洞察を手に入れられた。そして『ロサンゼルス・タイムズ』紙と学区とのせめぎ合いが、教師たちのもたらす付加価値のタイミングや手法についての理解を深めるなら、このデータベースの加工はいずれ、ロサンゼルスの子供たちにとってもよい結果をもたらすかもしれない。

このエピソードは、もっと大きな論点を明らかにしている。独占理論によれば、コピーは創造性を殺すはずだ。でもデータベースの世界で見られるのは正反対のことだ。コピーは実はイノベーションを刺激する。コピーが認められているアメリカは、コピーが禁止されているヨーロッパよりずっと活発なデータベース産業を持つ。理論だけでも、模倣とイノベーションの関係についてわかることはある。でも本当にその関係を理解するためには、実際に現場に出て本当の産業がどうふるまうかを見る必要があるのだ。これまで検討したどの事例でも、模倣は確かにたくさん生じている。これはそんなに驚くことではない。本当に驚かされるのは、それでもすさまじいイノベーションが続いているということなのだ。

結論

コピーと創造性

知的財産についての規則などができるはるか以前から、人間は創造の衝動を持っていた。フランスにあるラスコー洞窟の有名な壁画は、少なくとも1万5000年前のものだし、それよりずっと古そうな創作もある。一部の人は、人々を美しく意味あるものの生産に駆り立てるような「芸術本能」があるのだとすら主張する(1)。

起源はどうであれ、明らかに私たちの多くは確かに新しいものを創りたいという衝動を持っている。少なくとも、そうしたいなと思う嗜好はある。そして、できる時にはそうした嗜好に耽溺する——自分のイノベーションがコピー保護を受けていようといまいと。ある作家はこんなうまい言い方をしている。「エジソンは発明家となるべく生まれ、バリシニコフはダンサーとなるべく生まれ、法的なルールがどうであろうとも、エジソンは発明をやめなかっただろう。バリシニコフがどんな状況だろうと踊るのをやめないのと同じだ(2)」。

それでも、コピーは創造性にとって有害だと広く信じられている。そしてコピーを制限する法律の前提は、創造したいという人類の生得的または社会的に決定される欲望は、現代のイノベーションに基づく経済においてはまったく不十分だというものだ。持続的なイノベーションを実現するには――そして大量の時間と資金の投資を必要とする分野でそれを実現するには――経済的報酬を信頼できる形で期待させねばならない。これは、クリエーターにとってのみならず、仲介業者――出版者、製薬会社など――にも当てはまるとされる。仲介業者は現代経済において、イノベーション作品に出資し、とりまとめ、流通させるからだ。

現在の法体系では、そのような報酬に対する期待は、その創造物に対する一定期間の独占権と、他人によるコピーの制限を保証するルールに基づいている。[3] イノベーションから生まれた利益をすべて享受するのが、模倣者ではなくイノベーターになるという結果を生み出そうというわけだ。利益が自分にくると知っているので、創造者は創造を促される。私たちはこの基本的アプローチをイノベーション**独占理論**と呼んできた。

独占理論はイミテーションを嫌ってきたが、それはイミテーションが必然的に、後の利益を損なうと考えられたからだ。そうなればイミテーションは、最初にイノベーションを起こすインセンティブを打ち砕いてしまいかねない。だからこそ多くの評者は、インターネットやファイル共有といった、コピーを容易にする技術の出現を恐れる。[4] 彼らは、コピーの増加は間違いなく創造性の減少を意味すると信じている。

しかし本当にそうだろうか？　私たちはこれまで、この基本的前提に様々な点で疑問をなげかける多様なイノベーティブ産業を検証してきた。ファッション、食、フォント、アメフト、金融イノベーション——これらすべて、そしてそれ以外の多くの創造的領域で、コピーは自由に、そして多くの場合は合法的に行われている。コピーが単に実効性という観点から容認されているだけの場合もある。でもどの産業分野でも、イノベーションの模倣を禁じるものはない。独占理論の観点からすると、これらの産業では創造性が弱体化していなければならない。しかし現実は逆だ。これらの産業で創造性は活発だ。

この事実を認識するだけでも重要だ。なぜならそれはコピーと創造性が共存できることを実証しているからだ。これはコピーが常に良いという意味ではない。また、著作権法や特許法は廃止すべきだということでもない。著作権や特許は私たちの経済、文化的活気の重要な要素だ。[5] それはむしろ、イミテーションとイノベーションの関係が、一般に信じられているよりもずっと微妙だという意味だ。これら二つから厳しい二者択一を迫られているのではない。ある種の創造的試みでは、イミテーションはイノベーションにほとんど影響を及ぼさない。そして、イミテーションがイノベーションに活気を与えることさえある。本当に興味深いのは、いつ——そしてなぜ——これが生じるのかという問いだ。

この問いに答えるのは重要だ。なぜならコピーを禁じるルールは、競争というもう一つのとても重要な経済、文化的活力を犠牲にして成り立っているからだ。独占理論の基本的な理屈では、コピーはオリジナルに競争で勝ってしまうので、そもそも創出するインセンティブが打ち砕かれてしまうと考える（もしもコピーがオリジナルに競争で勝てないなら、オリジナルを保護する必要はない）。しかし同時に、私たちの経済システムは基本的に競争の上に成り立っている。競争は価格を下げ、品質を高める強力な力だ。それはまたイノベーションを強力に促す——アメフトや金融イノベーションという文脈で見てきたように、強力なライバルとの競争を強いられた競争者は、知的財産保護とは無関係に、とにかく商売を続けるためだけにイノベーションを起こすのだ。

このようにコピーと競争は密接に結びついており、このせいでコピー制限が間違いなく良いことかどうか、一見したほど自明ではなくなっている。コピーを禁じるルールは、自由競争の領域に特別な区域を作り上げている。それらはある種の競争——ある種のコピーに依存した競争——は許容できないと言明している。しかし、コピーを通じたすべての競争が禁じられているわけでもないし、それは関連する特許や著作権の有効期限を過ぎた場合だけでもない。多くの領域では、競争を優先する社会的傾向が、コピーに対する懸念よりも勝っている。実際、いくつかの状況では、コピーは歓迎されている。

これを考えるために、ある先見の明のあるレストラン経営者が、荒廃した工業地帯にカフェを開いたと想像してみよう。そのカフェが軌道に乗ると、他の起業家がすぐに同じようなカフェを、おそらく通りの向かいか隣のブロックに開くかもしれない。そのうち、その通りは新しいレストランや店がオープンしたことで、古い工業地帯から、夜遊びのために人々が集う活気あふれる場所へと変貌するかもしれない。*2軒目のカフェは、単純に基本的に同じコンセプトを基本的に同じ場所に導入したことで、最初のカフェをコピーしたことになるか？　答えはイエスだ。しかし通常はこのようなコピーは自由な市場競争と呼ばれる。二つのカフェの名前や装飾が、まったく別モノとして顧客が判別できる程度に違っていれば、2軒目のカフェが最初のカフェをコピーすることに対する法的障壁は存在しない。社会としてもそのほうが都合が良い。カフェが人々の財布と贔屓をめぐって互いに競い合えば、その結果もっと美味しいコーヒーとクロワッサンがもっと手頃な価格で楽しめるようになるからだ。(6)

だからといって、最初のカフェのオーナーが、2軒目のカフェのやり口を不当と感じないということではない。これまでも偉大なアイデアは追従者によって採択されてきた。ろうそくに火をつけたのは別の炎だと言ったのは、トマス・ジェファーソンだ。そして火がつけばもめごとも起こるだろう。HBO

の連続ドラマ『ザ・ソプラノズ──哀愁のマフィア』の初期の回で、ポーリー・ウォルナットとビッグ・プッシーが、スターバックスにとてもよく似たコーヒーショップに入る。ポーリーはレジでラテとカプチーノが次々に売れていくのを見ていきりたつ。

ポーリー　イタリアン人はアホだ。なんでこんなチャンスを逃しちまったんだ。

プッシー　何のことだ？

ポーリー　糞ったれエスプレッソとカプチーノだよ。これを発明したのは俺たちなのに、これで儲けてるのは全部他のやつらだ。

プッシー　ああ、すごいよな。

ポーリー　金だけじゃない。プライドの問題だ。ピザ、カルゾーネ、バッファローのモッツァレラ、オリーブオイル。ここの連中なんか、まともな食い物は何も持ってやがらなかった。やつらは俺たちが料理を教えてやるまで屁を食ってた野郎どもだ。でもこれは、これは最悪だぜ。このエスプレッソだけは。

プッシー　まあ落ちつけって。(7)

＊　そして創始者は、自分が引き起こしたプロセスの終わりまで生き延びないかもしれない。かつては衰退していたニューヨークの食肉加工地区をトレンディにしたパイオニアは、風変わりなビストロのフローレントだった。でも今日では──レストランやクラブやホテルや高級小売店が押し寄せる中で、わずかに精肉加工業が数軒だけ何とか生き延びているこの地区で──フローレントはもはや昔の想い出でしかない。

アメリカの法制度は、このようなコピーを許容しているが、それは自由かつ完全な競争を求める気持ちが、イミテーションへの懸念を上回るからだ。イタリア人（あるいは私たちのようなイタリア系アメリカ人）はカプチーノの独占権を持っていれば、ずっとリッチになっていたかもしれないが、私たち全員にとっては、コピーに寛容なほうがいい。[8] ある判事はこれを「競合製品のイミテーションによって競争する基本的権利が存在し、その権利が特許法や著作権法によって否定されるのは、ほんの一時的なことである」と的確に表現している。[9]

もちろん、高級化する街区で競争する2軒のカフェと、2本の映画、あるいは2つの小説、2種類の抗癌剤のあいだには大きな隔たりがある。私たちの反コピールール、そして法が「不当競争」と呼んでいるものは、正当な理由があって存在している。ここで重要なのは要するに、コピーと競争はコインの表裏であって、それがコピーに関する正しいルールの決定を難しくしているということだ。そして競争と創造性がコピーと共存できる場合には、いっさい手を出さないでおくのが一番だ。これが本書の重要なメッセージの一つだ。驚くほどのイノベーション産業において、競争、コピー、創造性のすべてが混在しており、そしてこうしたすばらしい事例を見れば、知的財産システムは正当にもそこに口をはさもうとしていない。

これに留意しつつ、この結論の章では本書で取り上げた様々な例を結びつけることで、もっと大きなパターンを概観しよう。イミテーションとイノベーションの関係について何がわかっただろうか？　見出した驚くべき創造性をどうやって説明するか？　そして他の産業がコピーに直面しても、競争性を失わないよう支援できるツールやテクニックは存在するのか？

ファッション、金融、フォントデザインがコピーの蔓延に直面しても成功を維持できたからといって、あらゆる創造的産業がそうできるとは限らないし、私たちとしては様々なイノベーティブな分野の多様性を正当に認識したい。イノベーティブな産業は多様だが、その状況に最も大きく影響するものの一つが創造の費用だ。ここで「費用」というのは何か新しいことを思いつき、それを消費者に流通させる際にかかる経費のことを指す。大勢の科学者が改変を重ねて生まれる、超大型新薬について考えてみよう。これらの薬の考案と製品化には8億ドルものコストがかかりかねない。[10] あるいはSFXを駆使し、大物スターが出演する超大作映画でもいい。例えば、ジェームズ・キャメロンの3D映画『アバター』の製作費は3億ドル近くで、宣伝に1億ドルから2億ドルを費やしている。[11] 映画や薬の場合、作るのにかかる先行投資額はとても大きい。

かなり安上がりなイノベーションもある。ミュージシャンはよく、歌詞やコードがすぐに頭に浮かんできて、数時間ほどたてばそれが完全な曲になったと言う。* マルセル・デュシャンの場合には、たまたまあったモナリザの絵はがきに口ひげと顎ひげを描いたら、あらびっくり、ダダの傑作が一丁上がりというわけだ。これほどドラマチック（または迅速）ではないインスピレーションであっても、歌、物語、詩など多くの芸術作品は比較的安価に作り出せる。言い換えれば、とても安価なものから高価なものまで、イノベーションは様々だ。

これまで本書で検証してきた創造的産業の多くが、どちらかといえば低費用側に属する。新薬に比べれば、ファッション・デザインの創作費用はさほど高いわけではない。新しいコメディのネタ、レシピ、あるいはアメフトのプレーについても同様だ。** こうした事例からどのような教訓を引き出すにしても、

＊　あとで述べるように、創造と流通は同じではないし、音楽がこれをうまく示している。コピーの脅威についての考え方に重要な意味を持つような形で、技術がこれを変えてしまった。

それを高費用の創作物に適用するには注意が必要だ。とはいえ、高費用産業にとっても有益な教訓は得られる。さらに、読者諸賢には当たり前のことかもしれないが、イノベーションの費用は、現代世界での重要な現象から大きな影響を受けることがある。それがテクノロジーだ（これについては本章末で詳しく述べる）。創作費用は、これまでの事例から生じる、もっと一般的な教訓を評価する際の、重要な検討要素である。

しかし、この本の冒頭で触れた基本的問題がまだ残っている。従来の知財権正当化の理由――コピーは創造性を損なう――では、私たちが詳述してきた、イノベーションが驚くくらい活発な世界は説明できない。そしてそれは他の産業にとっても大きな意味合いを持つ。なぜなら好き嫌いにかかわらず、多くの産業でコピーは今や防ぎようがないからだ。コピーの簡便性の増大を、多くの人は危険なものだと理解している。実際、アメリカ映画協会（ＭＰＡＡ）の元会長で、かつて最初のビデオデッキ（ＶＣＲ）を強姦魔になぞらえたジャック・ヴァレンティなら、映画の海賊版作りに使われる最新技術を見て、草葉の陰で嘆いていることだろう。[12]しかし、ヴァレンティはビデオデッキについては間違っていた。それが生み出した家庭用レンタルビデオは、コピーによって映画産業を滅ぼすどころか大きな収益をもたらすことになったのだから。

私たちは、現在のコピー技術でも収益を上げる方法があると信じている。そのためにはコピーについて別の見方をする必要がある――排除すべき災厄として見るのではなく、危害と同じくらい有益にもなれる複雑な現象として考えるべきなのだ。コピー阻止だけに焦点を絞ってしまうからこそ、これまで以上に簡便になったコピーは単なる危機にしか見えない。しかしイ、ノ、ベ、ー、シ、ョ、ン、の促進に焦点を当てれば――そうすべきなのだ――たとえコピーに直面しても、方法がたくさんあることにすぐに気づくだろう。

さらにもう一歩踏み込んでみよう。いくつかのケースでは、コピーは阻止するものではなく、歓迎すべきものだ。イミテーションがオリジナルを宣伝する役割を果たして、イノベーションに火をつけ、競争市場に拍車をかけ、もっと優れた価値のある新しい創造を引き起こすこともある。要するに、これまで幅広い領域で示してきたように、蔓延するコピーに直面しても、創造性は維持できるのだ。実のところ、創造性がコピーのおかげで生まれる場合さえある。結局のところ、本書の基本的なメッセージは楽観的なものだ。私たちは現在、これまでにないほどコピーが容易な世界に生きている。それでも、創造性は驚くくらい多様な方法によって、たとえコピーされても生き延び、活況さえ示している。

イノベーションとイミテーションに関する六つの教訓

本書で検討してきた創造的産業は、明らかに重要な点で違っている。それでも着目に値するような、共通の特徴と教訓がいくつかある。この結論章では、そのうちの六つに注目する。

- **トレンドと流行**はいくつかの創造的産業で大きな役割を果たす。ファッションなどの世界では、トレンドが引き起こす力学はコピーに関する従来の考えを完全にひっくり返すことさえある。
- 一部の産業では、法的措置が無力だったり非実用的だったりする場合でも、**社会規範**がコピーの抑制や方向付けに重要な役割を果たすことが実証されている。

＊＊　実のところ、知財法はこうした費用がピンキリであるという点を考慮しない。その作品を生み出すのが安かろうと高価だろうと、それが著作権や特許で保護されるか、どのくらいの期間にわたり保護されるかにはまったく関係ない。

- いくつかの産業では、創作者や所有者がその財を、**製品ではなくパフォーマンス**であると再定義することでコピーの悪影響を鈍らせた――そしてそれにより、コピーによる経済的成功への影響を低減させた。
- さらに他の創造的産業では、イノベーションのコストを下げる**オープンソース方式**の持つ力を重視している――そしてそれによりイノベーションを増やしている。
- **先行者優位性**は、たとえ後でコピーされても十分な価値を一部の生産者に与えることで、イノベーションが十分に収益をもたらすものとしている。
- 最後に、いくつかの事例ではブランドと商標の力が示されている。ブランドはコピー製品の市場シェアを抑えられるが、**コピーはブランドを宣伝する役割も果たす**。このような効果は、コピーの費用についてまったく違う見方をもたらすものだ。

本書の事例から得られる教訓は、もちろんこの六つだけではない。しかしこれらは最も重要かつ一般化可能なものだと考える。この六つをあわせて考えれば、コメディや料理といった市場からは思っていた以上に学べることが多いことがわかる。そしてすでに述べたように、アイデア経済の未来は多くの人が思っているほど暗くはないこともわかるのだ。

トレンドとサイクル

アパレルは大きな経済的影響を持つグローバル・ビジネス（そして多くの人にとって、グローバルな芸術形態）だ。ファッション産業はその規模と文化的重要性にもかかわらず、そこで実践されるイノベーションについてはこれまで広く研究されてこなかった。[13] それでもファッション界は、重要かつ興味深い特質をたくさん備えている。なかでもおそらく最も印象的なのが、コピーが創造性に与える逆説的影響だ。ファッション界におけるコピーには二つの予期せぬ影響があり、どちらもコピーをイノベーションにとって障害ではなく、不可欠なパートナーたらしめている。その最初の一つを本書では「誘発される衰退」と呼んだ。新しいデザインはファッション好きの小さなグループから、もっと大きな大衆消費者へと広まる傾向がある。これらのデザインがコピーされ市場全般に拡散すると、最初期にそれを取り入れた人々にとって魅力はなくなる。そしてそのデザインがさらに広まってピークに達すると、逆転して急速に流行遅れになる。これが次から次へと新しいデザインへの交代を求める要求を生み出す。

これがお馴染みのファッション・サイクルだ。デザインがデビュー、普及し、そして死に絶える。この力学にコピーが果たす特別な役割は、流行に敏感な人々にもっと早く古いスタイルを捨てさせ、新しいスタイルを見つけさせることで、そのサイクルを加速させることにある。要するにコピーは、市場に浸透したデザインに代わる新しい新鮮なデザインを提供しようとデザイナーに仕向けることで、創造性を促すのだ。

二つめの重要な影響は「固定化」だ。トレンドは消費者に、お洒落でいるためには何を着るべきかという重要な情報を与える。またデザイナーや製造業者はトレンドによって売れ筋を知り、それにあわせたデザインを容易にする。つまり、トレンドは一つの調整メカニズムとして作用するのだ。それによって多くの個人が、いっせいに時流に乗れる――まさにそうすることで、いずれそのトレンドが衰え、新しいトレンドに置き換えられるまでのあいだは。

同時にこれら二つの効果は、私たちが「著作権侵害パラドックス」と呼んでいるものも説明しやすくしてくれる。そのパラドックスとは、ファッション業界ではコピーが創造性を害するどころか促進するということだ。著作権侵害パラドックスは、ファッションが持つ根本的に社会的な性質を反映したものであり、アパレル産業がオープンなコピーの蔓延にもかかわらず、創造性を失っていない強力な理由となっている。もちろん、ファッションに見られるイノベーションの範囲には限界がある――服は人間の体に適合する必要があるからだ。* しかしそれでも、様々な活発な創造的デザインが毎シーズンどころか毎週のように提案されている。コピーによる逆説的な好影響は、この創造のレベル――そして商業的成功――がどうして達成可能かを明らかにするのに役立つ。デザインを急速に普及させることで、コピーは実際に次のデザインの需要を促進しているのだ。

繰り返すが、私たちが言いたいのは、ファッション・サイクルが存在するということではない。そんなことはシェイクスピアの時代から知られている。** そうではなく、このサイクルが自由で合法的コピーが可能な世界だとさらに加速するということだ。ファッションの消費は私的な行動ではなく公的な行動となる。身にまとって他人の目にふれるファッションは、着ている人についてメッセージを発信している。新しいデザインを早くから採用して、他人とは違う、おそらくは先駆者であるというメッセージを発信しようとする人もいれば、無難で一般に認められたものに群がる人々も（間違いなくたくさん）いる。[14] 集団に紛れることを好む人々と目立ちたがり屋が混ざりあうことで、コピーは人々が求めるものの変化を加速する――そして競争の激しい市場経済では、それによって起業家がより新しいものを提供しようとすることで、イノベーションも加速する。

著作権侵害パラドックスの基本的原動力は、なぜアパレル産業がコピーに直面しても成功し続けているのか理解するための要となる。だがもっと大きな意味合いもある。流行やファッションは衣服に限ったものではない。社会的な性質を持ち、他人から見える――言い換えれば、消費が外面的で表現的な

——活動の多くに存在するものだ。吸血鬼映画からブブゼラを吹き鳴らすサッカーファンに至るまで、流行は現れては消え去るもので、何千年とは言わないまでも数世紀にわたりそれが続いてきた。流行の創出には、コピーが欠かせないとまで言うのはさすがに憚られるが、コピーが多くの流行につきものであるのは間違いなさそうだ。ほとんどの流行では、中核となるアイデアの複数のバージョンが必要だ——多くの場合、多くの模倣者が参入して来てはじめて、あるアイデアが本格的な流行になったとわかる。[15] そしてコピーは流行の目安となって、その拡大を助けるのと同様に、流行の終焉にも中心的役割を果たす。流行はあまりに拡大、普及しすぎると、多くの場合それが起きた時以上に急速に衰える。

確かにトレンドや流行によって多くの違いがある。ここでの狙いは単に、中心となる傾向に目を向け、ファッション界そのもので見られるように、コピーには流行の拡大と、最終的にその息の根を止める両方の働きがあることを指摘することだけだ。この力学は事業家にとってのチャンスを作り出す。しかしそれはまた、創造性に強力な拍車をかける——それは伝統的な著作権の理由付けやコピーに対する不安とはまったく無縁の力学なのだ。

本書では、例えば新しいフォントの創作における流行の作用を見てきた。あるタイプフェースのデザインが流行して、そっくりなコピーが急増し、そのスタイルで市場が飽和した時、フォント界は次のデザインのトレンドを探し始める。その結果、コピーに対する保護がほとんどない世界でも、新しいフォ

＊　しかし高級ファッションには多少の自由度がある。例えば、日本のファッションデザイナー三宅一生は１９８０年代に、袖が３本あるセーターを売りだした。３本目の袖は背中についていた。

＊＊『から騒ぎ』のなかで、コンラッドはボラチオに次のように言う。「ファッションが人間以上に服を着古してしまうことはわかっている」。

ントが増え続けることになる。フォントはあまり注目を集めないし、あまり個人的な表現を発揮する領域でもないので（とはいえ、作家や結婚式の招待状を送った人であれば誰でも、適切なフォント選択の重要性はわかっているが）、タイプフェースのトレンドの流行り廃りはファッションほど早くない。しかしそれでも、フォントが多くの場合外面的で表現的であるという事実に変わりはないので、当然フォントにも流行はある。コピーはこれらの流行の拡大と、最終的な衰退を可能にする——そしてもっと新しく新鮮なフォントデザインの希求を導くのだ。

食の世界でも同じように流行が見られ、ここでもまたコピーできるということが創造性を促している。食の流行には一般的なもの——小皿料理、まるごと料理——もあれば、特定の技術（真空料理法を思い起こしてほしい）、ツール（4000ドルもするパコジェット・アイスクリームメーカー）、材料（ベーコン、フェンネルの花粉）、あるいはジャンル（パイや、もっと前の例としてはカップケーキ）についてのものもある。ファッションやフォント同様、食のトレンドが広まるのは、コピーが簡単で合法であるためだ。第2章で述べたように、同じことがジャン＝ジョルジュ・フォンゲリヒテンが開拓したモルテン・チョコレートケーキのような個別料理についても当てはまり、それらのいくつかは今やどこでも目にするようになった。コピーの自由によってトレンドと流行は即座に拡大する。しかしそれが今度は、創造的なシェフに新しい他とは違う料理、技術、あるいは食材を探求するよう促す。料理界はファッション界ほどは流行に左右されないし、すでに見たように創造性のメカニズムもちょっと違う。しかし重要な重複要素もあって、食はフォントやファッション同様、コピーが誘発する創造性が多くの領域に存在する例証となっている。

音楽もまたこの方向へと進んでいる。音楽産業は、ファッション産業が巧みに活用している外面的かつ表現的な消費の原動力を取り入れる方法を模索している。現在、音楽産業においてこれを先頭に立って牽引しているのは（その他の多くの点でも牽引役となっている）アップルだ。アップルの iTunes は、ユーザーが同一ネットワーク内で繋がった他の iTunes ユーザーと音楽コレクションを共有できるようにしている。２０１０年にアップルは、ユーザーに音楽中心の新しいソーシャルネットワークサービス「ピン（Ping）」〔２０１２年にサービス終了〕への加入をかなり執拗に勧めることで、この方向へとさらに一歩踏み出した。ピンは人々に友人やお気に入りのアーティストが何を聴いているか示し、ピン推薦のトレンドを簡単に試聴、購入できるようにした。

こういった動きによって、アップルは音楽消費の選択を、ファッション・トレンドのように外面的かつ表現的なものにしようとしている。消費者は友人たちが加わっているトレンドに遅れまいとして、もっと多くの音楽を購入するよう背中を押されるだろうというのがその期待だ。音楽も服と同様に、アイデンティティを伝え地位を確立するための個人表現の強力な一形態である。しかし音楽は*（特に、現在のようにどこでもイヤホンが見られる世界では）しばしば個人的であるがゆえに、その伝達力は限定される。iTunes ライブラリの共有とピンは、新技術を利用して曲の選択を単なる個人的嗜好から公開情報にすることで、これを変えている。

そしてこれらの機能は、単にユーザーが購入した音楽に関する情報を与えてくれるだけではない。ユ

＊　これは、技術がこれらの力学を変えるさらなる方法でもある。スパイク・リーが映画『ドゥ・ザ・ライト・シング』で描いたように、古き良き大型ラジカセの時代には、その持ち主は自分の好みやアイデンティティをまわりの人々に放送できた（少なくともラジカセの電池が切れるまでは）。ラジオ・ラヒームは iPod の時代ならば、まったく異なるキャラクターとして描かれていただろう〔映画の中でラジオ・ラヒームは、常に巨大なラジカセを肩にかついでヒップホップを大音量で流して歩き回っている〕。

ーザーのiTunesライブラリのなかにある違法コピーされた音源もトレンド作りに利用される。もしも多くの人々がボン・アイヴァーのニューアルバムを違法コピーしていれば、アップルはそのアルバムがいかに流行っているかをiTunesライブラリの共有とピンによって伝えることで、法を順守しているさらに多くの人々が、そのアルバムをiTunesストアから購入するよう促す。著作権侵害は、嗜好とトレンドに関する価値ある情報を与えてくれる。人々は自分が求めているものをコピーし、敬意をいだいているものを共有するのだ。

他の創造的産業でも、外面的で表現的な消費を利用して、コピーを役立てるような、同じくらい強力な方法が見つかるのではないかと私たちは思う。アップルの戦略が示しているように、製品、あるいは産業がどの程度トレンド駆動イノベーションを活用できるかは、決まっているわけではない。それは消費技術によって変えることができるのだ。

社会規範

コピーが合法であろうと違法であろうと、社会規範はコピーの影響力形成と抑制に重要な役割を果たす。これがコメディ、料理、マジックの世界に当てはまることを見てきた。もちろん社会規範がすべてのコピーを防ぐわけではないが、それは法的ルールでも同じだ。そしてそれに関連する社会集団が大きくなり関係が希薄になってくると——基本的に関係性に依存し、コミュニティ内で最もうまく良く機能する——社会規範はおそらくその効力を失う。それでも社会規範は重要なコピー抑制因子であり、コピーがあまり有害な形態とならないように方向付ける役に立つ。

これまで述べてきた規範システムは、二つの重要な特性を共有している。第一に、規範が防ぐのはライバルのクリエーターによる盗用だ。消費者によって大規模なコピーが行われているような状況には直接的には機能しない。しかしそれでもこれから説明するように、少なくともいくつかの社会規範の教訓を、消費者による著作権侵害にも適用できると信じるにたる理由が存在する。第二に、おそらく規範は企業よりも個人に対して最もうまく機能する。本書で私たちが研究してきた創造的コミュニティの特徴である、個人が優位なイノベーション分野で規範は機能し、時には非常にうまく機能している場合もある。大企業が支配する分野では、規範はそれほどうまく機能しない可能性がある。

それでも、本書の事例のいくつかは、創造的コミュニティが部内者によるコピーを規制しようとする際に、社会規範がとても重要となりそうだと示している。社会規範によるコピー抑止のおかげで、模倣がイノベーションに与える弊害を小さくできることもある。そして規範は、自分の業績がコピーされた人々に超法規的救済策を与えることもある。規範にはもう一つ特筆すべき特質がある。規範はその産業内で形成されるため、その産業特有の性質と、競合相手によるコピーのトレードオフが反映される傾向が強いのだ。

コメディアンは、社会規範のコピー抑止力の最もドラマチックな例だ。コメディアンのあいだでは、ジョークや演目が正式に著作権保護対象になっているにもかかわらず、規範システムが効果的に機能している。芸人が規範システムを好むのは、そのほうが彼らのニーズに適合していて、断然使い勝手が良いからだ。例えば、著作権法はジョークや演目の厳密なバージョンしか保護しないが、コメディの規範システムはその根底にある面白いアイデアや前提も同じように保護している。つまり規範システムの「ルール」は、知財法とはかなり違っている。これはマジシャンにはなおさら当てはまる話だろう。例えばトリックの暴露を統制するルールが、法が求めるものから大きく外れているからだ。

またコメディ界やマジック界には、システムをうまく機能させるのに十分な数の規範順守者が存在する。コメディアンやマジシャンには、規範の内容と何をもって違反と見なすかについて、高レベルの合意がある。規範の強制は社会的かつ超法規的だ――そして時に違法かつ暴力的でさえある。しかし大切なのは、規範システムが部内者によって広く受け入れられ、そのパフォーマンスの公開性が、不文律に違反するコピーの多くを抑止しやすくしていることだ。

そのような規範がそれほど内在化、確立されていないとはいえ、シェフもいくつか似たような特質を示している。エリック・フォン・ヒッペルとエマニュエル・フォシャールによるミシュランの星付きフレンチ・シェフの研究は、フランスの料理界ではコピーと帰属に関する規範が重視されていることを示している。(16)アメリカのシェフのあいだでは、社会規範がこれほど重要かどうかは自信がない。取材でアメリカのシェフたちは、*反コピー規範の必要性について――そして必要な場合でもその中身について――もっとアンビバレントな態度を示したからだ。これには、広大な国土に多くの本当に偉大なレストランと星の数ほどのそこそこのレストランが存在する、アメリカの高級レストラン界の巨大さと分散化という特質が反映されているのかもしれない。あるいは単に、プロのシェフの何たるかについての社会概念の違いの反映にすぎないのかもしれない。いずれにしても、規範の役割を示す根拠は、コメディ界よりも料理界のほうが希薄らしい。言い方を換えれば、他人による模倣の蔓延に直面しても、シェフがイノベーティブであり続ける理由を説明する別の要素が料理界には存在するはずだということだ。

それでも拠点をどこに置いていようが、多くのシェフが所有と帰属に関する適切な行動について、大まかな価値観を共有しているのは明らかだ。この価値観は著作権、特許権規則に沿ったものではないし、コメディやマジックと同様に、法規制とは別の問題に注目していることもある。例えば、食の研究のいたるところで見られたテーマとして、帰属の重要性がある。私たちなどが話を聞いたシェフの多くが、コピーそのものについては特に懸念していない。彼らは料理の出来こそ重要と考えていて、場合によっては、コピーを成功の代償――あるいは成功を示す価値ある指標の一つ――と見なしているのだ。

それでも多くのシェフが、帰属の明示は必要不可欠だと考えている。彼らは称賛されるべき創作に対しては、称賛を受けたい、あるいは与えたいと思っている。（そしてコピーが成功の指標と考えられている以上、帰属はなおさら重要だ）。この帰属と明示の問題については、後でブランドという文脈で再度論じる。しかしこれが示しているように、コピーは名誉の主張と複雑な関係にある――そしてコピーは本当にイノベーティブな者にとっては、有効な宣伝形態として機能するのだ。

ここでもまた規範は、自分自身をプロのコミュニティの一員と考え、その尊敬を求めている製作者たちのあいだで最も上手く機能する。それでも規範は、消費者のなかでもある役割を果たす。コメディの場合を考えてみよう。コメディ界における規範はコメディアンたち自身が作り上げ、ほとんど彼ら自身によって施行されている。しかし最近になって、ファンたちが疑わしい公演のビデオを投稿して、コピーを巡る争いの片棒をかつぐようになった。このようにしてファンが、コピーをめぐる論争を方向付けるようになった――それは序章で詳しく述べた、デイン・クックによるルイスC.K.への苦情で明らかになった通りだ。

もちろん、ファンがこのような役割を演じられるようになったのは、技術のおかげだ。友人にコメディアンXがコメディアンYのネタをコピーしていたと告げても、その公演を携帯電話で撮った動画をオ

＊　これはアメリカに拠点を置くという意味だ。私たちが取材したシェフの多くが、海外で生まれたか、海外で修業をしていた。

ンラインに投稿する（あるいは二人の類似性をそのようなビデオで比較する）ことに比べればはるかに効果は薄い。その結果、コメディでも食――よくファンがブログに書いたり、料理の写真を投稿し、時にはそれによってコピーを指摘したりする――と同様に、コピー抑止の規範による消費者主体の監視形態が確立した。同じことがあるニッチ形態の音楽についても当てはまる。それについてはこの本のエピローグで解説する。

要するに規範は、豊富な研究によってそれらが社会生活の規制、特化市場の監視、そして「法なき秩序」の幅広い提供に重要な役割を果たしていることが明らかにされているが、同様にそれが機能している創造的領域において、コピーの弊害を軽減する重要な役割を果たしている。[17] 規範はコピーに対する万能薬ではないし、あらゆる領域で機能するわけではない。それでもしっかりとした規範システムならば、コピーのマイナス面を緩和し、コピーを脅威から単なる迷惑な行為程度に変えるのに役立つのだ――場合によっては、コピーを利点にしてしまうこともできる。

製品とパフォーマンス

もしもあるものを完璧にコピーして売ったり、自由に手に入れたりできるなら、顧客にオリジナルに対してお金を払わせるのは難しくなるかもしれない（音楽産業に訊いてごらん）。しかし一部の製品は、完璧にコピーするのは絶対に不可能だ。それは製品そのものがデジタルではなく、まったくアナログであることが理由の場合が多い――つまり完璧に複製可能な0と1の組み合わせや、現実世界でそれに相当するものに還元できないということだ。すばらしいイノベーティブなデザートは、通常は手作りで、作る日によって少しずつ変わることが多い。他のシェフがそれをコピーしても、コピーがオリジナルと同じになることはほとんどなく、多くの場合には技能が重要な変数となっているので、コピーが明らかに劣ることも十分にあり得る。同じことがすばらしいジョークやコメディの演目についても言える。

しかし、一部の製品が簡単にコピーできない理由がもう一つある。それらが基本的に体験にまつわるものであり、体験は再現しにくいという理由だ。これらの場合に人々が買っているのは、製品ではなくパフォーマンスだ。ここでも料理が例としては最適だ。デヴィッド・チャンの名を冠した豚まんを完璧に真似たものが、チャイナタウンの街角の雑貨屋で手に入るようになったら（そしてこれは十分あり得る）、彼の旗艦店モモフクの売り上げにどんな影響が出るだろう？

チャンの豚まんがどこでも食べられるようになれば、他の流行同様にいずれはこれもピークに達してその後廃れ、その過程でおそらくモモフクの評判と収益は損なわれる。*　しかし、そのような極端な状況を別にすれば、雑貨屋の豚まんがモモフクのバーガーと本当に競合することはない。なぜならモモフクでのディナーとは、単にすばらしい豚まん――これはデヴィッド・チャンが率先して認めているように、実はどのみちさほどイノベーティブな料理ではない――を食べるだけではないからだ。それはモモフクが象徴する、人々の喧騒とエネルギー、様々な料理の選択肢と、予約不可の美学、他に代えがたい何か、シンプルな内装、賑やかな音楽、衝突するアジア料理を体験することだ。つまり、モモフクで食されるモモフクの豚まんとは、顧客が喜んで金を払う（そして行列する）特別な体験だ。コピーは単なるおいしい豚まんにすぎない。

最高裁すら、レストラン界における体験の重要性を述べている。第2章で私たちは、タコ・カバナと

＊　以前言及したように、コピーのもっと大きな効果は――宣伝と似たような形で――オリジナルのプロモーションを行うことであり、デヴィッド・チャンの独創性のプロモーションを行うことだ。これについては本章でまた後述。

トゥー・ペソのあいだのレストランのトレードドレスを巡る紛争を取り上げた。そこでの争点は、かなり普通のメキシコ・レストランが他店の内装をコピーしたのか、そしてそれによって「トレードドレス」をコピーしたことになるのかという点だった。この裁判の口頭弁論で、スカリア判事は、根底にある問題が決してつまらないことではないと示唆した。レストランの雰囲気はレストランでの体験全体の核心だと。「それがパッケージングだとは思いません。ここでの議論は売られているものの実体についてだと私は考えます」とスカリアは述べた。「あなたは雰囲気と食べ物、その二つを売っているのです。すばらしい料理をひどい雰囲気のなかで食べることもできます。でも私はそれには同じ金額を支払いたいとは思いません」(18)。争っているレストランは、どちらも大した料理を提供しているわけではなかった。しかし雰囲気は同じくらい良く（あるいはひどく）、スカリア判事の主張は要するに、雰囲気はほとんどすべてのレストランにとって、実際の売り物の核心的要素であって、単なる売り物をとりまく比喩的な包装ではないということだった。

同じような基本的力学が、これまで見てきた他の産業にも存在する。バーと高級カクテルは、狭い意味での製品よりもパフォーマンスが重要という現象の好例だ。人々は原価が2ドルもしない飲み物になぜわざわざ15ドルも払うのか？　ある思慮深いバーテンダーがかつて言ったように、人は本当は飲み物を買っているのではなく、金を払ってバーの椅子を借りているのだ。そして当然想像がつくように、その賃貸料は体験の質によって変わる。つまり、高級バーはライブ・パフォーマンスの場なのだ。ドリンクはショーのチケットだ。ライブ・パフォーマンスと呼ばれるものを享受するには、体験するしかないのであり、体験が創造性をコピーの有害な影響から護っている。なぜか？　なぜなら体験のすべてをコピーするのはとても難しく、しばしば膨大なコストがかかるからだ――多くのレストラン経営者やバーのオーナーが痛い目にあいつつ発見してきたように、それは時には不可能でさえある。

体験の重要性は、レストラン産業以外の産業でも見られる、相反するトレンドの共存の説明に役立つ。家庭でくつろぎながらストリーミングビデオを見るのがより一般的になっても、チケットに高いお金を払って劇場で映画を見ようとする顧客について考えてみよう。違法コンテンツを取り揃えた急増する多くのP2Pサイトを利用すれば、まったく同じ映画を自宅の高画質ワイドテレビで見られるのに、なぜわざわざお金を払って映画館に出かけるのだろう？　その一つの答えが体験の違いだ。だから多くの賢明な劇場オーナーたちは、急いでその違いをできる限り強調するようになった。

南カリフォルニアのアークライト・シアター・チェーンの大成功が好例だ。アークライトでは、客が事前に席を予約し、好きに席を選べるようにしている。劇場のシートはゆったりしていて、清潔、快適で、スクリーンがよく見えるように配置されている。スクリーンと音響設備は、最高級品が誂えてある。シネコンのなかにはレストラン、バー、ギフトショップがあり、酒を楽しみながら映画を観ることができる上映もある。要するにすべての体験が、ショッピングモールにある平均的な映画館のそれと比べずっと高いレベルにある。チケット価格も同様で、16ドル近く――国内平均の約2倍――もする。それでも、アークライトの成功は堅調で、当初はハリウッドのシネコンしかなかったが、数年で南カリフォルニアの他の3箇所にシネコンを構えるまでになった。

アークライト、そしてそれに類似する全国の劇場はもちろん標準的なものではない。それでもそれらは映画の体験性に資本投資することで成功している。そこでは映画は製品ではなく、パフォーマンスだ。その体験を家庭で再現するにはとてもコストがかかるものにすることにより、消費の中心にあるもの――映画――はパッケージ全体のほんの一部となる。*　そしてそれは逆に、映画のコピーは単に全体験のある一面のコピーにすぎないことを意味し、したがって完璧なコピーではなく単なる不完全なコピーになってしまうということでもある——だから多くの人にとって魅力がずっと低いのだ。

同じ力学が、音楽産業においてライブ・パフォーマンス・ビジネスが活況を見せる一方で、レコード会社が崩壊しかねないのを説明する助けになる。ライブ・パフォーマンスは録音された音楽のようにコピーできない。実際はトリビュート・バンドが存在し、そういう意味で非常に小規模で特異とはいえ、ライブ・パフォーマンスの「コピー」の市場もあるにはある。ライブアクトのビデオや映画もある。でも誰もマンドンナ（全員男性のマドンナ・トリビュートバンド）をマドンナと取り違えたりしないし、** どんなビデオもライブ・コンサートのエネルギーやサウンドの代用にはならない。CDや mp3 を聴くのは、現実のショーに足を運ぶのとはまるで違う。繰り返すが、エネルギー、体験、環境——これらすべてがパフォーマンスの核心であり、単に一曲の歌のようにびん詰めして売ったり（あるいはデジタル化してコピーしたり）はできないのだ。

つまり、完璧なデジタル・コピーが急増するにつれ、それを相殺するようにライブ・パフォーマンスの比類なき体験が重視されるトレンドが生まれた。映画産業では、「ライブ」な劇場上映の望ましさが強化されたおかげで、ハリウッドの興行収入はうなぎのぼりだ——コピーへの懸念の増大にもかかわらず、大幅な景気後退期のまっただなかである2009年、2010年に、アメリカ国内だけでも約105億ドルという史上最高の収入額を記録している。*** 音楽界では、大手レコード会社はライブ・パフォーマンス・ビジネスにそれほど関わっていない。その結果、レコード会社は（少なくともこれまでのところ）録音音楽の収入減を、産業内で堅調なライブ・パフォーマンス部門によって埋め合わせできていない。これはレコード会社にとって不幸なことだ。しかし、音楽産業は全体としては死にかけてなどいない。

1999年から2009年までのあいだにレコード会社の収益は激減したが、毎年数百万人の人々がコンサートに参加し、アメリカ国内におけるコンサートのチケット売り上げは、総額で15億ドルから46億ドルと3倍に伸びた。ライブ・ショーによる総収入は2006年の73億ドルから、2011年には103億ドルにまで増大した。[19]

音楽におけるコンサート収益の重要性は何も目新しいことではない。歴史の大半を通じて、ライブ・ショーは、ミュージシャンの主要収入源だった。これについては、最近の『ニューヨーク・タイムズ』紙によるインタビューでミック・ジャガーがすばらしい明晰さで指摘している。

「120年にわたるレコード・ビジネスの歴史には、パフォーマーがレコードによって大金を稼いだ時期があった」。ジャガーは言う。「しかし、それはとても短い期間——だいたい、1975年から1990年の15年くらいのことでしかない[20]」。

『タイムズ』紙の記事が示すように、今やライブ・ツアーはローリング・ストーンズのビジネスのなか

＊　最近の劇場への3D技術導入はこの力学をさらに増大させる一方だ——少なくとも、最近徐々に普及しつつある3Dテレビの品質と価格が改善されるまでは。

＊＊　だが実に奇妙なことだが、トリビュートバンドのメンバーがオリジナル・メンバーになることもある。例えば1992年、ジューダス・プリーストのボーカル、ロブ・ハルフォードがバンドを脱退すると、そのトリビュートバンドであるブリティッシュ・スティールのティム・オーウェンズがその後釜に収まった。

＊＊＊　ハリウッドの国内興行収入は2011年に4・5パーセント減少した。識者はこれを、深まる不況と大作の興行成績がふるわなかったせいにした。その一方で、ハリウッドの海外興行収入は2011年には7パーセント増加し、それまでの最高額である136億ドルに達した。

で最も収益性が高い部門だ（2005年から2007年の『ビガー・バン』ツアーで、5億5800万ドルを稼いで、史上最高の興行収入をあげた）。ストーンズは、スポンサー集め、曲の権利売却、商品販売といった、他のビジネス要素も前向きに検討してきた。そしてこの戦略によってストーンズは大金持ちになった。2002年、『フォーチュン』誌はこのことを「ストーンズは、商業主義を毛嫌いするウッドストック的な悩みとは無縁だ」と、プロフィール紹介のなかで好意的に指摘している。(21)

もちろん、パフォーマンスが儲けを保障してくれるわけではない。ツアー収入は不安定で、最高の興行収入をあげているツアーのほとんどが一流歌手によるものだ。しかしこれらの歌手にとって、レコーディングは売り上げのごく一部でしかない。経済学者アラン・クルーガーは2002年の興行収入35位までの歌手について、ライブ・コンサートによる収入がレコーディングによる収入に比べ、ほぼ8倍の比率で勝っていることを発見した。(22)中間層のミュージシャンたちについての数字は手に入りにくいが、彼らの場合でもコンサート収入がレコーディング収入よりも多いと考えるべき理由が多少はある。(23)

ライブ・ミュージック・ビジネス育成は、音楽産業全体として利益を維持しつつ、著作権侵害への耐久力を強化する方法として誰でも思いつくものだ。（これまでのところ）ライブ・ショーの「著作権を侵害する」うまい方法は見つかっていない。* ポスト・インターネット時代の音楽産業の運命を左右するツアーの重要性は、最近の『ニューヨーク・タイムズ』紙のインタビューにおけるデヴィッド・ボウイの次のようなコメントによく表れている。「音楽そのものは水道の水や電気のようなものになるだろう。ツアーだけが唯一残されるユニークな状況になるから、たくさんのツアーを行う覚悟をしておいたほうがいい」。(24)

重要な論点は、コンサートがコピーの被害をずっと被りにくいということだ。最優先される製品がパフォーマンスである世界では、コピーはまったく異なる役割を果たす。『ニューヨーカー』誌の音楽評論家サシャ・フレール＝ジョーンズは、次第に「レコーディングはショーの宣伝になりつつある」と指摘している。(25) このため一部のアーティストたちは、レコーディングした楽曲を無料配布するようになり、不法コピーの影響はがらりと変わった。不法コピー、あるいは無料配布は、本物の製品――パフォーマンス――にとって、同じくらい強力な宣伝媒体になった。そしてあらゆる宣伝がそうであるように、幅広くそれが聴かれたり見られたりすれば、それだけその効果も大きくなる。

これは音楽、ダンスなど明らかにパフォーマンス主体のアートだけに当てはまるわけではない。創作物を商品から体験へ、製品からパフォーマンスに変化させられたら、イノベーターはそれだけ模倣者を実質的に無視できるようになる。「はじめに」で述べたコギのタコス・トラックの話を思い出してみよう。コギはいくつかの面でイノベーターだった。コリアンとメキシカンという二つの料理をミックスし、本来低所得者向けのトラック屋台を上流階級向けに展開し、ツイッターやフェイスブックをマーケティング・ツールとして効果的に利用した。

しかしコギの基本製品はコリアン・タコスで、それはすぐに間髪おかず現れた模倣者たちによって――合法的に――パクられた。コギが手強い競争者でいつづけられたのは、それが最初で、最も有名なコリアン・タコス供給者だったからというだけではない。（少なくとも初めの頃は）コギのトラックを見つけて行列に加わるのは、単に食べ物を得るだけでなく、一つの体験だったからだ。これを描いたコギのウェブサイトのイラストは、コギをあれほどヒットさせた深夜パーティーの雰囲気をよく伝えている。

＊　以前指摘したように、カバー・バンドはそういう試みではある。しかしそれらは多くの人気バンドにはほとんどリスクにはならないし、むしろ多くの本物のファンの欲求をかきたて、オリジナルへの期待を高めるものとさえ言える。

図 5-1　コギのウェブサイト上のイメージ

コギを真似た多くの模倣者は美味しいショートリブ・タコスを作ることはできても、コギでの体験に匹敵するものを決して提供できなかった。

オープン性とイノベーション

2009年に出版した才気あふれる本『モチベーション3・0――持続する「やる気！」をいかに引き出すか』で、ダニエル・ピンクは魅力的な思考実験を提案している。ピンクは私たちに前千年紀のある時点――正確には1995年――に戻って、事もあろうに百科事典に関する会話を想像するよう求めている。彼はこれから市場に出される新しい二つの百科事典の説明から話を始める。

最初の一つはマイクロソフトから売り出されるものだ。ご存じのように、マイクロソフトは今や高い収益性を誇る巨大企業だ。そしてこの年、ウィンドウズ95の導入によって、時代の旗手となる一大企業になろうとしていた。マイクロソフトはこの百科事典に資金を投入した。プロの執筆者や編集者に金を払って、無数のトピックに関する記事を書かせた。十分な報酬をもらった監修者たちが、予算内で締め切りまでに完成するよう、プロジェクトを監督していた。そしてマイクロソフトはその百科事典をCD-ROM、そして後にオンラインで販売した。

二つめの百科事典は企業から生まれるものではない。それはただ楽しみのために記事を書いたり編集したりする何万人もの人々によって創りあげられるものだ。これらの趣味人たちの参加には何の資格も必要なかった。そして記事を書いたり編集することで、１ドル、１ユーロ、１円たりとももらうものはいなかった。参加者は――時には週に20、30時間も作業時間をかけて――無報酬で貢献していた。オンライン上に存在する百科事典自体もフリー――誰が利用しようと使用料は無料――だ。(26)

そしてピンクは、15年後――２０１０年――には、これら二つのどちらかが、世界で最も大きく広く利用されている百科事典となり、もう一つは存在していないと言う。どっちがどっちだろう？

答えはご存じのはずだ。マイクロソフトは２００９年、所有する百科事典エンカルタを廃止した。一方、すべてがボランティアによって作られるウィキペディアは蔦のように成長してきた。ピーク時にエンカルタは約６万２０００の項目を扱っていた。ウィキペディアには現在２０００万近くの項目があり、それらすべてが、世界中の９万人以上のボランティア寄稿者によって書かれ編集されたものだ。ウィキペディアはアメリカ国内だけで、ひと月に30億以上のページビューがある。それは単に世界有数の百科事典というだけではない。30歳以下の人にとってそれは、実際これまで利用したことがある唯一の参照ソースにさえなっている。*

もちろん現実には、１９９５年当時、ウィキペディアの目を見張るような成功を予見する者はいなか

＊　私たちは紙の百科事典を使った覚えがある程度には歳をとってはいるが、ここで皆さんにウィキペディアについて提供した基本情報の大半は、ウィキペディアの「ウィキペディア」という項目を利用して収集している（そしてその後、別のソースを利用してその正否を確認済み）。

った。ほとんどの人は、世界最大の企業の一つによる何百万ドルもの投資に支えられ、著作権を保護された（事実というのは著作権保護対象外だが、著作権は百科事典の項目の書き方については保護している）マイクロソフトの百科事典が、かなりいい加減でいくぶん共産主義的とすら言えそうな新興事業を打ち負かすはずだと予想したはずだ。

ウィキペディアはアクセスに課金しないし、寄稿者に報酬を払わないし、広告もとらない。ボランティアの貢献に頼っている。そしてウィキペディアは人々にボランティアが創りあげたコンテンツのコピーと編集を勧める――ウィキメディア財団はウィキペディアのすべてのコンテンツを、誰であろうと希望者が無料で使用することを許諾している。それと引き換えに、ユーザーはそのコンテンツを公表した際に、ウィキペディアからの引用だと明記することと、得たものすべて、自分が手を加えたコンテンツを含め、他の人々が同じ条件で共有することに同意しなければならない。それでもウィキペディアは世界で最も成功した企業の一つであるマイクロソフトを、マイクロソフトが勝つ気満々だった土俵で打ち負かしたのだ。

ウィキペディアはイノベーションのずっと大きな手法であり、通常オープンソースとして知られているものの一例にすぎない。オープンソースで思い浮かぶ最も有名なものは、コンピュータのソフトウェアだ。つまりボランティアのプログラマによって開発されたソフトウェアで、彼らは給料や――これが重要な点だが――自分たちが創ったコードに対する法的権利が得られる見込みもないまま開発に取り組む[27]。（ヨハイ・ベンクラーやその他の人々が、オープンソフトウェアの驚くべき成功について詳しく書いている）。オープンソース・ソフトウェアは通常ユーザーが改変できるような形でライセンスされ、著作権法によってコードを独占しようとするいかなる試みも禁じられている。これらのライセンスは、コピーを奨励し、所有権を阻むことで著作権を逆手に取っている。

オープンソースが本書にとって重要な理由は二つある。第一に、それは創造的な人々が、成果がコピーされかねなくても、意義ある持続的イノベーションに携わるとても重要な領域の一つだということ。それどころか、彼らはそれがコピーされることを望んでいる。しかし二つめとして、オープンソースは、創作のある一般的手法――オープンで、協力的で、本質的に共有に重点をおく――の代表例であり、この手法は高級レストランのキッチンといったまったく意外な場所で見られるものなのだ。

少し戻って、オープンソース・ソフトウェアの物語をもう少し詳しく見てみよう。四半世紀にわたる膨大な成長を経て、もはやオープンソース・モデルは機能するのかと真面目に疑問視する人はいなくなった。１億５０００万人のユーザーを抱える世界で2番目に使用者の多いブラウザ、モジラ・ファイヤーフォックスはオープンソースだ。企業サーバの25パーセント以上で稼働しているリナックスＯＳも同様だ。企業サーバの半数以上が、オープンソースのウェブ・サーバ・ソフトウェアであるアパッチを使っている。そしてこれらは何千となく存在するオープンソース・プロジェクトのごく一部にすぎない。

ソフトウェアが「オープンソース」となる条件とは何か？　それを説明する最良の方法は、コンピュータが理解できるソフトウエアと、人間が理解できるソフトウェアを区別することだ。営利目的のソフトウェア（例えばマイクロソフト・オフィス）を購入すると、オブジェクト・コード――コンピュータには理解できても人間には理解できない1と0の連なり――を入手する。これとは対照的に、オープンソース・ソフトウェアをダウンロードした時は、オブジェクト・コードとソースコード――オブジェクト・コードの根底にある、人間が解読可能なコンピュータ・コード――の両方を入手する。ソースコードの解読は、この本の解読よりも少し難しい（と願う）。ソースコードが使っているコンピュータのプログラミング言語を理解する必要があるからだ。しかしそれは何百万人もの人が理解していることだ。

オープンソース・ソフトウェアの頒布者は、意図的にソースコードを公開している。彼らはそのソフトウェアを理解してほしいと願い、決定的なこととして、それを改変、拡張、そして改良してほしいと願っている。それがオープンソース——ソフトウェアのコードをオープンにすること——の核心だ。オープンというのは、何よりもコピーと改変について制限がないということなのだ。オープンソース推進派は、コピーと修正によって創造性が妨害されるのではなく促進されると信じている——そしてそれには大量の裏付けがある。オープン性が、もっと多くのイノベーションと優れたソフトへ通じるのだ。

なぜオープンソース・ソフトウェアが優れているのか？　まずそれが通常は無料である点だ。あるコンサルタント会社の試算によると、オープンソースによって消費者は６００億ドルも節約してきたという。[28] しかしコスト節約はかなり大きいが、それが第一の便益ではない。もっと重要なのは、オープンソース・ソフトウェアの透明性と品質だ。みんながソースコードを見ることができるため、誰でもソフトを改変できる。そして多くの人が実際にそうしている。前章で使った表現を使うなら、オープンソースは改変がパイオニアと同じくらい重要だと示す一例だ。パイオニアは偉大なアイデアを思いつく。でも先駆的発明を実際に市場で展開するには、たいていかなりの改良——改変——が必要で、それが本当に有効で成功したものとなるにはさらなる改良が必要だ。

オープンソース成功の鍵は、製品改善のために改変する人々の動機にある。あるオープンソース・ソフトウェアを導入した人々に、サービスやアドバイスを売ることで金儲けを目論む人々もいる。顕著な例として、フォーチュン５００企業のレッドハット社がある。レッドハット社は現在も続くリナックスの開発への重要な貢献者で、独自バージョンのリナックス——他の誰でも自由に手を加えられる——も配布している。レッドハット社はリナックスのコンサルタント・サービスも販売している。そしてこのビジネスモデル——オープンソースのリナックスを取り扱って、それに関するサービスを提供する——によって、レッドハット社は時価総額77億ドルの業界最大手になった（『ワイアード』誌編集者クリス・アンダーソンが2009年に著書『フリー』で詳しく書く必要に迫られたように、この基本アプローチ——基本的なものを他の人にコピーさせたり無料で入手させたりして、それに関するサービスで金を儲ける——は収益性がとても高い）。

レッドハット社は変わった企業だ。個々の多くのプログラマたちは金持ちになることを希望、あるいは期待していない。彼らは専門知識とイノベーションを学ぶか、それについて仲間のプログラマのあいだで名声を得るためにオープンソース・プロジェクトに取り組んでいる。なかには——おそらくオープンソース・プロジェクトに取り組むことでできたコネを使って、職を見つけるか昇進することで——名声を金に変えようと目論む者も間違いなく存在する。しかし、名声が目的達成のための手段ではなく、目的そのものという人々もいる。持つに値する唯一の財産は金属のコインだけという輩にとって、これはまるで意味不明だろう。しかし、マスワークス・コンテストの参加者たちを思い出してほしい。賞品はTシャツと他の参加者の称賛だけというプログラミング・コンテストに勝つために、多くの人々が何百時間もの労苦を注ぎ込む。人間は地位に飢えた生き物であり、多くの創作者にとって、最も重要な地位の形とは、他の創作者に認められることなのだ。オープンソースは、その評価欲を糧にしている。そしてそれにより、スキルを強化し実践を通じて学習する手段を与えている。

オープンソースの創造性に拍車をかけるものがもう一つあり、これは潜在的にとても重要だ——競合企業からの競争的な関心だ。ＩＢＭについて考えてみよう。ＩＢＭはオープンソースに深く関わっている。ＩＢＭは何億ドルもの資金と、６００人以上の従業員をオープンソース、特にリナックスの開発に投じてきた。しかし、ＩＢＭはこのような尽力によって援助したソフトウェアの何一つとして所有していない。

なぜＩＢＭはこんなことをするのか？　答えは簡単だ。リナックスが、マイクロソフトのウィンドウズ・サーバＯＳソフトの第一の競合相手だからだ。ＩＢＭは、ＯＳ間で活発な競争が行われる市場でハードを売るほうが都合が良い。リナックスとの競争がなくなれば、マイクロソフトはサーバＯＳの独占者となりかねず、その強い立場によって、企業へのコンピュータ・システム販売によって得られる利益――ＩＢＭが自分のものにしたい利益――の取り分を増やしかねない。だからＩＢＭは、リナックスの成功を確実なものにしたいのだ。

グーグルも同じように考えている。グーグルのアンドロイドＯＳは２００７年に市場に出されたばかりにもかかわらず、アメリカの携帯電話のほぼ半数近くにインストールされている、アメリカ最大のモバイル・プラットフォームだ（アップルのiPhoneが市場の4分の1を占めて第2位、ＲＩＭのブラックベリーが20パーセント弱で第3位）。ＩＢＭとリナックス同様に、グーグルはアンドロイド開発に膨大な資金をつぎ込んでいるが、それでもソフトウェアを無料でライセンスし、被許諾者はソフトを意のままにコピーし改変できる。人々のウェブ・アクセスが携帯電話へとシフトしても、グーグルは人々が確実にグーグルの検索エンジンを使い続け、グーグルが販売している検索連動型広告を見るようにしたいと思った。スマートフォン市場におけるアップルの優勢を阻止することで、グーグルはアップルがグーグルのコアビジネスを根底から脅かさないようにしているのだ。

オープンソース的アプローチは、ソフトウェアに関連するものが最もよく知られているが、それに限られているわけではない。基本的方法──自由でオープンなコピー、そして集団による漸進的改良プロセス──は、本書で考察してきた様々な産業でも作用している。すぐにわかるのは第4章で解説したマスワークス社のコンピュータ・プログラミング実験でのオープンソース力学の作用だ。パイオニアがプログラミング問題を解く基本的アプローチを確立する。そして改変屋が、パイオニアの成果に改良を加え、基本的価値を制限している欠陥を浮き彫りにする。それにより彼らは次のパイオニアのための基盤を準備する。パイオニアと改変屋というイノベーションの両方の特色が、優勝プログラムの開発に重要な役割を果たす。

アメフト新戦術のオープンソース的発展にも、パイオニアと改変屋の相互作用が見られる。もちろん、アメフトには、オープンソース・ライセンスは存在しない（なぜならアメフトのフォーメーションやプレーは、ソフトウェアのように著作権保護がないため、そのようなライセンスは必要ないし不可能だからだ）。しかし一般的にオープンソース的手法は多くのチームの成功にとって重要だ。1970年代にスプレッドを発明したのは（おそらく）マウス・デイヴィスだ。10年後、マイク・リーチがレシーバーだけでなく、オフェンス全員を広く展開することでそれを改変し、リッチ・ロドリゲスはスプレッドをもっと伝統的な攻撃と組み合わせて改変し、スプレッド・オプションを創りあげた。そしてクリス・オールトが、スプレッド・オプションに手を加えて、クォーターバックをショットガン・ポジションからピストル・ポジションへと前に動かした。

監督と攻撃コーチは、既存のフォーメーションに新しいひねりを加え、次のゲームで有利な状況に導いてくれるようなプレーを創りあげるために、互いのアイデアを改変しあっている。しかし監督たちはアイデアの共有も行う──そしてそれは、必然的に彼らのイノベーションが全国の何百万台というテレビの前のみんなに向けて放送されることだけが理由ではない。『ニューヨーク・タイムズ』紙がニューヨーク・ジェッツ監督レックス・ライアンの略歴紹介にまざまざと記したように、「ライアン流を取り入れる」ために、全国から監督たちがやってきて、彼のオフシーズンの練習を見学する。(29)

料理界にもオープンソース的要素がいくつかある。シェフたちは、料理の変革は大きな発明的飛躍でなく、集団によるイノベーションの漸進的プロセスの産物であると言うことが多い。もしそうならば、イノベーティブなアイデアを拡散し共有することが、それらの創作に欠かせない。コピーの自由がシェフたちに、互いに学びあいながら次第にそれらを改変するのを可能にしているのだ。

このプロセスに加えて、高級レストランには徒弟、あるいは見習い制度の伝統がある。第2章で述べたように、見習いは偉大なレストランの内側を覗ける。これを悪用する人もいる――ロビン・ウィッキンスがもしも本当に、シカゴで活躍するグラン・アケッツなどのシェフが創作した料理を、はるか離れたオーストラリアの自分のレストランで自分の料理と偽って出していたとすれば、それがこれにあたる。しかし多くのシェフにとって、見習い制度は偉大なシェフから学び、最上のキッチンを運営するプロセスに参加できる、計り知れないほど貴重な体験だ。これらのキッチンを取り仕切る一流シェフにとって、見習い制度はオープン性と教育の長い伝統の一部である。しかし見習いたちは新しい活力とアイデアももたらすことで、レストランが提供するものを改善し活性化する。

料理が、漸進的で集団的なイノベーションを特徴とする芸術形式だという考えは、最上級のシェフたちのあいだで広く理解されている。世界で最も有名かつイノベーティブな3人のシェフ――エル・ブリのフェラン・アドリア、ファット・ダックのヘストン・ブルメンタール、フレンチ・ランドリーのトマス・ケラー（これに加えて、評価の高いフード・ライター、ハロルド・マギー）――が2006年にイギリスの『ガーディアン』紙上で宣言を行ったことに触れた。[30] そのなかで、彼らは「私たちの料理の指針として、三つの基本原則がある。卓越性、オープン性、完全性だ」とした。この独創的なことで名高いシェフたちは、イノベーションは歓迎するが、それは伝統という基盤の上に築かれたものであるべきだ——そして最良の料理の伝統とは、「共有の、累積的発明」である——と記している。

本書のために私たちが取材したシェフとレストランの多くが同じような所感を述べている。彼らは、真に画期的な料理も、必然的に昔のものからの派生物だという考えを支持している。そして彼らはアイデアと技術の共有は、そのような料理精神の一部だと信じている。もちろん、みんながこれに賛同しているわけではない。しかし多くのシェフが、オープン性はイノベーションに欠かせないし、そもそもそれが持つ創造的潜在能力を超えた価値を持つのだと考えている。

つまりこうしたあらゆる状況で、イノベーターは他人が開拓した創造性に手を加えてイノベーションを起こす。そしてパイオニアも改変者も、自分たちの創りあげたものに対する独占権を得ることが動機ではない。そもそもこれらの改変を可能にしているのは独占権の欠如なのだ。オープンなコピー制度がなければ、改変する能力とインセンティブはともにもっと小さくなる。要するに、オープンソースという手法は、知財法に組み込まれたものとはまったく異なるイノベーションへのアプローチを提示している。オープンソースは、独占支配よりはむしろ、支配がないことに基づいているのだ。

そしてある意味で、この本で述べたすべての事例で、ある程度のオープンソース的手法が見られる。なぜなら、それらはコピーに対する有効な保護が欠如している創造的産業であるがゆえに、そこに内在するイノベーションはライバルにもパートナーにも同じようにオープンにされているからだ。しかしソフトウェアとアメフトといったまったく異なる分野で明らかなように、それでイノベーションがなくなってしまうということではない。それどころかイノベーションはオープンな状況で発展できる。このイノベーションは種類こそ違うものかもしれない。それは集団的、漸進的で多様だ。しかし、価値あるイノベーションは一人の発明者による大発見であるというロマンチックな考えから逃れれば、コピーと改変の自由がイノベーションのすばらしい基盤となり得ることがわかる。

先行者利益

先行者利益とは通常、コピーが難しいことでイノベーターが享受する事実上の排他的期間のことを言う。言い換えれば、模倣者がうまくコピーするのに時間がかかる場合、創作者には先行者利益がある――特に一番乗りによって市場をロックインできるだけのリードが確保できる場合や、少なくとも後発者が太刀打ちしにくくなる場合は特にそうだ。場合によっては、知的財産権がイノベーションを保護してくれる可能性がなくても、先行者利益が有意義なイノベーションを行うだけの、十分なインセンティブとなることもある。

先行者利益という概念が、様々な問題をめぐって持ち出され、その使われ方も様々だったことを認識しておくことも重要だ。ビジネス論壇では、例えば、第一参入者がもっと組織化された「第一追従者」にとって代わられた事例と比較して、先行者利益が企業に息の長い市場支配力を与えた場合がどのくらいあるかといった議論が活発に交わされている。私たちはこの議論には立ち入らない。むしろ先行者利益という概念を使って、コピーに対する法的保護がなくても、創作者は他人から模倣される前に創作物からしっかり利益を得られるという考えを示す。

ある意味で、先行者利益は知的財産権の本質とも言える。これらの権利の中核となる発想は、事実上独占権がある期間を、イノベーションのコピーを一定期間禁じることで延ばすことだ。特許も著作権も永遠ではない。いずれ誰でも、他のイノベーターの成果をコピーできるようになる。しかしこの法律が意図しているのは、先行者の利益が、持続するイノベーションのインセンティブとして十分な大きさになるよう調整することにある。

ここで興味深いのが、創作者はコピーに対して法的規制によって作られた障壁とは対照的に、「自然」な（すなわち、法律外の）障壁によってどのくらい利益を得られるかという問題だ。言い換えれば、著作権がないと先行者利益はどのくらいあるのか？　そしてその利益は、意義あるイノベーションの動機となるのに十分なのか？

第4章で見たように、アメフトにはイノベーションをしっかり維持するのに先行者利益だけで十分らしい。新しいフォーメーションとプレーは、たとえ他チームによるコピーを止めるものがなくても、創造的なコーチとチームに有意義な優位性を与えた＊。それどころか多くのアメフトコーチが、自分たちのプレーや手法を他人に教えている。コピーされることになってもコーチがイノベーションを維持し続けるのは、毎週ゲームに勝たなければならないがゆえに、信じられないくらい短期的なモノの見方をするせいかもしれない。今勝つことが、（仮に）自分たちのアイデアが広まることで長い目でみて負ける可能性よりも優先されるのだ。

しかし、アメフトでコピーがイノベーションを阻んでいないのには、もう一つ理由がある。アメフトのフォーメーションやプレーは、ある特定の種類のチームとプレーヤーに左右されることが多いが、急

＊　第5章で論じたように、アメフトのフォーメーションを振り付け作品だと主張して、著作権保護を受けることは理論的には可能だが、これまでそれに成功した者はいない。

にチームを再構築するのは不可能だ。このためイノベーティブなコーチは、たとえ敵が最終的にそれを導入しても、新しいフォーメーションによってかなりの成功を達成できる。イノベーションを成し遂げたチームだけが新しいシステムを使える——あるいは少なくともうまく使える——期間は、イノベーションを価値あるものにするのに十分なのだ。

ファッションにも先行者利益が存在する。ただしその多寡についてはアパレル市場研究者のあいだで激しい議論が交わされる点ではあるが。新しいデザインのコピーは簡単で、最新のドレスがあっという間にフォーエバー21のような安価な店に並ぶ例はすぐに見つかる。コピー製品のほうがオリジナルよりも先に店頭に並ぶと言う者さえいる。[31] 模倣者が市場で本家を打ち負かしたり、本家に匹敵したりする例は、問題になるほど頻繁には起こらないだろうが、多くの模倣者によるコピーが驚くほど早いのは間違いない。このように創発者が享受できるリード期間は、多くの場合ごく短い。

しかし——そしてここが重要な点だが——そのリード期間がゼロになるとは考えにくい。売れない服をコピーしても意味がない。そしてほとんどのデザインはそれほど売れない。服が売れるかどうか確かめる唯一の方法は、店での売れ行きを見ることだ。つまり模倣者たちは、まだどのトレンドが流行るか賭けをするつもりがないなら、コピーをすばやく行うにも限界があるのだ。何が流行るかの予想が得意なら、はじめからそれを自分たち自身で作って、最先端に立てばいい——あるいは、店を開いて確実に売れるデザインだけ売ればすむ。

だから確かにファッションにおけるコピーは早いが、それでも実際にはほぼ常にイノベーターにはある程度のリードタイムがある。そしてこの優先的な時間は、第1章で述べたように、ファッションにおいて著作権侵害のパラドックスが機能するために欠かせない。流行しつつあるデザインをコピーする自由は、トレンドの創出を助け、最終的にはそのデザインの市場を拡大する。しかしこれがうまく機能するには、まずはデザインが流行する必要がある。時間とともにこの力学によりデザインは拡散して最終的に消滅し、そして流行に敏感な人々が何か別の新しいものを求めることで、新しいデザインが生まれる。新たな創造サイクルが再び始まるのだ。

言い換えれば、ファッションの著作権侵害パラドックスが特異なのは、単にイノベーティブなデザイナーがコピー登場前に十分売ってイノベーションの手間を回収できるというだけに留まらない点だ。もしもファッション・デザイナーにとって利点がその短い独占期間だけなら、単に先行者利益として議論すればいい。だが著作権侵害パラドックスの核心は、コピーが流行りもの好きに新しいデザインを求めるよう促していることにある。それがこんどは転じて、イノベーターに追い求めるべき新しい市場を提示するのだ。ファッションで本当に大切なのは、先行者利益そのものではない。先行者が持つリード期間が、ファッションに敏感な人々にとって、新しいデザインを追い求める手間を価値あるものにしていることだ。ファッションを追い求める消費者たちこそ、キープレイヤーなのだ。ファッションに敏感な人々は人と群れることではなく、人との差別化を求めているので、差別化できるデザインだけを取り込む[32]。そして自由で合法的なコピーが可能な制度下では、それこそがデザインの誕生から普及までのあいだに、いくらか時間の経過を必要とさせるものなのだ。実際問題として、コピーの技術がいくら早くなってもその時間がなくなることはない。

データベースにもある程度先行者利益は存在する。新しいフォーメーションを導入したアメフトチーム同様、成功を収めたデータベースは、ユーザーが新しいインターフェイスに慣れるには訓練が必要なことによって、競争力を維持できる。どういうことか？　法学教授として、私たちはウエストローをはじめとする法データベースに、大いに依存している。これらのデータベースは有償利用者に相当な利用料を課すし、利用者がそれを使いこなすには相当の訓練が必要だ。* その訓練はロースクールから始まるので、巨大データベース企業は使い方を覚えさせるために――そして足抜けできなくさせるために――学生たちに自社製品を無料で利用させる。ウエストロー（あるいはその主要競合相手であるレクシスネクシス）を使いこなせるようになった法学生が、他のデータベースに鞍替えすることはまずない。その結果、もし明日にでもウエストローが持つあらゆる法資料を含む新しいデータベースを創りあげたとしても――そしてそれを低価格で提供しても――現行企業との競争は厳しいものになるだろう。数十年とはいわないまでも数年間一つのシステムを使い続けてきた法律家たちが、たかが数ドル節約するために一からやり直したりはしないことが現行企業にはわかっているのだ。

おそらく、先行者利益の最も一般的な例はソフトウェアだろう。最初であること――そして、みんなが同じプログラムに依存し、その結果、簡単にファイルや文書の共有が可能なユーザー・ネットワークを作り上げること――は、先行者の製品に決定的で動かしにくい優位性を与える。私たちはこの本をマイクロソフト・ワードを使って書いているが、それは存在するなかでワードが最良のワープロソフト製品だからではなく、二人ともにそのソフトを持っていた（そしてそれは私たちの目的には十分すぎるほどだった）からだ。ワープロ業界にはあまり競争がないが、それは一つには私たちがみな、ワード文書なら実質的に誰にでもそれを送れるし、送られたほうもワードを使ってそれを開けるとわかっているからだ。私たちはみなワード・ネットワークの一部であり、それが共有とコミュニケーションを簡単にしている――そしてビル・ゲイツを金持ちにしているのだ。

そのような、経済学者がいうところの「正のネットワーク外部性」を示す産業は限られている。これは、他者が同じネットワークを使用することで利益が生まれるということだ。ネットワーク外部性の最も簡単な例は電話だ。電話は一台だけでは使えず、ネットワーク上に二台あればありがたいが、何億台もの電話が接続されていればずっとよい。ネットワークに加わった電話の一台一台が、他の電話の価値を高めることになる。先程論じたように、確かに先行者利益は、正のネットワーク外部性がなくても生じる。しかし外部性があれば、先行者利益の威力はずっと大きくなる。消費者を一つのネットワークに囲い込んで、そこから離れたくないと思わせることによって、市場への新規参入者を打ち負かし安くなる。たとえそれが、既存製品を模倣したり改変したものであっても。

ソーシャル・ネットワークの歴史について（少しばかり）考えてみよう。現在支配的なフェイスブックはグーグル＋にとって代わられるかもしれない。しかし多くの人々は、友達はみなフェイスブックを使っているので、グーグル＋に移行したくないと思っている。ネットワーク外部性がある場合でも、首位製品を追い落とすことは不可能ではない――結局のところフレンドスターとマイスペースは最終的にフェイスブックによって葬り去られた。しかしそれは、外部性がない場合よりは難しい。製品が正のネットワーク外部性を備えている時、先行者利益はとても強力だ。

つまり、先行者利益はこれまで私たちが研究してきた産業だけでなく、知的財産権で保護されたすべての産業において重要な概念なのだ。著作権と特許権の基本目的は、先行者利益を創り出すことにある。知的財産法は追従者たちを規制することで、先行者が儲けるのに十分な時間を与える。要点はつまり、

＊　複雑なデータベース・プログラムに食傷気味のグーグル世代の法律家志望者たちに応えて、法データベースは、効率的に使うためにそれほど訓練を必要としない、よりシンプルなインターフェイスへと移行しつつある――それによりユーザー定着率は下がりそうだ。

知財法が存在しなかったり、効果がなかったりしても、先行者利益は存在するということで、場合によってはその先行者利益は、イノベーションの有意義な水準を維持させるに十分な力を持っているという単純なことだ。また、ファッションなどの例では、もっと強力なイノベーション力学への投入として欠かせないものとなっている。

ブランド作りと宣伝

ブランドは、本書で検証してきたいくつかの産業において、創造性の誘発という、重要でありながらしばしば正当に評価されていない役割を果たしている。私たちがブランドという時、それはナイキと同社のスウッシュマーク、あるいはアップルとその有名なかじられたリンゴのイメージといった、名前とシンボルを意味する。

ブランドは商標法で保護されている。これまで商標保護の根拠は、イノベーションとは無関係だった。むしろ、商標は消費者が製品の製造元を確認し、自分が求めているもの、イミテーションではないものを購入できるようにするために機能している。経済学の言葉で言えば、商標は消費にともなう探索費用を軽減する、ということになる。もしもアディダスのバスケットボールシューズでいい経験があれば、商標法で保護された三本線があれば次に買う時にも、すぐに見つけられる。そしてそれはもちろん、シューズの好みを他の人に伝えることにもなる。

つまりブランドとは基本的にショートカットだ――たくさんのシューズを試すかわりに、アディダスのコーナーに直行すれば時間の節約になる。その結果、ブランドは極めて高価値なものになることもあり、企業はその開発と保護にかなりのお金をかける。法的には、商標法は製品やサービスの出所について、消費者を混乱させるようなブランドの無許可使用を防いでいる。しかし商標法はさらに一歩踏み込んでいる。それは消費者が有名ブランドをその所有者と結びつける力を「弱める」ような、そしてブランド・イメージを傷つけるような使用法も禁止している。

特許法や著作権法とは違い、一般的に商標法は創造性を促進するものとは考えられていない。実際、1世紀以上も前に、最高裁はまさにこのような見地から、1870年の商標法は無効という判決を下している。この法案は、議会に特許法と著作権法を制定する権限を与える憲法の条文に基づいて作られた。それは「科学と実用技術の進歩を推進するために」議会に与えられた権限だった。最高裁は商標は「発明や発見と必然的関係がない」と述べている。[33] これによって、商標法を制定する議会の権限は、「進歩を［…］推進する」権限に基づいていないとされた。*

この発想は一見するともっともらしいが、商標のいくつかの重要な効用を見逃していた。商標は実は、インセンティブ装置として機能できる。ただしそれは、他の知的財産権とは方法が違うのだ。そしてこれから述べるように、商標はその他の創造的インセンティブと重要な形で相互作用する。

大きなドラッグストアではどこでも、ブランド力が歴然としている。最近私たちが立ち寄ったヴァージニア州シャーロットヴィルのCVSドラッグストアに行けば、300錠のアドヴィル・ブランドの痛み止め剤イブプロフェンを20・99ドルで買える。1錠あたり0・7ドル以下だ。CVSのプライベート・ブランドのイブプロフェン——まったく同じ成分のまったく同じ薬——は750錠が17・79ドルで、1錠あたりの単価は約0・24ドルだ。すなわち、それらは事実上機能的にはまったく違いがない——ど

＊　最終的には、改正版の連邦商標法が別の理由によって支持されることになった。

ちらも同じように頭痛を退治してくれる――にもかかわらず、アドヴィルのイブプロフェンは、CVSのイブプロフェンのほぼ3倍近い値段だ。こんな状況は薬に限ったことではない。例えば、最近シャーロットヴィルで地元食料品店に立ち寄ったが、そこではチェリオス・シリアルの14オンスボックスが4・59ドルだった。ストア・ブランドの14オンスボックス――基本的に同じ製品で、パッケージだけ違う――なら2・75ドルだ。これほどの価格差にもかかわらず、チェリオスはアメリカでシリアル・ブランドのベストセラーだ。*

これが示すように、ブランドは価格に対して大きな力を持つ。その結果イノベーションの促進に予期せぬ能力を発揮する。イブプロフェンの物語がこの関係性を説明するのに役立つ。イブプロフェンは1960年代に、大手ドラッグストア・チェーンを運営するイギリス企業ブーツが発明したものだ。1961年に初めて特許が成立し、アメリカには1974年に処方薬として導入された。1984年、食品医薬品局はイブプロフェンの店頭販売（OTC）を承認した。同じ年、ファイザー製薬がブーツ社とライセンス契約にこぎつけ、イブプロフェンを「アドヴィル」というブランドネームで市販開始した。ブーツ社のアメリカでの特許が1986年に失効すると、すぐに別ブランドのイブプロフェンが市場に参入した。ということは、ファイザー社のアドヴィル版イブプロフェンにアメリカで市場優先権があったのは、合計2年にも満たなかったことになる。この2年が過ぎると、多くの競合他社が参入してきた。そしてイブプロフェンの特許失効後ほぼ25年が経った現在でも、いまだにアドヴィルは市場の51パーセントを占めている。アドヴィル製品は機能的には競合製品と同等でも値段はかなり高いという事実にもかかわらず、すべてのイブプロフェンのジェネリック製品を合わせた2倍以上の市場占有率だ。

なぜ消費者は特定のブランドに対して、多くのお金を払うのだろう？　驚いたことに、これに関する研究を見ると、ほとんど意見の一致がない。ブランドのプレミアムが、品質の差と思しきものに基づいているのは確かで、いくつかの研究によれば、品質への信頼がプレミアムの差の20パーセントを占めているという。しかし、品質の認知が問題になる度合いは、製品と消費者が持つ情報量によって大きく変わってくる。品質の評価がかなり主観的な朝食のシリアルの場合、高品質を表すと考えるブランドに消費者が多く支払うのは道理にかなっている。しかしこのような論理的根拠は、食品医薬品局がジェネリック薬がブランド薬と同じくらい安全で効果があることを保証している、イブプロフェンのような基本的な鎮痛剤の場合には通用しない。ブランドそのものが、消費者の支払い意志額の高さに何らかの影響を与えているようだ。

こうしてブランドは高価格を維持し、企業に安定した大きなマーケットシェアを与えられる。ブランドがそのような大きな力を持ちうるので、企業がブランドの宣伝と、洒落た名前とシンボルマークのデザインに大金を注ぎ込むのも理解できよう。しかしブランド力はイノベーションにとっても重要な意味を持つ。もしもイノベーターが自身のイノベーションを成功ブランドと結びつけられれば、そのイノベーションがコピーされても、価格決定力を維持できる。これがイブプロフェンの物語から得られる大事な要点だ。アドヴィルの特許はわずか2年の独占支配を与えただけだ。しかしその後数十年たっても、アドヴィルはイブプロフェン市場を支配している。これは独占権期間の長短にかかわらず、一度ブラン

＊　70年以上も前、ケロッグ社対ナショナル・ビスケット社訴訟（Kellogg Co. v. National Biscuit Co., 305 U.S. 111［1938］）の際に最高裁はナビスコの小さく割った小麦ビスケットの外形は機能性を持ち、よって商標法によって保護されないとした。ナビスコの小麦ビスケットの形は、有名なケロッグのコーンフレークのような他のシリアル同様に、最初は特許化されていたが、特許権はずいぶん前に失効していた。それでもこれら昔からあるブランドのシリアルは、ノーブランドの競合製品に比べ大きな価格プレミアムを享受し続けている。

ドが確立されれば、たとえコピー製品参入後であっても、そしてそのコピーがまったく同等の製品であっても、イノベーターは——大いに——利益を上げ続けられることを示している。事実上、ブランドは特許法や著作権法によるコピー保護の代わりになりうるのだ。

第2章でとりあげた、最高裁にもちこまれたトゥー・ペソとタコ・カバナの裁判を思い出そう。この裁判の争点はあるメキシカン・レストランが、他店の装飾を不法にコピーしたかどうかということにあった。この裁判の判決の鍵は、装飾は一種の商標たりうるという考えだった。装飾の目的は、客に今あなたがいるのはトゥー・ペソ(あるいはタコ・カバナ——それらはあまりに似すぎていてほとんど区別がつかない)だと伝えることにある。装飾は出自と品質を表す役目を果たしているのだ。

このトレードドレスと呼ばれるものの保護によって、法律はレストランにおける体験のとても重要な一要素(食べ物)のコピーを許しているのに、その一方で別の要素(装飾)のコピーを禁じている。装飾が法的基準に適合している限り——すなわち人々がそれを特定のレストランと結びつける限り——それは保護される。このようにして、トレードドレス保護は、競争相手があるものをコピーするのは許しても他のものをコピーするのを禁じることで——そして創始者にそうでない場合よりもより大きな市場シェアを与えることで——ある程度イノベーションを保護している。

ファッション産業ではこのシナリオにひねりが加えられている。これまで説明してきたように、実際には特許も著作権も、新しいファッション・デザインをコピーからまともに護ってはくれない。それでもファッション産業には高級ブランドが揃い、それらのブランド所有者は、そっくりなコピー製品と頻繁に競争を強いられているのに、自社製品に巨額のプレミア料金を設定できる。この価格差のいくぶんかは品質の差によるものだ——4万5000ドルのパテック・フィリップの腕時計は、キャナル・ストリートで売られている45ドルのニセモノに比べればずっと贅沢に作られている（ただし、おかしなことに正確さでは劣ることが多い）。しかしとてもそれだけですべてを説明はできない。商標によるプレミアムの大部分は、本物のパテック・フィリップを所有していることからくる興奮、そして社会的地位の上昇感だ。* 同じことが、プロエンザ・スクーラーのドレスやプラダのコートについても言える。

そして、そういった感覚はどこから来るのだろう？　ブランドやそれに関する広告が創りあげた意味からくるのだ。この意味を創りあげる過程には金がかかり、困難が伴う。絶対確実な方法も存在しない。しかしこの錬金術に成功しさえすれば、驚くべき結果が生まれる。知的財産権の独占理論では、完全なコピーはイノベーターから創作への投資による大きな利益をすべて奪ってしまうと説く。しかしイノベーションが価値あるブランドと結びついている限り、完璧なコピーはありえない。実際には、それらはおそらく最も重要な特徴という点で違っているのだ。

要点は次の通りだ。特許や著作権が存在しないか脆弱であってもブランドが重視される多くの環境では、ブランドのマーケットシェアと価格決定力は必ずしもなくならない。それらは法的強制力や独占ではなく、ブランド力から生まれる。コピーがオリジナルと競合することもあるが、ブランドのおかげで、価格だけの力でコピーがオリジナルを完全に打ち負かすことはない。そしてこれがさらに、コピーに対する独占力が本来もたらすはずの利益をある程度は維持してくれる。

ブランドはもう一つ重要な点で、コピーととても興味深い関係にある。コピーがブランドの宣伝にな

* キャナル・ストリートで売られている時計を本物だと信じて買う者はいないが、コピー製品のなかにはなかなかそうと見破れないようにオリジナルを真似たものもある――時には所有者が修理に出すまで気がつかない場合もある。Elizabeth Holmes, "The Finer Art of Faking It: Counterfeits Are Better Crafted, Duping Even Sophisticated Shoppers," *Wall Street Journal*, June 30, 2011.

ることがあるのだ——単に無料の宣伝であるだけでなく、ほぼ間違いなく強力な宣伝として。なぜか？なぜならそれが製作者によって入念に画策された試みではなく、正真正銘の消費者たちの行動に基づいたものだからだ。

法学者ジョナサン・バーネットはある興味深い論文のなかで、ファッション産業において、コピー・アーティストがデザインだけでなく、ブランドまで偽造した場合でも、ブランド所有者にとって利益となった事例を研究している。偽造品が存在することで、そのオリジナル製品が新たに生まれつつあるファッション・トレンドの一部として本当に求められていると高級品消費者たちが認識し、それによりブランド所有者たちは恩恵を受けているのだとバーネットは主張する。偽造コピーは品質が悪いことが多いので、消費者には普通は偽物だとわかる。でも一方で、路上の偽物の存在が、模倣されているドレス、ハンドバッグ、靴がきわめて求められていることを示していると、バーネットは論じる。偽物は、本物を買えない人々ですらそれを求めているという事実を伝える。それがブランド製品の無料広告になっているのだ。

他の研究も、コピーが一種の広告としての力を持つという考えを裏付けている。マサチューセッツ工科大学のレネ・ゴスリンは2年半かけて、ハンドバッグ、サングラスなど一流品の偽物を買う人々を観察し、消費者に偽物と本物の区別がつけられれば、偽物が高級ブランドの売り上げに悪影響を与えないことを見出した。それどころかゴスリンは、偽物のハンドバッグを購入した人の40パーセントが最終的にあとで本物も買っていることを見出し、偽物が本物の高級ブランド品の「お試し品」として利用されていることが多いのを示したのだった。

ゴスリンの研究は、高級品の偽物がとても効果的な広告形態であることを示している。偽物を購入して使っている人々は、余裕が出来たら本物のブランド品に鞍替えし、本物を買う可能性が大きいのだ。要するにコピーは、ハードなものの消費へと導く一種の「入門ドラッグ」となっている。さらに、消費者が偽物をもって出かけるたびに、そのブランドの望ましさをみんなに表示してみせ、トレンド駆動型の消費に拍車をかける。その消費は、オリジナルにまで波及するのだ。

ゴスリンとバーネットによる研究成果は、最近のその他の研究によっても幅広く補強されている。2011年に経済学者イ・チャンが全米経済研究所（NBER）で行った研究では、1993年から2004年にかけての、中国での31のブランド靴企業と多数の偽物製造者の調査データが分析されている。この研究でもまた、偽物が高級ブランド品の売り上げに大きな好影響を及ぼしていることがわかった。偽物がブランド製品人気の宣伝になる傾向――私たちが「宣伝効果」と呼ぶもの――は、その他のあらゆる代替効果よりも大きい。代替効果とは消費者がオリジナルのかわりに偽物を買うことで生じる効果を指す。創作者にとって代替効果は害になるが、宣伝効果は役に立つ。そして代替効果が宣伝効果よりも大きくなるのは、低価格ブランドの商品だけだ。

これらの結果から二つの重要ポイントが導き出される。第一に、商標はイノベーターに、特許や著作権が狙っていたのと同じ価値をある程度は与える。有名ブランド製品の所有者たちは、多くの場合安定した市場占有率を維持し――たとえ安価なコピーが簡単に入手できる時でも――製品価格に大きな価格プレミアムをつけられる。ファイザーは、ブランド名を重視する人にアドヴィルを高い価格で売れる。CVSは、それ以外の人々にジェネリックのイブプロフェンを売ればいい。第二にブランド製品のコピー――偽物――はオリジナルに対して、意外な影響を及ぼす。これらのコピーはオリジナルの購入を検討している人々を奪うこともあるが、その宣伝効果によって新たな購入者を創り出す助けにもなるのだ。

偽物購入者のなかには「卒業」して本物へと向かう者もいる一方で、偽物が広告の役目を果たして、決して偽物を買わない人がオリジナルを買うこともある。そして重要なことに、この二つめのポイントは正式ブランド――いわゆる商標法に保護されるようなブランド――だけに限ったことではない。宣伝効果の基本力学は、個人創作者たちにも見られる。彼らはそれによってイノベーターとして非常に価値ある名声を確立できる。

例えば、ロサンゼルスで活躍するシェフ、ルドヴィック・ルフェーヴルは正式な意味でのブランドではない。しかし彼の名と人柄は大衆を惹きつけ、彼は実際にキッチンに立つ以外にも、イノベーティブなシェフとして自身のスキルから価値を引き出すいくつかの手段を得た。料理本の著者、シェフとしてコンサルタント業、テレビ番組『トップ・シェフ――マスターズ』の出場者などだ。２０１１年には、自身のテレビ番組『ルド・バイツ・アメリカ』がサンダンス・チャンネルでスタートした。そして、新しいレストランがルフェーヴル――あるいは多くの有名シェフたち――によって経営されているというだけで、多くのファンが詰めかける。* 靴屋でアディダスの棚を探す買い物客と同じように、彼らにはルド・ルフェーヴル・ブランドが与えてくれるものをよくわかっているのだ。

無認可のコピーもこれまで説明してきたものと同じように、意図せぬ広告として機能する。時には、無認可のコピー料理がすばらしい料理で競争相手のレストランで出されて注目を集めることで、オリジナルへの関心が高まることもある。このように、コピーされることでイノベーターとしての評判が確立し、世間でシェフの名声が上がることもある。これとは別のケースとして、パール・オイスターバーとエドズ・ロブスターバーがそうであったように、コピーされたものが料理ではなくレストラン全体、あるいは料理への取り組み方である場合もある。第２章で述べたように、ともにマンハッタンのダウンタウンにあるパール・オイスターバーとエドズ・ロブスターバーは、外見、雰囲気、メニューがとてもよく似ているが、エドの店がパールの店をそのままコピーしたものなのか——あるいは単にニューイングランドの貝料理店という基本アイデアから同じように派生したものなのか——どうかは、食の専門家たちでも意見の分かれる難しい問題だ。

しかしその本当の答えがどうであれ——法廷に持ち込まれる前に紛争は示談で解決され、この問題について判決はくだされなかったが——仮にエドの店が実際に意図的なコピーだったと仮定してみよう。それでもエドによるコピーが、パール・オイスターバーに損害を与えたとは断言できないし、それを言うなら以前にパール・オイスターバーから暖簾分けしたメアリーズ・フィッシュ・キャンプの開店も損害を与えることはなかった。互いに1マイルも離れていないにもかかわらず、これら3軒のレストランは繁盛している（エドズに至っては、最近数ブロック離れたところに支店さえ出店している）。そして最近数回店を覗いてみたが、パール・オイスターバーは人手がたりないくらい繁盛しているようだった——この観察結果は、少なくとも2011年版ザガット・レストラン・ガイドによれば、パールの常態らしい。真似に見える貝類やシーフードを出す競合バーを競争相手として持ったことが、宣伝効果を引き起こす役目を果たしたのかもしれない。模倣店の顧客に対し、元祖の最高とされる店にも行ってみたい——あるいは少なくとも3軒すべてまわって較べてみたいと思わせたのかもしれない。** そしてコピーは、オイスター店のはしごというトレンドを流行らせ、すべての競合店の成長を促した可能性もある。

＊ 実際、ルフェーヴルのブランド力は強力だ。通常のレストランがとる体裁（決まった住所など）をすべて省略して、「ルド・バイツ」という移動式ポップアップ式レストラン営業を始めると、その席はほぼすぐにインターネットで売り切れてしまったし、さらに「ルド・トラック」という移動トラックによる営業も成功した。

コピーによる宣伝は、おそらくブランドが望み得る最も強力な支援だろう。お金のかかった広告に登場するセレブが、実際に宣伝している製品を使っている（あるいは金を払って購入している）と信じている人はほとんどいない。セレブ効果で、その商品がほしくなることがあるとしても、消費者たちはもうそこまでおめでたくはない。そういう意味では、既存の広告はその賞品が本当に支持されているのかほとんど伝わらないという点で、本質的に効果が限定される。これとは対照的にコピーは、品質と羨望の対象であるという裏付けとして、創作者としてはこれ以上は望めないほど真摯なものとなる。

ブランド、先行者利益、パフォーマンスの力、トレンドと流行、オープンソース・イノベーション。すべてがこれまで本書で検討してきた、多くの創造的産業に見られる重要な要素である。そして程度の差はあるが、それらはこの本で扱えなかったコピーに悩まされがちな他の多くの創造的産業にも、新しいアイデアと試みを与えるものだ。確かに、私たちは折り紙つきのコピー対策戦略ツールキット一式を提供はしていない。また、あらゆるコピーが無害だと信じている極端な楽観主義者でもない。しかし、世界の数多くの多様なイノベーション産業を澄んだ現実的な目で見渡してみると、たとえコピーが簡易化して蔓延している世界でも、楽観主義を抱くべきしっかりとした理由があることがわかる。

時としてこの来るべき世界は、最終的に情報がフリーになった、テクノロジー主導のユートピアか、「デジタル・パラサイト」が次から次へと創造的企業を潰す、恐るべき文化的荒廃のいずれかとして描かれる[34]。これら二つの立場はどちらも熱くなりすぎで大げさだ。反コピーのルールは私たちの経済に欠かせない。これまで何度も強調してきたように、知的財産権を撤廃したいわけではない[35]。また同時に、これまで検証してきた既存の創造分野を見れば、コピーを自由で簡単にすることは、必ずしも創造性とイノベーションへの死刑宣告ではないこともわかる。そして本書のエピローグで述べるように、通常は著作権侵害や寄生行為に悩まされる創造的産業の典型とされる音楽分野ですら、現実はレトリックどおりには進んでいない。音楽は活況を呈しているのだ。活況でないのは、メジャー音楽レーベルだけなのだ。

要するに、創造的生産は多くの人が思っているよりもずっと複雑な過程なのだ。私たちのイノベーションに関する法的仕組み――知的財産システム――は、その過程の一部にすぎない。この結論の章を終わるにあたり、イノベーションに作用している大きな要素のいくつかについて、簡単に考察しよう。将来の成功について楽観的に予測する傾向（これは人間の天性に抜きがたく備わっているらしい）をはじめとする、これら一般的要素を見れば、一般に思われているよりも創造性というものがずっとコピーへの耐性が強いというさらなる裏付けが得られるのだ。

費用、便益、創造性

これまで話してきた個別の物語を離れて、一般的に人々を創造とイノベーションに駆り立てるものは何か考えてみると、二つの基本的で、当たり前とすら言える要因が浮かび上がってくる。創造にはどのくらい費用がかかるのか？　そして、その創造の期待収益はどのくらいか？　言い換えれば、イノベーションの発生率は、創作物に時間とお金を投資する費用と便益をおおまかに反映している。確かに、多

＊＊　これ以外に、パール・オイスターバーからおおよそ90メートルほどの場所に開店したマーメイド・オイスターバーもある。こちらも西に数ブロックしか離れていない。

くの創作者は創作が好きだから創作している。しかし最終的には、イノベーションの維持には相応のインセンティブが必要だ。この想定は、イノベーションの独占理論の基本だ。しかしそれは私たちのイノベーションの説明にとっても同じくらい重要だ。私たちは本書で、それ以外に実在するずっと多くの複雑な創造インセンティブを描き出してみせただけだ。そうしたインセンティブは――ファッション、食などの持続的な成功が示すように――たとえコピーされても創造性を維持させている。

この最後の節では、イノベーションの未来について楽観的にしてくれる二つの論点を挙げて分析を拡大しよう。まず、イノベーションの便益はイノベーター自身に過大評価されていて、おかげでそうでない場合に比べて多くのイノベーションが誘発され、イノベーションがコピーによる損失に直面しても、イノベーションに耐久性を与えているのかもしれないという点。二つめは、創作費用は多くの分野で減少していて、それがイノベーションにも同じような効果を与えているという点。費用が下がれば、そうでない時に比べ生産量は増える。これら二つの現象がそろうと、コピーの容易な世界が、必ずしも創造性の乏しい世界ではないと考えるべき理由がもっと出てくる。

まずは方程式の便益側を考えてみよう。著作権と特許権は基本的に、創作者に十分な便益を保証するためのものだ。それが正当化される主な理由は、創作物の市場形成後に、模倣者によってその価値が下がらないよう保証することで、イノベーションの期待収益を増やすからだ。コピーを防ぐことで、イノベーターにとってのイノベーションによる利益を増やすのだ。これはおおむね社会通念となっているし、私たちも一般的に知的財産権法には好ましい効果があるという点には同意する。しかしこれが強調しているのは、重要なのがイノベーションによる利益であって、コピーの制限ではないということだ。利益さえ十分高ければ、イノベーションがなくなることはない。

ここから、明白であるにもかかわらず見過ごされがちな論点が導き出される。法的権利だけが、利益を増やす唯一の方法ではないということだ。イノベーションは他のもの——社会規範から税控除や賞金に至る様々なもの——によっても引き起こせる。* そしてイノベーションのインセンティブとなる原動力のなかには、これらよりもずっと根本的なものもある——それらは外からの刺激ではなく、基本的な人間心理から生まれたものだ。何か新しいものを創作する費用便益計算を再度考えてみよう。創作の決意を最も強力に形成するのは、実際の利益ではなく、みなし利益、あるいは期待収益だ。そして、人はみな創造性から生まれる利益を過大評価する傾向がある、と考えるべき正当な理由が存在するために、人はイノベーションに過剰投資しがちになる。この「楽観バイアス」もまた、創造性とイノベーションがコピーに直面しても、従来言われてきたより耐久力が高いと考えるべき理由の一つだ。

楽観バイアス

従来のイノベーションと知的財産権に関する考えは、合理的イノベーターという概念に依存していた。そこでは、イノベーターは享受できそうな利益量に対する創作コストを、明示的にせよ暗黙にせよ計算するものと想定している。作家は出版業者からある程度の前渡し金を期待し、ミュージシャンは新曲の売り上げを予想する。この期待収益が、どのくらい創作に尽力し、どのような創作を追求するかを決定する。しかし、経済と心理に関する豊富な研究によると、この判断はしばしば間違いがちだ——しかも

＊　英国は18世紀に、信頼性が高い経度測定方法を最初に開発した人への賞金を設けた。最近では、ネットフリックスが、そのオンライン推薦機能の改変に100万ドルの賞金を設けた。Xプライズ財団は、個人資金で最初にロボットを月に送り込んだミッションに贈られるグーグル・ルナー・Xプライズなど、ひと目を惹く賞金をいくつか提供してきた。

系統的に。

多くの研究が明らかにしているように、人は自分自身の将来の見通しを評価するのが非常に苦手だ。人には明らかに楽観バイアスがある。[36] 人は他人ができないことでも自分ならできると考えていて、失敗の可能性をひどく軽視している。例えば現実にはかなりのカップルが――多くの場合わずか数年で――離婚するのに、ほとんどすべての新婚夫婦が自分たちは離婚なんかしないと考えている。同様に、学生たちはたとえ激しい競争にさらされていようと、自分の成績を何の根拠もなく過大評価する。レイクウォビゴン〔すべての子供が平均以上の能力を持つという架空の町〕の住人同様、人はみな自分が平均以上だと信じたいのだ。

楽観バイアスは様々な人生の事象に広く見られ、イノベーションには当てはまらないと考えるべき理由はない。[37] 実際、私たちのうちの一人（スプリグマン）とシカゴ・ケント法科大学のクリス・ブカフスコが行った実験研究は、創造的アーティストたちが自分の作品価値は潜在的購入者の評価よりもずっと高いと信じていることを明らかにした。

最初の研究では、数百人の被験者に、俳句コンテストで優勝するチャンスを売買する機会を与えた。被験者は無作為に作者か入札者に割り振られる。作者には、コンテストでは9人の他の作者と競うことになると伝える。詩の専門家が勝者を選び、選ばれた人には50ドルの賞金が与えられる。入札者はそれぞれ、特定の作者が勝つ機会を購入するのに支払ってもいい金額を記す。同様に作者のほうも受け取りたい金額を記す。[38] 平均すると、作者は自分が俳句コンテストに勝つチャンスを22・9ドルで売りたいと思っている。しかし入札者が支払ってもいいと思っている金額はその半分以下の10・38ドルだった。

これらの結果は、様々な設定で楽観バイアスを立証したその他の何百という研究と一致している。作者は、実際には平均して10パーセントのチャンスしかないのに、約30パーセントの確率でコンテストに優勝すると信じている。彼らは期待される利益について、不合理に楽観的なのだ。

このような結果は、プロ志望のアーティスト——シカゴ美術学校の絵画専攻の学生——でも再現された。学生たちに、あるコンテストに中型絵画で応募するよう薦める。画家たちは専門家の審査によって他の9人の参加者と、100ドルの賞金を争うことになると告げられる。それぞれの画家と、入札者となる10人の追加被験者の一人が組になる。

ここでもまた、入札者と創作者のあいだには大きなギャップがある——実際そのギャップはかなり大きく、プロ志望の創作者たちが普通の人々以上に自分の作品を過大評価する傾向にあることがわかる。画家は平均して75ドルを要求したのに対し、入札者が払ってもよいと示した額は18ドルを下回った。ここでも、大きな差の最大原因は過剰な楽観主義だ。画家たちは自分がコンテストで勝つチャンスは50パーセント以上だと信じている。実際には、10人の参加者がいるので、確率は（平均すると）10パーセントだ。

このような行動はしょっちゅう見られる。多くの人々が、自分は平均よりも頭がいいと思っているし、平均的ドライバーより運転がうまいと考えている。そして俳句と絵画の実験を見ると、創作者はこのような楽観バイアスの影響をずっと受けやすい傾向にありそうだ。要するに、楽観バイアスは多くの創作者に、自身の知的創造物から実際よりも多くの利益を得られると思わせているのだ。

なぜこれが、コピーと創造性の相互作用を理解するにあたって重要なのか？　それは楽観バイアスが、イノベーションに対して一種の補助金のような働きをするらしいからだ。最終的な成功を過度に強く信じている創作者は、自分の創造性に多くの投資をしようとする。するとこの増大した投資意欲が、創作者が理性的に勝率——コピーによる期待損失を含む勝率——を計算する世界に比べ、大きな創造性の産出をもたらす[39]。

この結論の冒頭に、多くの創作者や発明者が骨身を削って努力するのは、そういう衝動にかられるからであって、金持ちになりたいからではないと書いた。しかし多くの者が、何らかの具体的報酬を期待――あるいは希望――しているのも確かだ。これらの人々にとって、広く知られている楽観バイアスという現象は、結婚の評価や就職の見通し同様に創造的世界において魔法のような効果をもたらす。期待するものが多いがゆえに、もっと創作するよう励むのだ。

トーナメント市場

イノベーターによるイノベーションの期待収益の見積もりを歪める、重要で関連した要素がもう一つある。現代の創造的商品市場の多くは、経済学者が「一人勝ち」あるいは「トーナメント」市場と呼ぶものだ[40]。これらの市場では、莫大な利益がトップのわずかな人々――スーパースター――のところに行き、トップより下の人にははるかに小さな利益しか行き渡らない。このような力学は、プロスポーツのような領域を見ればすぐにわかる。野球のメジャーリーグを考えればいい。そこでは最も優れた選手だけが莫大な給料をもらい、ただ優秀なだけの選手はAAAの二軍で終わり、本物のスターがもらうものに比べるとごくわずかしか稼げない。

トーナメント市場は小さな能力差を、巨大な報酬格差に増幅する。こんな基本的力学があるなら、人々はそんな市場での競争を敬遠するのではないかと考えたくもなる――失敗のリスクが大きく、競争は熾烈で、成否は何年も努力してみるまで見極めがつかないからだ。それでも多くの人がスポーツスター、国の政治家、最高経営責任者、あるいは本書で最も注目している音楽家、作家、あるいは来る一大ウェブコンセプトの発明者になろうと競いあっている。

　多くの創造的商品市場はトーナメント的だ。ヒットソングはその創造的アーティストに巨額の収益をもたらす。しかし歌曲の大半は商業的には鳴かず飛ばずだ。同様に、本や脚本は本当にヒットすれば巨額の収入をもたらすが、ニューヨークやロサンゼルスは、挑戦して失敗した何万という作家で溢れかえっている。新薬であろうと新製品であろうと、「特許レースに勝った企業に特許は与えられるが、トップと僅差の準勝者には、特許制度からは何の恩恵も与えられない」[41]。

　これが示すように、創作のトーナメント的性質は、ある程度は知的財産法によって促進されている。特許と著作権は独占的収益という見返りを創ることで、市場のトーナメント化に一役買っている。もしも他人が無制限にコピーできると、競争相手も増えるし強力になるため、「褒賞」もそれほど大きなものにならない。しかし、これは1かゼロかの現象ではない。トーナメント効果は、コピーがかなり横行している市場でも見られる。

　例えばファッションは一人勝ち市場ではない。それはどちらかといえば勝者が最も多く取る市場であって、競争を勝ち抜いたデザインは競争相手と実質的に「共有」され、市場全体の不安定さはそのおかげで多少は減る[42]。それでもファッション産業にも、スーパースターと二番手以下とのあいだには大きな格差があり、トップデザイナーとトップブランドは桁違いの利益を荒稼ぎしている。トーナメント市場では、勝者が少なくともその勝利のいくばくかを独占する必要がある。しかし完全な独占が必要なわけではない。比較的、知的財産権が小さいファッションや食のような市場を見ると、トーナメントの力学が作用するには、高水準の知的財産権保護が必ずしも必要ではないようだ。

　楽観バイアス同様、トーナメントは合理的な水準以上の投資を誘発する。このように楽観バイアスとトーナメント市場はともにイノベーターを高水準のイノベーションへと駆り立てる。そしてこれがコピーによる損失に直面してもイノベーションが揺るぎにくい原因だ。なぜか？　コピーは（たとえある産業全体の利益を増やすことはあっても）個々のイノベーターの利益を減らすからだ。もしも創作者が理性的に利益を計算すれば、コピーされる可能性によってそもそもの創作欲が削がれるかもしれない。しかし、彼らが人の常として利益を過大評価すれば、創作への投資に十分なインセンティブが残るかもしれない。

確かにこれらの効果は計測しづらい。しかし、それらがさほど小さくはないと考えるべき十分な根拠はある。楽観主義については、さっきの絵についての研究を考えてほしい。画家は平均すると、自分の勝率を正確に計算した場合に比べ、5倍も楽観的だった。[43]そしてトーナメントについては、究極のトーナメント・ゲーム――宝くじ――を考えればよい。人々はたとえ平均すると損をすることがわかっていても、宝くじに殺到する。トーナメント効果は強力で、それを厳密に計算できないからといって、それが創作活動を促さないとは信じ難い。

重要なことは、これら二つの効果が予想される利益を過大に見せる点だ。そして結果的に、誇張された利益への期待は、合理的計算による利益から予想される以上にイノベーションを増大させる傾向にある。

創作費用

イノベーションの供給は、予想される収益だけでなく期待費用にも左右される。イノベーションが安く簡単になれば、もっと頻繁に起こるはずだ。以前述べたように、イノベーションによって費用は違う。でも、その費用は不動のものではない。多くの産業では、技術がイノベーションの費用を引き下げるし、時としてそれが激減することもある。

音楽について考えてみよう。アルバム制作に、高価なスタジオと熟練技術を持つエンジニアが必要だったのはそんなに遠い昔のことではない——ごく最近の１９９０年代半ばでもそうだった。今ではアーティストは、プロツールス、エイブルトン・ライブ、あるいはアップルが無料提供するガレージバンドでもかまわないが、そういったツールが入ったコンピュータを使って、家で音楽を制作できる。これらのツールは音楽制作の費用を著しく下げた。おそらくもっと重要なのは、流通費用も大いに下がったことだ。音楽ビジネスにおける流通はかつては複雑だった——録音テープからレコード盤（後にＣＤ）を作り、世界中のレコード店に出荷するのだ。今日では、デジタルファイルを瞬時にアーティスト自身のウェブサイト、あるいはiTunesのような商業サイトにアップロードして、インターネット接続さえあればどこへでも簡単に配布できるようになった。

時にはこのような技術的進歩によって、音楽レコーディングのように、それまで多くの人手がかかっていたことが、一人でできるようになる。また、技術進歩によってそれまで一人（あるいは少数）で行っていたことでも、大勢による改変（ウィキペディア）を容認したり、もっと一般的にはオープンソース製作、あるいは「クラウド・ソーシング」として知られていることを容認して多人数で創れるようになった。[44]そうはいっても、おそらく技術変化の最も重要な効果は、創作物の製作費用と流通費用をどのくらい削減できるかということになる。

このすばらしい例の一つが、コメディアン、ルイスＣ．Ｋ．——序章でデイン・クックのジョークをコピーした件で登場した人物——による、ファンがコメディショーを直接ダウンロードできるようにした試みだ。ルイスＣ．Ｋ．はショーを自身で収録し、それを一つ５ドルという安値で販売した。彼は自身の

ウェブサイトでファンにむけて次のように書いている。５ドルは、

> 単にショーをやって、大会社が録画したものを売った場合にもらえる額よりも少ないが、やつらはビデオを1本20ドルで売りつけたはずだ。暗号化して鑑賞可能地域を限定した、価値が制限されたビデオを売りつけて、さらにみんなの個人情報を自分たちのために利用しただろう。国際的な販売もいつまでも遅らせたはずだ。でも私のやり方だと、みんなが払うのは５ドルだけで、そのビデオを好きなように利用できるし、たとえダブリンだろうが、ベルギーの何とかいう都市だろうが、ドバイだろうが見ることができる。私にとっても売り上げは上々だし、それでもビデオの所有権は（みんな同様に）私にある。[45]

ルイスC．K．は最近、セルフリリースのコメディショー販売によって100万ドル以上を売り上げたと述べている。このような試みの成功*（もちろんルイスC．K．はこのような試みを行った最初のアーティストではないし、最後でもないだろう）は、レコード会社のような流通業には明らかに悪いニュースだ。しかし、ファンにとっては良いニュースだし、ルイスC．K．の話が本当なら、アーティストにとってもすばらしいニュースだ。そこまで顕著ではないにしても、映画、文学、ファッションや金融イノベーションといった領域における変化も、同じように創作費用と流通費用の両方を激減させた。

この流通コストの根本的転換は二つの非常に重要な影響を持つ。一つは、もしも創作費用が低いなら、イノベーション促進に必要な期待収益もまた低くて済むということだ。すると、コピーによる損失が増えても、創作者はイノベーションへのインセンティブを失わずにそれを吸収できる。二つめは、費用が低ければ価格も低くできて、価格が低ければその分だけ消費者は購入しやすくなって、コピーしなくな

るということだ。（アルバムやショーのような）ある品目の価格が安くなれば、多くの人は喜んで金を払い、わざわざ不法コピーをしなくなる――たとえ簡単に不法コピーできても。** アップルのiTunesの驚異的成功は、この後者の法則をよく表している。不法インターネット・コピーの代表のような産業で、サービス開始以来１６０億件の有料ダウンロードが行われたのだ。十分に安く、簡単にすれば、もはや違法行為は割に合わなくなる。

今や新しいデジタル技術によって違法コピーも同様に簡単になったため、技術変化の総合的な影響ははっきりしない（そしていずれにしても正確な評価は難しい）。それでも技術の有益な効果はしばしば無視されているので、重要な分析をする際は、必ずそれを考慮する必要がある。

ここでの要点は簡単だ。著作権侵害を促進する技術の多くが、同じように創造性も促進している。技術変化はイノベーションの費用を下げられるし、多くの場合実際に下げているが、費用が下がれば一般に生産量は増えるのが経済学の基本だ。これまた現在の技術環境において、コピーは多くの人が思っているほど怖いものではないと判断できる理由だ。

＊　レディオヘッドの有名な「おまかせ価格」ダウンロードについては本書のエピローグで論じる。

＊＊　またまたルイスC.K.を引用しよう。「みんなにはたくさん買い続けてほしいと心から思う。そうすれば私はたんまり儲かるから。でも現時点で、試みはうまくいったと自信を持って言えるようだね。盗んだ人もいるだろうが、そんなにたくさんはいない。ほとんどみんなが買ってくれているんだ」。もちろんこれはいくらか割り引いて聞く必要がある。課税に関する多くの研究を見ると、人々は他の人も従っていると思うと、従いやすくなるという。だからルイスC.K.が、ほとんどの人が盗んでいないと言ったのは賢明だ。それが本当に事実かどうかはさておき。

まとめ

ここまでの議論を手短にまとめてみよう。本書では、コピーが一般的でしばしば合法なのに、創造性が維持されている多くの産業を検証してきた。これらの産業は瀕死の状態どころか、活況を呈している。これは、イミテーションはイノベーションを殺すと信じる、従来のイノベーションと知的財産権の役割に関する発想からすると不可解なことだ。ファッション、フォント、金融といった分野が、コピーの蔓延にもかかわらず、なぜいまだに創造的なのか説明しようというのが、本書を突き動かしている大きな問題だ。

私たちはこれらの産業について説明し、どのように（そしてなぜ）それらが機能するかについて詳しく掘り下げてきた。この結論では、これら多様なケーススタディから導き出した、六つの一般的教訓を概観した。どの教訓も、これまで見てきたすべての産業に当てはまるわけではない。しかし全体としてこの六つは、イミテーションとイノベーションの両方を示している成功した産業がなぜこれほど多いかを説明するのに役立つ。そしてそれらが、他の創造的産業――伝統的にコピーと戦うために著作権と特許に大きく依存してきた産業――のコピーに対する抵抗力を強化するための一連のアイデアを提供してくれればと願う。使える抵抗力の源を見つけることが重要だ。コピーについてどう考えていようと、それがなくなることはないのだから。

最後の数ページで、私たちは別の要因を二つ、この方程式に導入した。第一に、イノベーションは他の経済財同様に、費用と便益の産物だ。便益面には単なるお金以上のものが含まれる。多くの創造行為は愛や衝動から生まれる。しかし長期的に見れば金銭的な期待も重要だ。そしてイノベーターたちは便益を見積もる際に、過度に楽観的だと信じるべき多くの証拠がある。多くの創造的産業が持つトーナメント市場的な特質が、この傾向をさらに際立たせる。これら二つの力が対になって、まるで補助金のようにイノベーションを促進する。

二つめは、コピーをめぐる議論で、これまでは創造の費用面にあまり注意がはらわれてこなかったということだ。確かに技術はコピーを可能にすることで、便益を減らしかねない。しかし、それはまたイノベーションと流通の費用も下げる。収益増加と同様に、費用低減は「儲からない」イノベーション活動や流通を、儲かるものに変えられる。どちらの効果が強力かは、その産業と技術次第だ。しかしこれまでは、技術の負の面にばかり焦点があてられてきた。私たちはその利点もかなり大きいと考える。

これらすべての考察は同じ方向を示している。その方向とは、直観に反してはいるかもしれないが、基本的に肯定的なメッセージだ。これまで様々な分野について示してきたように、創造性はコピーの蔓延に直面しても持続できる。それどころか、コピーが原因で創造性が生まれた例さえいくつかあった。コピーが良性でも有益でもない時でさえ、それは多くの人々が思っているほどの脅威ではないことが多い。パクリ経済はすでに存在する。重要な問題はイミテーションの持つ力をどのように理解し、さらなるイノベーションに活用するかということなのだ。

エピローグ
音楽の未来

ショーン・パーカー（ナップスターの共同創始者）「ぼくはナップスターでレコード会社を打ち負かし……」
エドゥアルド・サヴェリン（フェイスブックの共同創始者）「失礼だけど、打ち負かしてないでしょう。勝ったのはレコード会社のほうだ」
ショーン・パーカー「法廷ではね」
エドゥアルド・サヴェリン「うん」
ショーン・パーカー「君、タワーレコードを買収したいかい、エドゥアルド？」
――映画『ソーシャル・ネットワーク』（２０１０年）

コピーは長年にわたり音楽産業にとって悩みの種だった――ナップスター、あるいはショーン・パーカーが生まれるずっと前から。しかし１９９９年に、何かが変わった。その年、最初の音楽ファイル共有サービス、ナップスターが爆発的に人気を博したのだ。

突然、何百万人もの人が音楽を互いに自由に共有するようになった。レコード産業から見ると、これは集団犯罪であり深刻な脅威だった。業界はこれに即座に対処した。著作権保護を強化するよう政府に働きかけた。お抱え弁護士を増やした。そして法廷を利用してナップスターを阻止しようとした。こういった戦略はいくらか効いた。議会はますます制限力の強い法案を可決し、裁判所はレコード会社に有利な判決を下した。しかしこれらの勝利は表面的なもので、問題はほとんど何も解決していなかった。ファイル共有——要するにコピー——は、いまだにすさまじい規模で続いており、著作権の強制執行にはますます費用がかかるようになり、効果もあまりないように思えた。技術の未来の行く末は予測できないが、もしもこれまでが序章にすぎないなら、明日の技術はコピーの阻止をなおさら困難なものにしそうだ。

このエピローグでは、音楽産業の大量コピーとの積年の戦いを検証する。何百万人ものファンが以前は金を払って手に入れていたものを無料で入手するようになったことで、10年間でこの産業の収入は（インフレ調整後で）6割以上縮小した。現在でも音楽産業の収入は急落を続け、その一方で著作権侵害はほとんど衰えることなく続いている。それにもかかわらず——ここが重要なところだが——音楽の創造性は花開いている。音楽は衰退しつつあると言われながらも、空前の創造性を示していると言っても過言ではない。

音楽産業のオンライン著作権侵害との戦いの物語は、他でも詳しく語られてきた。[1] しかし私たちは、その基本的な概要を利用して、二つの重要な論点を明確にしたい。

まず、コピーが音楽産業の一部に損害を与えたことは明らかだ。それでも音楽自体がなくなったりはしない。実際はその逆だ。コピーの普及を可能にしたいくつかの変化そのものによって、新しい音楽の制作と流通にかかる費用は劇的に下がった。これが新しい音楽の供給が減少するどころか増加した理由の一つだ。

第二に、音楽産業の窮状は回復不可能ではない。おそらく音楽産業は、ファッションやコメディといった産業での実践をいくつか模倣することで再構築できる。この新しい取り組みは、著作権の強制行使を効果的に補完できるし、場合によってはそれに代わるものにもなる。音楽産業は、そのビジネスモデルのなかにコピーへの抵抗力を作る——そしてできればコピーから利益を出せるようにする——ことを目指せば、仕組みを変えられるのだ。

音楽産業衰退超略史

音楽と音楽産業は同じものではない。「音楽産業」という言葉は、ワーナー・ミュージック・グループやソニー・ミュージックエンタテインメントといったメジャーレコードレーベル業界の略称としてしばしば使われる。インターネット上の著作権侵害が「音楽産業」を殺そうとしているという時、実際に論じられているのはメジャーレーベルのことだ。そしてある意味でこれは正しい。メジャーレーベルは不法ダウンロードから大きな被害を受けてきた。

それでも音楽そのものはしっかり生きている。本書の結論で説明したように、かつてミュージシャンは、音楽の録音を高価なスタジオと高い技術を身につけたエンジニアに頼り、その製品化と流通を大企業に頼るしかなかった。小売店は——たとえタワーレコードのような最大手でも——少しの在庫しか抱えることができなかった。その結果、コストの高い流通体系が組まれ、そこからほとんどのアーティストは排除され、消費者の選択肢は制約されていた。

今やこれらすべてが変わった――ずっと良くなったのだ。ノートPC1台あれば、アーティスト自身で高品質の録音ができるし、インターネットでそれらを簡単に配布もできる。このずっと開かれた世界では、実質的に無名の人でも従来の産業プレーヤーたちを飛び越えて、音楽で生計をたてられる。そしてインターネットに接続できれば、アマゾンのようなオンライン小売店に誰でもアクセスでき、そのヴァーチャル店頭空間は無限で、実店舗小売店よりもはるかに費用が低いので、消費者は今やどの音楽を買うかについて、ずっと大きな選択肢を享受している。* その結果、今やあらゆる種類の音楽が隆盛を極めている。実際、現在入手可能な音楽の多様性と質、その入手し易さ、低価格、消費者が求める音楽へと彼らを導く情報量という点では、私たちは音楽黄金時代を生きている。

この恩恵を受けるのは消費者だけではない。多くのミュージシャンにも恩恵はある。成功がメジャーレーベルを通じた流通を意味した時代には、市場はごく少数の金持ちのスーパースターと、大多数の無名の文無しミュージシャンを生み出した。今では、様々なミュージシャンがホームスタジオ、ブログ、ユーチューブ、マイスペース、フェイスブック、ツイッターといった技術により、独自のキャリアをしっかり築いている。つまり、音楽は栄えているのだ――たとえ大量のコピーに直面していても。

それでも、メジャーレーベルの運命が衰退の一途をたどっていることは否定しがたい。この衰退を進めているのは技術だが、技術だけが唯一の要素ではない。レーベル自体もいくつか戦略的間違いを犯し、

---

* これがクリス・アンダーソンの『ロングテール――「売れない商品」を宝の山に変える新戦略』（早川書房）の基本的考えだ。オンラインでは、少数しか売れない商品でも利益を出せる。なぜなら在庫と流通にかかる費用がとても小さいからだ。

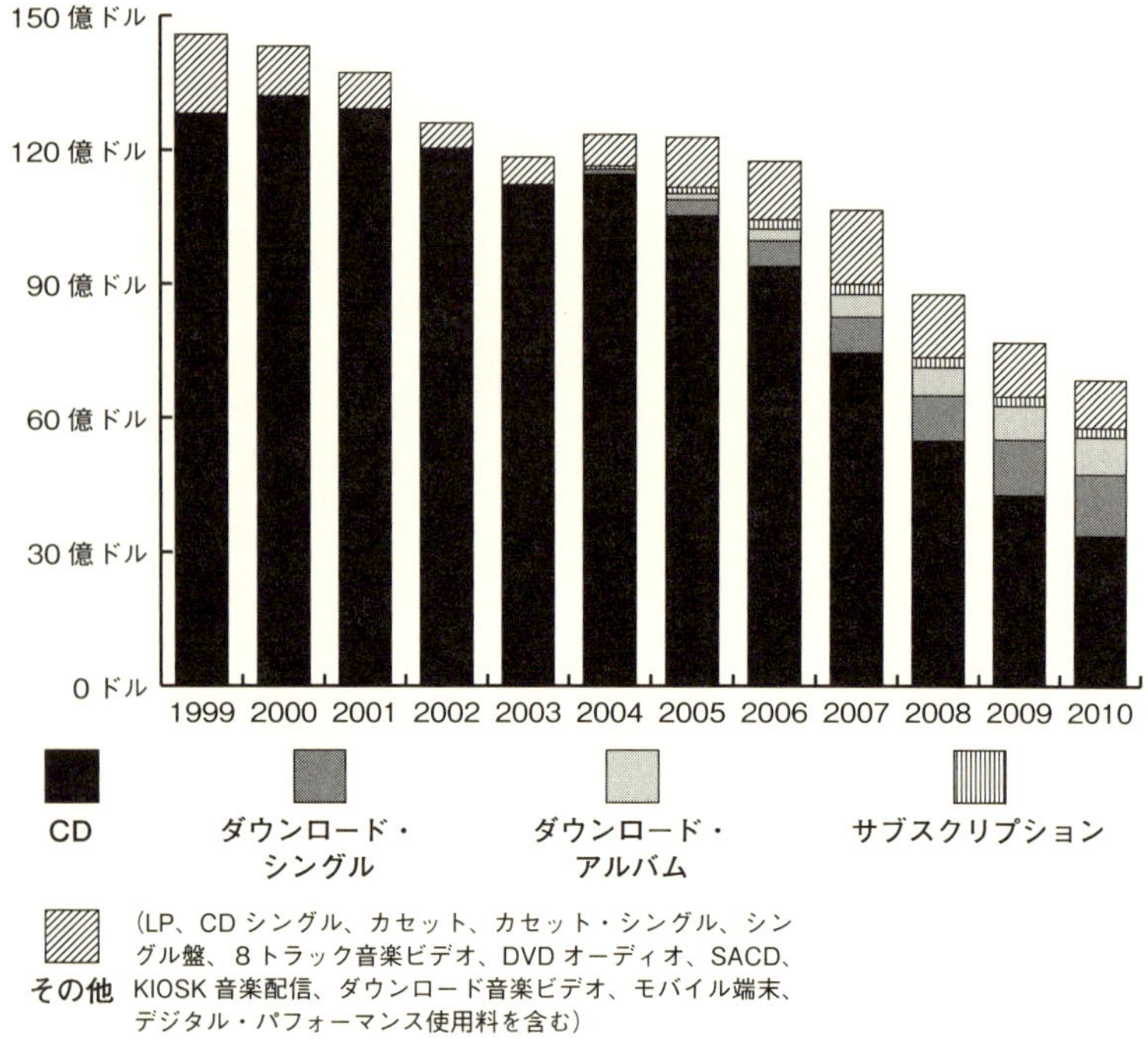

図6-1　レコード産業売り上げ、1999年—2010年（全米レコード協会データ）

このため技術に内在する被害ばかりを見て、好機を認識し損ねているのだ。ここでこの点を強調しておきたい。というのも重要な要素がこれで裏付けられているからだ。多くの場合、問題は、コピー自体ではなく、コピーをどのように理解し対処するかということにあるのだ。

まずはじめに、私たちが業界自身のデータから作った次のグラフを見てほしい[2]。

1999年、レコード会社の総売り上げは史上最高の145億ドルとなった。それに先立つ1989年から1999年の10年間に、65億ドルから145億ドルという220パーセントの大成長を遂げた結果だ（インフレ調整後では170パーセント)。しかし、この成長にはからくりがある。なぜなら主にそれは、LPからCDへの移行という一度限りの出来事によって後押しされたものだからだ。1982年に登場したCDは、1988年には売り上げがレコード盤を超え、その後数年間、消費者は古いレコード盤からCDへの買い替えに大金を費やした。

しかし良い時期は長くは続かなかった。2009年末には総売り上げは76億ドル強にまで減少した――10年間でほぼ半減したことになる。そしてこの数値ですら、衰退の全容を捉えてはいない。インフレ調整すると、レコード会社はここ10年で売り上げの約6割を失ったことになる。この傾向は2010年も続いている。全米レコード協会(RIAA)の最新データでは、総売り上げはさらに11パーセント減少して70億ドルを割った。そしてこの傾向は終わりそうもない。

ナップスターの登場

何が起きたか? ナップスター現象が起きたのだ。当時19歳の大学生だったショーン・ファニングが創り出したナップスターは非常に多数の支持者を得た最初の音楽ファイル共有サービスだ。ナップスターは公開後1カ月で5000万人近いユーザーを獲得した。その魅力は使い易さだ。ファニングの洗練されたデザインによって、オンラインで欲しい曲を簡単に見つけられた。ナップスターがまるでウイルスの増殖のように成長した最も大きな理由は、間違いなくそこにすべてがあったからだ。欲しい曲のほとんどすべてが、瞬時に無料で手に入った。

ナップスターで大量の音楽が入手できるのは、そのシステムの「P2P(ピアツーピア)」アーキテクチャのおかげだ。ナップスターはサーバ上に音楽を集めたりしなかった。かわりにインターネットを通じて無数のユーザーを繋いだ。ひとりのユーザーが曲を要求すると、ナップスターは常に更新され続けている音楽ファイルリストを参照して、要求したユーザーと関連するファイルを所有するユーザーのコンピュータとを繋ぐのだ。

音楽産業の反応は予想どおりで、ナップスターが可能にしたコピーの規模からするとそれも無理からぬことだった。１９９９年、ＲＩＡＡは1曲のダウンロードにつき10万ドル——総額で数十億ドル——の賠償と、裁判所による操業停止命令を求めてナップスターを告訴した。２００１年連邦裁判所はこれを認め、ナップスターにすべての無認可コンテンツを除去するよう命じた——これによりナップスターは即刻閉鎖に追いやられた。消滅の危機に瀕したナップスターはメジャーレーベルに、10億ドルで彼らの持つ曲を使用許諾してはどうかと提示した。提案された「ナップスター２・０」サービスでは、ユーザーに１カ月２・95ドルから９・95ドルの使用料を課して、その収入を資金に毎年レコード会社に2億ドルを支払うことになっていた。(3)

レーベル側はナップスターの提案を蹴った。今にして思えば、これは大きな誤りだった。もしもナップスターが有料サービスになっていれば、ユーザーのなかには新たな無料の音楽ソースを求めて、ナップスターを離れる者もいただろう。しかし数年後のアップルのiTunesの圧倒的成功を見ると、多くの人々は少なくとも求めているものが適価で簡便に（そして安全に）入手できるなら、音楽に金を払う意志が間違いなくあるようだ。ナップスターの有料サービスは、iTunesに対する大きなリードを獲得できたはずだ。２００1年には多くの人——特に最大の購買層である若者——がナップスターを利用していたので、少なくともレーベルは、便利なオンラインミュージックに手頃な価格が支払うほうが、盗むよりよいでしょうと訴えかけることもできたはずだ。もしもレーベルが新技術を取り込んで、ナップスターとの合意は消費者にとって新しい良い取引なのだと喧伝していれば、その主張はなおさら強力なものになっていたはずだ。

しかしながら、ナップスターは潰された。だがいったん瓶から外に出た精霊を元に戻すことはできない。ナップスター無き後も、グロクスター、カザー、ビットトレントといった新しいサービスが現れ、何百万人ものナップスター・ユーザーが新しいネットワークへと移行した。音楽産業は再び法廷闘争に打って出た。2005年、最高裁は、著作権侵害を「誘発した」ことでグロクスターに責任があるとする重大な判決を下した。しかしここでもまた、勝利は現実のものというより見かけ上のものでしかなかった。グロクスターは直接著作権を侵害したことによって有罪とされたわけではなかった——ナップスターとは違い、グロクスターのユーザーはデジタルファイルを共有する際、グロクスターから直接の手助けはいっさい受けていない。かわりに、グロクスターは基本的に著作権侵害を誘発したことにより有罪とされた。最高裁は、この会社が意図的にナップスターに似た名前をつけ、ナップスター・ユーザーにグロクスターを利用して無料で音楽をダウンロードするよう促すことで、著作権侵害を誘発させたと考えた。

裁判所の見解では、こういった行為は違法行為をおおっぴらに推奨しているに等しいとされた。そして、その推奨行為が繰り返されることはありそうもなかった。当然のことながら、グロクスター事件の判決の影響力は長続きしなかった。グロクスターは潰れたが、新しいプラットフォームがすぐに現れて、ファイル共有者たちはまたそこに引っ越した。言うなれば、RIAAの訴訟戦略はもぐらたたきゲームをしているようなものだ。ただしこのゲームでは、モグラはどんどん新しくすばやくなる一方なのだ。

その目下の最新例がビットトレントだ。いくつかの計算によると、ビットトレントを通じて共有されるファイルは、現在のウェブトラフィックの3分の1を占めるという。ユーザーはパイレートベイのような一般のサーチエンジンを使ってビットトレントを検索できる。しかし増え続けるビットトレントのファイル共有は、招待によってのみアクセス可能な「クローズド」サーチエンジン経由で行われる――基本的に、メンバー間でファイルを共有するクラブ形式をとっているのだ。新しい技術ツールはファイル共有の発覚を起こりにくくし、発見にかかる費用を高くしている。

そしてオンラインでは、ファイルホスティングや「サイバーロッカー」といった新しい技術が現れてきている。ファイルホスティング・サイト経由で音楽配信するには、ユーザーはラピッドシェアといったサイトにファイルをアップロードし、訪れた人がファイルをダウンロードできるサイトのアドレスを配布する。ファイルホスティング・サイトは数の多さ、独立性、そしてその多くが法制度の脆弱な外国の管轄下に置かれているという事実のため、取り締まりがとても難しくなっている。

要するに、音楽産業は不法ダウンロードに利用される技術に後れをとってきた。裁判では多くの勝訴を勝ち取ってきたが、それらのほとんどが採算に合わないものだった。現在音楽コピーは、ナップスター発明時よりもさらに蔓延している。

長いものには巻かれろ

メジャーレーベルは、たぶんあの時にナップスターと手打ちをしていれば、もっと成功していただろう。コピーに魅力的な合法的代替手段を与えたからといって、著作権侵害を完全には阻止できなかったはずだ。しかしながら、有料オンラインミュージック市場は実に巨大だ。結論でも述べたように、これまで iTunes から、160億回以上の有料ダウンロードが行われてきた。おそらくレーベルが、ナップスターが調停案として提示したような手法を採り入れていたら、根本的脅威とならない水準まで著作権侵害を減らす助けになったはずだ。

もちろんそのようなシステムは、これまでとは違ったビジネスモデルを意味するものとなる。それはA&Mレコードよりは iTunes にずっと近いものとなるはずだ。消費者は10曲かそこらの曲がひとまとめになったものを高い値段で買うよりも、一度に1曲ずつ買うだろう。支払いも少なくて済む。これらの変化は主に消費者の利益になるはずだ。

しかし長い目で見れば、レーベル側にとっても利益になっただろう――それもここ10年で彼らが被った壊滅的損失と比べれば、間違いなくかなり大きな利益だったはずだ。最低でも、産業の流通費用は劇的に下がったはずだ。実際にナップスターは、効率的でスケーラブルな小売業者として機能していたはずだ。そしてそこにはもう一つ、おそらくもっと重要な潜在的な利益があった――情報だ。ナップスターのネットワークは中央サーバを基に構築されていたので、それを使って顧客識別情報とその取引情報を保存できる。何百万人もの音楽ファンが一箇所に集まり、ナップスターの中央サーバはそのファンたちがどこにいるか知っていたのだから、レーベルはこれを利用して、的をしぼった製品とサービスをユーザーたちに提供できたはずだ。ナップスターと組めば、レコードレーベルは一瞬にして自分たちのビジネスモデルをインターネットの隆盛に適応させることができたはずだ。*

ところが、ナップスターは閉鎖された。その後継技術は潜在的ビジネス・パートナーとして有望ではなかった。それらのネットワークは分散化されていたので、管理も吸収もずっと困難になった(4)。単純な事実として、ナップスターは信じられないくらい音楽を見つけ易くした、本当に成功したファイル共有の最初の例だった。だからナップスターこそは完璧なパートナーになり得たのだ。

P2Pから個人へ

ダウンロード技術がなくならないことが明らかになると、レコードレーベルは第二の戦略を打った。2003年、レーベルは不法に音楽を共有した261名の個人を相手に訴訟を起こした。合衆国法の下で、これらの被告は共有した曲1曲につき最大15万ドルの損害賠償を支払う責任があった。最終的に、レコード会社は故人や13歳の少女を含む3万人以上の人々を相手に実際に訴訟を起こしたか、訴訟を起こすと脅した。

法外な損害賠償金を課せられそうになった被告たちが示談に応じたため、これらの訴訟のほとんどは法廷にまで持ち込まれることはなかった。しかしこの戦略も効果を上げることはなかった。裁判になった訴訟では何百万ドルもの弁護士料がかかり、世間からは大きな反発を招いた。個々の訴訟がファイル共有の増大を阻止することもなかった。ファイル共有者はアメリカ国内だけでも数千万人はいたので、ある個人が訴えられる確率はとても低かった。ライオンに襲われたガゼルの群れのように、そのほとんどが訴訟から逃げおおせた。2008年にはレーベルは、もう消費者を訴えたりしないと発表した。

アップル社による音楽界制覇

レーベルのコピーに対する正面攻撃はほとんど効果がなかった。しかし長い目で見た損害は、お金だけでなく、支配力に関係することだった。業界がずっと容易になったコピーに対して悪あがきしている一方で、アップルのCEO、スティーブ・ジョブズはひそかにアップルを音楽業界の次のキングメーカーにするための足場を築いていた。

アップル社の最初の一手はiPodだった。2001年に発表されたiPodは大ヒットした。そして2003年アップル社はメジャーレーベルと音楽のライセンスで合意した。レーベル側は、当時パソコン市場でわずかなシェアしか持たず業績が悪化していたアップル社という企業を、コントロールできるつもりでいた。しかし、iTunesストアの営業開始後10年も経たないうちに、アップル社はアメリカの有料ダウンロード市場のほぼ75パーセントを支配した。実際、アップル社の事業はアメリカのすべての音楽市場における売り上げの4分の1以上を支配するまでに巨大化した。それは市場2位と3位であるウォールマートとアマゾンのシェアを合わせたよりも大きい。

iTunesにはもう一つ切り札があり、レーベルはもう一つへまをした。音楽をiTunesから購入した消費

＊ レコード会社がナップスターとの取引に失敗したのは、レコード会社が所属するアーティストの録音物のオンライン配信を許諾する法的権利を持っていなかったためだと指摘する者もいる。しかしメジャーレーベルの契約は公開されていないが、これまで見てきた証拠では、ほとんどの契約に「全メディア」条項があり、それがレーベルにオンライン配信契約の権利を与えていると思われる。当時のオンライン配信をめぐるアーティストとレーベルの戦いは、レーベルにオンライン配信を許諾する権利があるかどうかよりも、アーティストに支払われる印税率がCDに適用されるものなのか、それよりも低い新メディアの印税率かということに重点が置かれていた。

者は、実質的にアップルのプラットフォームに取り込まれた。もしも消費者がライバル他社のポータブル・ミュージック・プレイヤーに移行しようとすれば、これまで買った音楽は聴けなくなってしまう。音楽をCDに焼いて移行させれば対処はできるが、これは手間がかかる。だから一度アップル社のプラットフォームを使い始めた消費者のほとんどがそれを利用し続ける。

レーベルは、アップル社による囲い込みを打破する機会が一度あった。それは2006年、マイクロソフトが競合ミュージックプレイヤー Zune を発売した時だ。もしも彼らが Zune をしっかりサポートしていれば、アップル社の支配に対抗するだけの力を持った企業を台頭させたかもしれない。しかし Zune は深刻な問題に直面した——iTunes ライブラリを作り上げていた消費者は、その音楽を iPod でしか再生できなかった。音楽コレクションを破棄してまで、なんで Zune なんかに乗り換える必要があるのか？

レーベルは、Zune ユーザーに対して iTunes で購入済みのすべての曲を、例えば1曲1セントで移行させてあげることで、音楽の囲い込み問題をマイクロソフトが解決するのを助けることもできた。しかしそうはならず、その結果当然ながら、Zune——実物を目にしたことがあるだろうか？——はまったく流行らなかった。* アップルの優勢は盤石だった。

この話はどこへ向かうのだろう？　コピーと著作権のそれぞれの役割に関する重要な問題へと向かうのだ。確かにコピーはレーベルに損害を与えた。しかし著作権にも問題はある。著作権は、レーベルが全体的なビジネス戦略の一部として利用した一手段にすぎないのに、コピーに対抗するルールの強化がレーベルのビジネス戦略の重要な焦点になってしまった。その戦略はいくつかの戦闘で勝利をおさめはしたが、全体としての戦争では負けた。それは悪評を生み、インターネットによって後戻りできない変化を遂げた世界で生き残るために、産業のビジネスモデルを改革するという目的から目をそらせることになった。そして最終的に、それは音楽ビジネスを海賊たちではなく、アップル社に引き渡してしまった。

次に起こるのは何か？　コピーがなくなることはない。それどころか、コピーは日々ますます簡単になっているようだ。音楽産業全体は――好むと好まざるとにかかわらず――これまで本書で検証してきた他の創造的産業の特徴でもある、コピーが容易な環境下にますます入り込んでいる。そうした他の産業で、いかにして創造性が育まれているのか理解することが、音楽産業が順応し、さらに繁栄できる未来を指し示すことになる。

将来を見据える

この衰退の物語には不可避なことなど一つもなかった。例えば、ハリウッドはもっと上手くやっている。確かに、ハリウッドは著作権侵害について大いに懸念している。しかし、非常に多くの著作権侵害が特に海外において横行していても、**いまだに大手フィルムスタジオの存在を脅かすまでには至っていない。興行収入は毎年安定して増大しており、多少の増減はあったが、1992年にインターネットが

＊　2011年秋、マイクロソフトは負けを認めてZuneを中止した。

＊＊　モーション・ピクチャー・アソシエーション（アメリカ映画協会の海外版）によると、2005年の著作権侵害による損害の80パーセントを海外が占め、国内はわずか20パーセントだった。そのなかで中国がナンバー1の敵として名指しされたことには誰も驚かないだろう。http://mpa-i.org/pdf/leksummaryMPA%20revised1.2008.pdf.

社会的現象として現れた時のほぼ2倍になった。(5) これらの数にはDVDリリースは含まれていない。DVDは、ここ20年の大きな収入源だったが、今では重要性がますます下がっている。

なぜ、映画産業は違う運命をたどったのか？ 一つには、技術が彼らに数年の猶予期間を与えたことが挙げられる。ビデオファイルは音楽ファイルよりもかなりサイズが大きい。その結果、最近までそのダウンロード、アップロードは比較的難しかった。さらに重要なことは、ハリウッドは音楽産業の苦境からいくつか教訓を学んでいた。ハリウッドはコピーと戦ったが、それは著作権侵害の影響を鈍化させつつ、インターネットがもたらす機会から利益を得ることを目的にした、もっと大きな総合戦略の一部としてだった。これまでのところずっと上手くいっているハリウッドの戦略の詳細については、音楽の未来について考える過程でいくらか検証したいと思う。

その音楽の未来は、音楽の過去とは違うものになるはずだ。音楽のコピーは容易で、発覚するリスクも最小限で、それが変わることもなさそうだ。著作権侵害の簡易さが、音楽における創造性の死を意味するわけではない。また音楽からの収益の終わりを意味するわけでもない。簡単にコピー可能な他の創造的産業で展開された戦略で、音楽産業が取り入れられる方法を以下にいくつか挙げよう——なかにはすでに導入されているものもあるが。

体験としての音楽

最も明解な適応は、音楽産業が売るものを製品から体験へと変えることだ。結論で、製品は簡単にコピーできてもパフォーマンスはなかなかコピーできないと論じた。シェフが創造性を失わない理由は、競争者はレストランの名物レシピはコピーできても、もてなしやレストランの雰囲気、あるいはサービスは簡単にはコピーできないからだ。

ここでこの議論を繰り返すつもりはないが、パフォーマンスの重要性は強調しておきたい。すでに毎年膨大な数の人々がコンサートに参加している。パフォーマンスへの大きなシフトが起きても、現在レコーディングから生まれている収益のすべてがそれで置き換わることは決してない。しかしビジネスモデルを簡単にコピー可能な製品から遠ざけ、再現が困難なパフォーマンス（コンサート）へとシフトさせれば音楽の未来を安定させる助けとなる。

いろいろな意味で、これは過去2世紀のポピュラーミュージックの現実への回帰にすぎない。ミック・ジャガーが的確に指摘したように、レコーディングで儲けた時代は、音楽史のなかのごくわずかな期間にすぎない。過去も未来も、パフォーマンスがずっと中心的になるだろう。この新しい世界では、レコーディングはそれ自体で儲けるというよりは、コンサートの宣伝として機能する（そして時には、マドンナの最新アルバムがそうであったように、コンサートのチケットと抱き合わせで販売される）。その結果、コピーはそれほど恐れるものではなくなる。宣伝の不法コピーには、オリジナルと同じ――いやひょっとするとそれ以上の――効果があるからだ。(6)

ソーシャル・ネットワークとしての音楽

経済学の基礎によれば、製品の製造流通費用が下がるにつれ、生産量と消費量は増える。この自明の理は音楽にももちろん適用できる。デジタル技術によって音楽の制作流通費用が削減された結果、これまでにないほど大量かつ多様な音楽が売り出されるようになった。しかしもう一つ別の変化もある。デジタル技術は、音楽産業の利益配分も変えた。レコード会社全盛期には、当然多くの収益がレコード会社の懐に入った。このシステムは大成功したスターを生み出しはしたが、多くのミュージシャンは——たとえ優れた才能があっても——ほとんど稼げなかった。

この構図は変化しつつあり、それが今どこへ向かおうとしているのかははっきりしない。いまだに超大物スターが存在する一方で、もっと大きな安定した音楽中間層——レコーディングして、ツアーを行い、関連商品を売ることで慎ましい生活を維持できるアーティストたち——が形成されつつあるという兆候がある。これらのアーティストは音楽制作にかかる費用が低下したことにより、より小さな規模でも音楽を続けていけるようになった。それもレコード会社のような仲介者にあまり頼る必要もない。音楽の著作権侵害をとても容易にしているのと同じ技術が、ミュージシャンとファンの直接的なコミュニケーションを促しているのだ。

ポップ・シンガーのコルビー・キャレイに訊いてみればいい。キャレイの音楽キャリアは2005年、彼女が自宅録音した数曲を友人がマイスペースにポストした時に始まった。そのなかの1曲「バブリー」が、マイスペースユーザーのあいだで噂になり始め、2カ月もたたないうちに急速に広まった。コルビー・キャレイはマイスペース内で未契約アーティスト・ナンバー1になった。「バブリー」がポストされて2年後には、キャレイのマイスペース上の友人は20万人を超え、彼女の曲は2200万回以上再生された。キャレイはマリブの自宅から離れることなく世界中にファン層を築いた。2007年、ユニバーサル・レコードが彼女のデビュー・アルバム『Ｃｏｃｏ』を発売すると、ビルボード・チャートで最高5位につけてプラチナレコードになった。

あるいはラップアーティストのマック・ミラー、ワーレイ、そしてJ・コールに訊いてみてもいい。彼らはそれぞれインターネットで無料で曲を発表し、ソーシャル・メディアとブログを通じてファンと交流することで、ファン層を築いた。そして2011年の2カ月ほどのあいだにそれぞれデビュー・アルバムをリリースし、チャートでも高順位につけた[7]（マック・ミラーのデビュー・アルバムはチャート1位になり、発売後1週間で14万4000枚を売り上げた。その1週間前にチャート2位でデビューしたワーレイは発売後1週間で約16万4000枚を売り、それより1カ月前にデビューしたJ・コールのデビュー・アルバムもまた1位となり発売後1週間で21万7000枚を売り上げている）。ファンはこれらのアルバムをコピーすることもできた——そしてなかには実際にそうした者もいるはずだ。しかし、多くのファンは金を払ってアルバムを買った。そのなかにはおそらく、それまでにダウンロードした無料のミックステープに対する感謝をこめて買った者もいただろう。

コルビー・キャレイ、マック・ミラー、ワーレイ、J・コールの音楽キャリアを築いたのはソーシャル・メディアとそれに基づいたファンだ。ソーシャル・メディアはイギリスでもリリー・アレン、ケイト・ナッシュ、アークティック・モンキーズを筆頭に、多くのミュージシャンをブレイクさせている。ここに音楽とコピーの重要な関係の一面が示されている。音楽ファンは音楽を愛していて、自分たちが愛する音楽を作る人々をサポートしたいと思っていることが多い。インターネットはファンの一部を著作権侵害者にした。しかし一方でファンをプロモーターにも変えた。著作権侵害を可能にしたものと同じ技術が、クリエーターとリスナーのまったく新しい関係を創りあげることで、この産業を再構築したのだ。

2007年にイギリスのレディオヘッドがリリースしたアルバム『イン・レインボウズ』は、興味深い例だ。その前年レディオヘッドはレコーディング契約を終了し、バンドはニューアルバムを自分たち自身でリリースすることを決めた。レディオヘッドのリード・シンガー、トム・ヨークはこの決定の理由について次のように説明している。「レコード会社の人たちは好きだけど、そろそろレコード会社なんて誰にとっても必要なのかどうかを考える時がやってきたんだ。そして、そう、この腐りきったビジネスモデルに「糞食らえ」と言い放てば、倒錯した喜びが感じられるだろうね」[8]。

レディオヘッドによるアルバムの独自の発売方法は、前例のないものだった。彼らはウェブサイトを作って、ファンが自分の好きな金額を払えばアルバムをダウンロードできるようにした——０ドルでもかまわない。そして2カ月後にバンドは、ＣＤ２枚、ヘビーウェイト仕様45回転12インチアナログ・レコード２枚にジャケットと歌詞カードを添えた限定注文生産「ディスクボックス」をリリースした。ハードカバーケースにパッケージされたこのセット全体には約80ドルの値がつけられた。ＣＤ自体も通常パッケージで標準的な価格で発売された。

レディオヘッドの試みはどのような結果となったか？　正確な数字はまだ発表されていないが、『イン・レインボウズ』のリリース1年後、バンドのライセンス代理人は、レディオヘッドが以前ＥＭＩから発売したアルバム『ヘイル・トゥ・ザ・シーフ』によって得た総額よりも大きな金額を、『イン・レインボウズ』の有料ダウンロードによって稼いだと発表した。『イン・レインボウズ』は合計で３００万部購入された（ＣＤ、レコード、ボックスセット、デジタル販売が含まれる）。レディオヘッドは有料ダウンロードした人よりも無料ダウンロードした人のほうが多かったことを認めている。それでも総売り上げ数３００万——そのうち10万は80ドルのボックスセットの売り上げ数——という数は、アルバムが無料で提供されたことと、レディオヘッド自身のサイトから合法的にダウンロードされたよりもビットトレント経由のほうが回数が多かったことを考慮しても、大成功だ。

レディオヘッドによる試みは大きな評判を呼んだ。しかもそれは新しい音楽販売方法の最後の試みというわけでもなさそうだ。なぜなら、音楽産業は様々なビジネスモデルを可能にする方向へと変わりつつあるからだ。私たちから見て最も際立った変化が二つあり、その両方がデジタル技術によって生まれたものだ。その一つが、オーディエンスの小集団への細分化だ。多くの音楽がより入手しやすくなるにつれ、選択の幅も多様になってきた。二つめが、これら小グループが互いにうまく交流し、さらに好きなアーティストもうまくコミュニケーションをとれるようになったことだ。

こういった変化から何が生まれてくるのだろう？　この条件――容易にコミュニケーションがとれる比較的小さなグループ――というのはまさに、社会規範が行動の規制に役立つための条件だ。第3章で説明したように、これはまさにスタンダップ・コメディの世界で見たものだ――そこにはツアーをするコメディアンが数千人いて、彼らはしばしば同じクラブに一緒に出演するので、コミュニケーションを頻繁にとっている。このような条件下では、コメディアンは、著作権法に頼らなくても、規範によってコピーをコントロールできる。

もちろん、音楽における著作権侵害の問題は、コメディにおける問題とはまったく異なる。スタンダップ・コメディアンが最も懸念しているのは、ファンではなくジョークをコピーするライバルだ。それでも、消費者による音楽コピーを、規範を通じて減らすことも可能かもしれないし、音楽産業がこれまで以上に細分化とコミュニケーションを高めるなら、それが起こりやすくなる。規範が音楽のコピー・コントロールに重要な役割を果たしている興味深い例がすでに存在する。ジャムバンド・カルチャーでは、ファン自身が著作権侵害を防止する行動を起こしているのが見られる。

ジャムバンドとは何か？　２００６年、法学者マーク・シュルツが、グレイトフル・デッドが開拓し、延々と続くインプロヴィゼーション、大規模ツアー、レクリエーション目的でのドラッグ使用、そして献身的ファンを特徴とする音楽ジャンルに属するバンド群のユニークな文化について研究した興味深い論文を書いている。[9]　フィッシュ、ブルース・トラベラー、そしてデイヴ・マシューズ・バンドは、演奏スタイルは様々だが、みなジャム・ミュージックの創始者であるグレイトフル・デッドに啓発されていることは明らかだ。しかしグレイトフル・デッドの影響は音楽面だけに留まらない。ほとんどのジャムバンドがファンとの独自の関係を順守しているが、それも、またグレイトフル・デッドが築いてきたものだ。

ツアーがジャムバンド・カルチャーの中心にあり、バンドのほとんどがファンにライブ・パフォーマンスの録音を許可している。多くはファンに、ライブ録音の共有を促す。ライブ会場に特別な「テーパー」（記録）区画を設けたり、場合によってはサウンドミキサーから直接ライン録音をファンに許しているバンドさえある。そして多くのジャムバンドが、ある種のレコーディング――そのバンドのスタジオ・アルバム、そして商品流通予定の特別ライブレコーディングなど――については、フリーでシェアされないようルールを定めてもいる。グレイトフル・デッドのテープ録音に対する声明は、そのようなルールの典型的な例だ。

グレイトフル・デッドと私たち運営組織は、私たち、そして私たちのメンバーのコンサートを録音した音楽の、純粋に非営利な交換を長いあいだ推奨してきた。流通の新しい媒体――インターネットを通じたデジタル・オーディオファイルの取引――が現れたが、この点に関する私たちの方針は変わらない。デジタル配信に関する私たちの規定は、単にこれまで続いてきた原則を拡大したもので、次のようなものになる。

ウェブサイト上で提供する私たちの音楽のデジタルファイルによって、たとえ広告収入であろうと、トラフィックから集計されたデータベースの利用であろうと、あるいはその他いかなる手段によるものでも、営利を追求してはならない。

そのようなデジタル交換へのすべての参加者は、音楽のパフォーマー、作家、発行者の著作権を認め、尊重しなければならない。

この通知を、この活動に携わるすべてのサイトは明示する必要がある。

私たちは、作品の品位の私たちによる管理保護を損なうような状況が生じた場合には、非営利デジタルミュージックの許可を取り下げる可能性がある。(10)

シュルツは、ジャムバンドとそのファンが長く続いてきた強固な規範システムを基に、どのように相互作用を与えあっているか記している。ファンはたいてい自分が見守るバンドに献身的に尽くし、バンドがライブを録音し、シェアする自由を与えてくれているのは、自分たちがコミュニティメンバーとして評価され、公正に扱われているからだと信じている。その見返りとして、ファンはおおむねルールを順守し、他の人がそれを破るのを阻止するのだ。

技術的知識を持つジャムバンド・ファンによって、コミュニティの規範を体現する音楽共有システムさえ構築されている。その一つが、共有を認めたバンドだけが利用できるファーザーネットで、ファンはそういったバンドの音楽だけをアップロードでき、ルールに違反した者を通報できる。同じようなシステムが――意外にも――ビットトレントであり、それはプログラマ、ブラム・コーエンが友人のレコーディングをシェアするために作ったものだ。最近ビットトレントについて書かれる記事の多くは、それを音楽や映画の著作権侵害に利用した人々に関するものだ。しかし、ネットワーク開始時にはジャムバンド・ファンが利用者の大半を占め、これらのユーザーが違法ファイル共有に目を光らせ、通報していたのだ。

ジャムバンドの理念があらゆる形式の音楽に取り入れられることはないにせよ、それがその出自を超えて広がる可能性はある。先に述べた産業における変化が、これをさらに促すかもしれない。デジタル技術は小規模化した親密なファングループ同士や、バンドとファンのコミュニケーションを容易にした。フェイスブックはヴァーチャルな交流方法をファンに提供し、もちろんライブ・コンサートは現実世界における交流を発展させている。ジャムバンドの経験は、バンドは単にルールを定めてそれに従うことを求めるだけではだめなことを示している。シュルツは、ファンが何かをその見返りとして得ていると感じる必要があると論じる。ジャムバンドの場合、ライブ・ショーの録音が広く認められていることがそれにあたる。今後ライブ・パフォーマンスが重要になってくることを考えると、これは各種の音楽ジャンルで有効な戦略となるかもしれない。

規範は蔓延するコピーに対する万能薬ではない。音楽を使い捨て可能な娯楽として扱う無頓着なファンは、個々の音楽コミュニティの規範を尊重したりしないだろう。だから音楽のタイプによっては、規範はそれほど効果がなさそうだ。例えば、流行りのポップ・ミュージックは、規範システムを形成し維持することが可能な持続的コミュニティのようなものを構築できないだろう。そしてジャムバンドの核心であるインプロヴィゼーション――ジャム――には、パフォーマンスが他と同じものは一つとしてないので、多くの場合コピーによる弊害は小さい。それでも、ジャムバンドでしか規範システムが機能しないと考える理由はない。

いずれにしても、ここで私たちが述べたことは可能性であって、今の現状についてではない。規範の効力については、音楽産業は（まだぎこちないことが多いが）すでに認知している。これまでのところ、音楽産業における規範に関する議論のほとんどが、不法ダウンロードの道徳的誤りを強調して、ダウンロードを窃盗行為と断ずることに焦点を絞ってきた。そのようなアプローチはファンにはほとんど効力がなかった。ジャムバンドの話が——シェフとコメディアンについての本書の研究同様に——示唆しているのは、コミュニティの共有感に基づいた規範は、命令として発せられた規範よりもより大きな力を持つということだ。

品質を強調

本書のこれまでの章を見ると、音楽産業が探求可能な戦略が他にも示唆される。音楽は聴くことに喜びがある。それなのに、レコード会社は聴くことの品質を音楽体験の重要な一部分にするために、驚くほど何もしてこなかったに等しい。しかしコピーを防ぐルールに効果がない他の創造的産業では、品質は蔑ろになどされていない。シェフにとって品質は、他人に自由にコピーされてもイノベーション能力を維持するための重要な手段の一つだ——彼らはレシピに従って最高の料理を作り、品質での勝負に焦点を絞っている。ファッション産業でも、品質が重視されている。高級ファッションのオリジネーターはすぐにコピーに直面するが、彼らの作る服の豪華な素材、正確な裁断、細部まで行き届いた構成を、模倣者たちの小売価格で再現することはほぼ不可能だ。音楽産業はシェフやファッション・デザイナーを見倣って、侵害行為の影響を鈍らせる一つの方法として、品質向上に専念すればいい。

全般的に大規模な技術転換があったにもかかわらず、高品位サウンドの提供の面では、ここ最近ほとんどイノベーションが行われていない。それどころか多くのオーディオマニアが、音楽再生の質は実のところ後退したと考えている。1982年にはCDが導入されたが、レコードは消えず、最近また流行をみせている。この章の冒頭で示した音楽産業のデータに関する図をもう一度見てほしい。2006年以降、レコード販売数は4倍以上に増え、LPレコードの再発は音楽産業界でもめずらしい成功例となった。

なぜ人々は、1940年代の技術であるLPをいまだに買うのだろう？　その理由の一つは、レコード産業の大黒柱であるCDが多くの問題を抱えているためだ。そのパッケージは開封しにくく、壊れやすい上に、ジャケットアートと歌詞の読みやすさを印刷で再現するにはあまりに小さすぎる。しかし、CDにはこれ以外にも問題がある――その音質だ。強力なコンピュータがまだ高価だった時代に発明されたCDは、1970年代の安価な電子機器が処理できた低いビットレートでエンコードされている。その結果その音は、LPが持っていた温かさと存在感に欠ける、線の細い、臨場感のないものになった。

音楽好きの消費者がLPに回帰している理由の一部はこれだ。古い技術のほうが音が良いのだ。* しかしレコードに逆戻りしない大多数のリスナーにとって、CDの持つ欠陥は重大な結果をもたらした。CDは音質面ですばらしい体験ではなかったため、圧縮されたmp3ファイルをインターネットからコピーしている消費者は、それで特に不自由しなかった。mp3ファイルがCDよりもさらに音質が悪いという事実は、本来なら著作権侵害の障壁になるべきなのだが、CD音質の低さのため、そうはならなかったのだ。

だったら音質の向上こそが、レコード会社が最も熱心に行ったことだろうと思うのが人情だ。しかしレコード会社は再現性向上のために、小手先だけの努力しか行っていない。10年前、業界は高音質再生ができるDVDオーディオとスーパーオーディオCD（SACD）という二つの新しいフォーマットと、一時的に戯れてみせた。しかし消費者が（その多くが著作権を侵害した）ダウンロードへとシフトすると、それらの試みは先細りとなった。SACDの売り上げは2003年にピークを迎えたが、それでもわずか260万ドルで、DVDオーディオのピーク時の売り上げに至ってはその3分の1にも満たない。そしていずれのフォーマットも今は消えた。

この教訓は？　話の大半は、レコード会社が決して向かわなかった道についてのものだ。音楽の忠実な再現性を重視する消費者は、少数ながら常に存在した。そして大多数の消費者は音質などほとんど気にしなかった。新たなオーディオマニア層を創り出すことで、前者を増やすという試みは、やってみる価値はあったにもかかわらず、決して本腰では取り組まれなかったものだ。

LPの新たな人気を見ると、高音質の物理メディアをうまく提示すれば成功できる。当然ながら、ピアツーピア・ネットワークではすでに高音質ファイルのダウンロードが可能になっている。そして最近では、いくつかのレコード会社がアップルと共同でCDクオリティーの音楽ファイルのダウンロードサービスを提供している。それらがiTunes経由で入手可能になったことで、お金を払う用意のある人々も、

＊　アナログレコードの復活に、トレンドと流行という要素が伴っているのは疑いようがない——特に、LP全盛期を経験していない若い人々は、単にそれが新しくクールに感じられるという理由から、この古い技術に惹きつけられている。そしてより高年の音楽愛好家にとって、レコードをスリーブから取り出して、針を落とすという行為には、マウスのクリックには決してない特別な何かがある。

少なくとも著作権侵害者たちが得ているものと同品質のものを得られるようになった。

すべての道はコンテンツへ

長年レコード会社は、揺るぎない一貫したビジネスモデルを持っていた。（1）十数曲をCDにまとめ、（2）小売店にディスクを出荷し、（3）金を集める。LPからCDへの移行で、レコード会社のビジネスはもっとシンプルになった——その時レコード会社はシングル盤市場を廃止してしまったからだ。ほぼ同じ費用で、アルバムを出荷して少なくとも3倍の価格で売れるのに、なぜわざわざCDシングルなど売る必要があるだろう？

しかしレコード会社によるシングル廃止は、インターネットにおける著作権侵害問題が出てきた際に、それを悪化させることになった。ファイル共有の大きな魅力の一つがシングル復活だ。消費者が欲しいのはアルバムのなかの好きな1曲か2曲で、好きでもないアルバムの全10曲が欲しいわけではない。音楽産業のデータグラフをもう一度見てみよう。単曲ダウンロード市場はアルバムダウンロード市場よりもはるかに大きい。販売数が格段に大きい——単価はアルバムが10倍も高いのに、売上高では単曲のほうが2倍近い。

ここからわかることは驚くに当たらない。消費者は選択を好むし、新しい技術のほうが古いものに比べて多くの選択を与えてくれることが多い。この例だと、これとはまったく異なるハリウッドの、収益性がさらに高く著作権侵害に対して抵抗力の強いアプローチから学べることは多い。映画産業は一連の「期間（ウィンドウ）」に応じた公開方法をとってきた。映画はまずは劇場公開される——とても高いチケット代を取って。そしてそれから数カ月後に今度はＤＶＤが発売、レンタル開始される。そのすぐ後に、オンデマンド、ペイパービュー、飛行機の機上で観られるようになる。さらにその後、ＨＢＯやスターズのような有料ケーブルチャンネルで放映される。そして最後にケーブルや一般放送テレビの基本チャンネルで放映される。

このようなシステムは、消費者に映画を見る幅広い多様な方法を与えてくれる。そして映画の鑑賞方法が違えば、それぞれを好む消費者のタイプも変わってくる。待っても構わないという人には、ビデオレンタル、有料テレビ、一般テレビがある。

特にレンタルというルートは、これまで長い間産業全体の総売り上げの重要な一部分を占めてきたし、その重要性はネットフリックス（現在の業界最大手）、アマゾン、その他の競合企業が、ストリーミングビデオによる「全部見放題」プランを導入したことで、ますます重要性が増している。ビデオレンタルは、ハリウッド最大の著作権侵害対策となっている。豊富な認可済みコンテンツ・ライブラリをストリーミングを通じて無制限に試聴できるサービスを提供しているネットフリックスを例に考えてみよう。ネットフリックスやその他のストリーミングサービスの魅力は、ハリウッド作品をそれを求めている人に瞬時に届けられることにある。そして人々もそのようなサービスを求めている。現在アメリカでは、ネットフリックスのほうが、著作権を無視したビットトレントよりも、インターネット・トラフィック上では大きな割合を占める。[11] さらにレンタルも、アマゾンとiTunesのビデオレンタルとダウンロード提供の展開によって拡大している。

ハリウッドのリリースウィンドウ方式は、インターネット出現よりもずっと前に考案されたものだ。しかし私たちにとってその方式が重要なのは、それが対著作権侵害ツールとして機能しているからだ。

ハリウッドは、万能ビジネスモデルを押し付けようとしなかった。むしろ消費者によって購買意欲が違うことを認識していたので、消費者にもっと多くの選択肢を与える流通モデルを実現したのだ。

重要なのは、このシステムが技術の変化に適応できるということだ。日々進歩を遂げるストリーミング技術が、多くの人々に家で映画を見るよう促した結果、劇場公開からビデオリリースまでの時間差は短くなった。そして必要であれば、ある映画について違うマーケティング方法が必要になった時は、この方式が逆転することもある。最近の例の一つに、ベストセラー本『ヤバい経済学』をもとにしたドキュメンタリー映画がある。*ドキュメンタリー映画『ヤバい経済学』は劇場公開前に iTunes でリリースされた。なぜか？　観客層の大部分が、オンラインビデオで見るほうを好むだろうと予想されたためだ。

つまり、レコーディング産業同様、ハリウッドも――特に中国のような海外の成長市場における――コピーを憂慮すべき脅威と考えている。しかしレコーディング産業とは違い、少なくともこれまでのところ、ハリウッドは著作権侵害の影響を効果的に鈍らせる方法でこれに対応してきた。ハリウッドは体験に焦点を絞った――劇場で映画を見るのは、コンピュータのモニタで海賊版を見るのとは違い、多くの人にとってずっとすばらしい体験なのだ。劇場（新しいデジタル上映と3D技術）と家庭（高画質のブルーレイ）の両方で、品質に焦点をあてた。また見る人にコンテンツへの多様なアクセス方法を提供した。ハリウッドの対応は、これまで検証してきた産業と完全に同じではない。しかしハリウッドは他産業の戦略を学んで、アイデアを採り入れている。

音楽産業が、この創造と流通への新しい試みに対するオープン性から学ぶべきものは多い。例えばごく最近まで、音楽にはネットフリックスにあたるものが存在しなかった。サブスクリプション型サービス最大手、ラプソディには75万人の契約者がいるというが、その数については真偽を問う声があがっているし、その数を認めたとしても、ここ数年は横ばい状態だ。これに比べ、ネットフリックスは2000万人以上の契約者を持つ。サブスクリプション型ストリーミングサービスは映画ビジネスを変えつつある。それなのに――これまでのところは――音楽業界にそのような動きは見られない。

それも音楽サブスクリプション・サービス、スポティファイ（Spotify）のアメリカへの導入によって変わるかもしれない。スポティファイはいくつかのヨーロッパ諸国で2008年からサービスを開始していたが、許諾交渉が原因でアメリカでのサービス開始は2011年半ばまで遅れた。今やスポティファイのカタログにある1500万曲がストリーミングで入手可能になった。ユーザーはカタログの利用が限定された広告付きの「無料」サービスと、広告なしのカタログ全部を無制限に利用できる月5ドルの有料サービスを選択できる。

ではスポティファイはネットフリックスの音楽版になるのだろうか？　その判断を下すのはまだ早すぎる。2011年10月半ば、『ビルボード』誌によるとスポティファイはアメリカ国内で約200万人のユーザーを獲得していて、そのうちの25万人が有料ユーザーだという[12]。これは前途有望なスタートだが、まだ重大な問題が残っている――その一つがストリーミングは映画ファン同様に音楽消費者を惹きつけられるのかという問題だ。晩年のスティーブ・ジョブズのように、消費者はストリームよりも音楽を所有することを望んでいるので、音楽サブスクリプション・サービスはうまくいかないと言う人々もいる。それはおそらく多くの人に当てはまるだろう（もちろん、スティーブ・ジョブズはこの問題について中立とはいえない）。しかしそれ以外の人々にとって、音楽はまったくの消耗品だ――彼らは数週間、あ

＊　私たちは二人はともに「フリーコノミクス」（『ヤバい経済学』のブログサイト）に記事を書いているが、映画には関わっていない。

るいは数カ月はある曲を聴いて、また次の曲へと移る。これらの人々にとって、サブスクリプション方式はぴったりだ。

ほぼ同じようなことがインターネットラジオについても言える。パンドラのようなサービスでは、ユーザーはどのような音楽が好きか少し情報を与えておけば、新しい音楽を見つけられる――フェイストのようなフォーキーな女性歌手が好きなら、パンドラはシャルロット・ゲンズブールやキャット・パワーを聴かせてくれるという具合だ。ラプソディのようなサービスとは違い、ユーザーは特定の曲をリクエストはできない――インターネットラジオはリスナーに新しい音楽を体験させるもので、それ自体としてはレコード会社にとって好ましいものだ。しかし最近までサブスクリプション・ラジオは苦闘してきた。問題は人気がでないことではない。パンドラだけでも、70万曲というあまり多いとは言えないカタログ登録曲数にもかかわらず、4800万人のユーザーを抱えている。インターネットラジオは高額のライセンス料に喘いでいた。これらのライセンス料は政府の使用料委員会が決めたもので、おそらくレコード会社の熾烈なロビー活動に促されたためか、使用料委員会による2007年最初の決定では、使用料はインターネットラジオ企業の多くが支払える額よりもずっと高く設定されたのだ。

その結果、パンドラのようなサービスは停止に追いやられる可能性もあった。しかしパンドラ・ユーザーの息の長い運動によって、議会はレコード会社に新たな契約条件を交渉するよう圧力をかける法律を可決した。その後、侃々諤々の一連の交渉が行われ、その結果短期の使用料契約が成立した。最終的にレコード会社が、サブスクリプション・ストリーミングやインターネットラジオ・サービスが成長できるような長期契約に応じるかどうかは、音楽産業の未来の生死を決める問題だ。ラジオのダイヤルはそのままにして、今後も見守っていこうではないか。

まとめ

今日、音楽世界ではコピーは日常的に行われている。それでも音楽はなくなったりしない。今のまま何の変化がなくても、音楽は創造性に満ちている。消費者の視点から見れば、これまでにないすばらしい状況だ。かつてないほどたくさんの音楽的選択肢があり、それをずっと簡単に手に入れられるのだ。それでも音楽産業は安易なコピーが満ちた世界でもっとうまく生き残るために、さらに変化できる。コピーできない体験であるライブ・ショーを重視。正規品の品質を際立たせることによって、消費者を海賊盤から引き戻す。消費者が音楽にアクセスする方法を多様化する。その結果として、音楽産業はまったく違ったものになるだろう。しかしそれで、たくさんのすばらしい音楽に満ちた世界が開けるのだ。

謝辞

多くの人々の助けがなければ、本書は書けなかった。まずは、本書のアイデアを温めていた時に、私たちの多くの話に耳を傾け、この本を読み、コメントし、その多くの改善に手を貸してくれたララ・ステンプルとアン・メッツに感謝。当然、私たちのやってきたすべてを援助してくれた両親たちにも感謝したい。そしてさらに個別に感謝したい人々としては……。

スティーヴン・レヴィットとスティーヴン・ダブナーには、私たちをフリーコノミクス（『ヤバい経済学』）のブログの定期執筆者に採用してくれたことを感謝したい――この本の多くのアイデアは、ブログに投稿した文章から発展したものだ。

同僚のクリス・ブカフスコ、マイケル・ヘラー、そしてラリー・レッシングにはこの本の第一稿にとても有益なアドバイスをくれたことを、そしてダグ・リヒトマンとニール・ナタネルには、結論の章に卓越した助言をくれたことを感謝したい。また担当編集者のデーヴ・マクブライドにはその精読と鋭い指摘について感謝したい。

金融界のイノベーションに関する有益な情報を提供してくれたジョージ・ゲイス、ポール・マホニー、ピーター・スウィーニーに感謝。アメフトについて教えてくれたディック・ステンプル、ジョシュ・シュワルツ、シヴァ・ヴァイダアナサン、そしてデーヴ・マクブライドにも感謝する。ファッション産業に関する知識を分け与えてくれた、ダナ・フォリー、エリック・ウィルソン、キャシー・ホリン、イース・メチェック、そしてカリフォルニア・ファッション協会の人々に感謝。料理についてはローラン・トロンデル、ドリュー・ニポレント、ジョアキム・スプリチャル、ケリー・ヘファーナン、ルド・レフエヴレ、ジョナサン・ゴールド、エヴァン・クレイマン、ジョサイア・シトリン、ナンシー・シルヴァートン、デヴィッド・チャン、ロイ・チョイ、そしてロサンゼルスからニューヨークまでのその他大勢のシェフとフード・ライターに感謝する——彼らの与えてくれた情報はかけがえのないものだ。コメディの章で引用したミシェル・マクナマラと大勢の匿名のコメディアンは私たちにスタンダップ界に関するすばらしい洞察を与えてくれた。

その他大勢の人のコメントや会話によってこの本をより良いものにすることができた。アミー・アドラー、ル・アルヴァレズ、ナタリー・アトキンソン、ウィロビ・アンダーソン、マルゴ・バグレー、シャイアム・バルガネシュ、ジョナサン・バーネット、ジョン・バウムガルテン、ステファン・ベクトールド、バートン・ビーブ、ローラ・ブラッドフォード、マイケル・キャロル、ジュリー・コーエン、ダン・クレーン、トロイ・ドウ、ロシェル・ドレイファス、ジョン・ダフィー、デーヴ・ファガンデス、キャサリーン・ファサネラ、テリー・フィッシャー、ブライアン・フィッツジェラルド、ブレット・フリッチマン、ジェニー・フロマー、ブレイク・フライ、ロリー・ガサウェイ、ローレン・ゲルマン、ダニエル・ガーヴァイス、ジェニファー・グラニック、ジョー・グラッツ、アダム・ガターマン、ネッド・ガリー、キャサリーン・ハシモト、スコット・ヘンフィル、テリー・イラルディ、デヴィッド・ジヤコビー、マーク・リムリー、ジェシカ・リットマン、リディア・ローレン、グリン・ルニー、マイケル・マディソン、ピーター・メネル、ロバート・マージス、ジョセフ・スコット・ミラー、トム・ナクバル、デヴィッド・ニマー、タイラー・オコア、ドタン・オライアー、ダン・オーティス、フランク・パスカル、ミッチ・ポリンスキー、エリザベス・レイダー、トニー・リーズ、ブレイク・エリス・リード、グレン・ロビンソン、ジュディス・ロス、ザー・サイード、マーク・シュルツ、ジュール・シガール、ケイト・スペルマン、リーオル・ストラヒレヴィッツ、キャサリン・ストランバーグ、ジーニー・サク、マイケル・トレイノール、レベッカ・タシネット、シヴァ・ヴァイディヤナサン、チャールズ・ヴァラウスカス、モリー・シャファー・ヴァン・ホーウェリン、ポーク・ワグナー、タラ・ホイートランド、ジェレミー・ウィリアムズ、アダム・ウィンクラー、デル・ウッド、ティム・ウーに感謝する。数年間にわたり知識を授けてくれたパム・サミュエルソンには特別に感謝している。それがこの本を大いに補強してくれた。

このプロジェクトにとって計り知れない存在である、下記のすばらしい図書館職員の皆様にも感謝する。クリスティン・グローヴァー、ケント・オルソン、ジョン・アシュレイ、レスリー・アッシュブルック、マイケル・モリス・ビーシー、ジョン・ウィルソン、エイミー・アッチソン、ジューン・キム、そしてベン・ドハティ、ありがとう。そして、ショーン・ボカート、ルイス・シャルニスキー、アイザック・ウッド、ジャック・ウィッカム、ルーカス・バーニー、ネル・モーリー、エイプリル・リーヴス、フィル・ラッカー、リリアン・パーク、ロバート・ウー、マリー・ラモス、ソニヤ・パスキル、チャイナ・アーウィン、ティム・クック、ショーン・フィッツジェラルド、そしてデメトラ・カラマノスら学生研究アシスタントにも感謝したい。

サザンカリフォルニア大学法科大学院、ミシガン大学法科大学院、ワシントン大学法科大学院、バークレイ法科大学院、UCLA法科大学院、シカゴ大学法科大学院、ジョージ・ワシントン大学法科大学院、チューリッヒ工科大学、ペンシルヴァニア大学法科大学院、ヴァージニア大学法科大学院、アメリカ著作権協会、コーコラン・ギャラリーの人々に感謝する。そして最終的にこの本の出版につながる、私たちの研究結果を発表するワークショップとトークを主宰してくれた、ロサンゼルス著作権協会に感謝する。

解題　『パクリ経済』を読んで

山田奨治

知財の保護を強くすればするほど、イノベーションが起きやすくなって社会が豊かになる――本書はそれに対する反証をいくつも挙げ、知財保護の「神話」にカウンター・パンチをくらわせることを目論んでいる。ファッション・デザイン、料理、お笑いのネタ、スポーツの戦術、文字フォントなど、著者が取り上げた例はすべて身近なもので、親しみが沸くと同時に説得力のあるわかりやすい論述になっている。

しかし、本書で前提としているのは米国の法規制・法文化であり、論述の主なターゲットは米国コピーライト法である。したがって、本書の強烈な問題提起を日本社会に当てはめるには、米国と日本の法体系・法文化の違いに留意する必要がある。

ここでは日本の著作権法に相当する米国の法律を、あえてコピーライト法と呼ぶことにする。日本の著作権法と米国のコピーライト法は、どちらも著作物の保護と利用に関する法律なので、通常はその違いをあまり意識することなく扱われている。ＴＰＰ交渉においても、非関税障壁の撤廃のかけ声のもと、米国コピーライト法の一部をそれとは異質な日本の著作権法に被せる方向で合意がなされた。

それでは、日本の著作権法と米国コピーライト法との違いとは何か？　一言でいうならば、前者は著作者の人格権の概念を持ち、権利内容や制限を細かく条文で規定しているのに対し、後者はあくまで産業振興のための財産権であり、細部は個別の訴訟に委ねる造り付けになっている。法文化の面でも訴訟が日常茶飯事の米国と、訴訟になること自体を大きな問題と考える日本との間には、真逆ともいえる違いがある。争い事が起きても裁判をして決着をつける姿勢があるから、米国民にはリスクを取ったチャレンジに前向きだし、それが米国社会の活力にもなっている。

本書のフォーカスは米国のコピーライトなのだが、この種の問題を日本で考えるうえでは、著作権法のほかにも視野に入れておかなければならない知的財産法がいくつかある。主なものは不正競争防止法、商標法である。これらのほかにも民法上の契約や不法行為、成文法ではないが業界内の慣習やときに制裁をともなう規制が、実効性のある「法」として機能していることにも留意しなければならない。

最初に注意を喚起しておかなければいけないのは、文字フォントのことだ。文字フォント、あるいはタイプフェースをめぐっては、日本でもいくつかの裁判があり、最高裁の判例が示されている。

本書ではタイプフェースとフォントを便宜的に区別しない方針をとっている。しかし厳密には両者は異なるものである。タイプフェースは日本語でいえば「書体」のことで、統一されたデザイン・コンセプトのもとに設計された文字セットであり、概念的なものである。一方、フォントはタイプフェースのコンセプトを実体化したものをいう。昔なら金属活字や写真植字機の文字盤という「モノ」であり、現代ならパソコンのフォント・ファイルである。タイポグラファーならともかく、タイプフェースはフォントという具体物を通してしか一般のひとびとには感知できないので、両者を区別しない本書の方針は許容できるだろう。

しかし、裁判例をみていくうえでは、タイプフェースとフォントの違いは重要である。日本の判例では米国同様にタイプフェースを著作権で保護することには厳しい判断が出されている。しかし同時に、著作権が認められるタイプフェースの基準が最高裁で示されてもいる。フォントについては、じゅうぶんではないにしても日米ともに法的な保護はある。

タイプフェースの保護について、日本で最も重要な判決は、「ゴナ書体事件」（最高裁平成12年9月7日第一小法廷判決）のものだろう。A社が販売するものと似たタイプフェースを持つ製品を売り出したB社に対して、販売差し止めや損害賠償を請求した事件である。第一審はA社のタイプフェースの著作物性を否定し、高裁は原告の控訴を棄却した。最高裁も上告を棄却したが、同時に著作物に該当するタイプフェースとはどういうものかを示した。それによると、「印刷用書体がここにいう著作物に該当するというためには、それが従来の印刷用書体に比して顕著な特徴を有するといった独創性を備えることが必要であり、かつ、それ自体が美術鑑賞の対象となり得る美的特性を備えていなければならないと解するのが相当である」とされた。「独創性」「美術鑑賞の対象となり得る美的特性」がキーワードとして示されたわけだ。

この事件で争われたタイプフェースは、それまでにない独創的な書体として業界では認知されていたようだ。それすら著作物性を否定されたことから、芸術作品ではなく実用的なものであるタイプフェースを著作権で保護することは、日本では相当難しくなったといえよう。しかし米国と違って、「独創性」「美術鑑賞の対象となり得る美的特性」の基準をクリアすれば、それが著作物として保護されることが明確になったともいえる。一方で、デジタル・フォントを生成するプログラムには、日米ともに著作権が認められている。

タイプフェースの保護は難しくとも、フォント製品をデッド・コピーすることは、不正競争防止法違反や民法の不法行為に問うことができる。またフォント製品の使用を開始するときに、使用できる範囲を定めた契約にユーザーは同意しなければならず、それに反した用途に使うことはできない。これらの点は、米国も同様である。

高度にデザインされた文字をロゴやエンブレムにする場合は、商標法が適用される。商標は登録制であリデータベースも整っているので著作権が争われる分野とはかなり事情が違う。また、商標は企業などの信用を守るものであるのに対して、タイプフェースやそれを具現化したフォントは、ひとびとに共有される文字であるという、基本的な違いもある。工業製品のデザインを保護する意匠法をフォントに適用することについては、議論はあるもののそれを認めるにはいたっていない。一方、米国ではフォントに14年間の意匠特許を与える制度がある。

英語と日本語とでは、必要な文字の数が圧倒的に異なる。米国と日本とでは文字のデザインにかかる労力がまるで異なるわけで、そうした文化差が日米のタイプフェースをめぐる議論の根底にある。米国よりも日本のほうが、タイプフェースの保護を求める声が強い傾向があることも記憶しておくべきだろう。

タイプフェースとならんで、データベースの保護についても日米で法的な保護に差がある。米国コピーライト法ではデータベースは編集著作物の一種と位置付けられている。日本の著作権法では、昭和61年改正で世界に先駆けてデータベースを保護の対象に加えた。ただし、著作権法で保護されるデータベースは、情報の選択又は体系的な構成によって創作性を有することが要件になっている。つまり、システムを含めたデータベースの総体が保護されるわけだ。一方で、データベースに入っている個々の「事実」には著作権は及ばない。その点は米国法とおなじである。

では、米国ではデータベースの保護は弱いのかというと、そんなことはない。２０１１年にマサチューセッツ工科大学（ＭＩＴ）構内から学術文献データベースのＪＳＴＯＲにアクセスし、論文を大量にダウンロードしたとしてアーロン・スワーツという天才プログラマーが逮捕される事件があった。スワーツは通信詐欺などの罪状に問われた。この事件では被害者であるＭＩＴもＪＳＴＯＲも告訴しなかったにもかかわらず、米国シークレット・サービスが彼を逮捕し連邦検察が訴追した。最高刑が懲役50年、罰金１００万ドルといわれるなか、事件はスワーツの保釈中の自死によって幕を閉じた。日本ではデータベースは著作権法で保護されているといっても、被害者が告訴しない限り裁判にならない親告罪であるため、米国のようにはならない。非親告罪である不正アクセス禁止法を適用したとしても、罰則は３年以下の懲役又は１００万円以下の罰金なので、スワーツの場合のような悲劇的な結末は起こりにくかろう。

本書の他の主要な論点についてはどうだろうか？　ファッションと料理については、日米で事情に大きな違いはないように思える。コメディについても基本的には同様だろう。しかし日本の場合は、コメディアンも漫才師も大手の芸能会社に所属していることが多い。法的な争いこそ聞かないが、会社内での紛争解決手段はあるだろうし、何よりも「ネタかぶり」は芸人もファンも嫌う。ましてや盗用などあろうものなら、鉄拳制裁もある世界だろう。そこには成文法ではない「法」が存在する。

日米で大きく異なるのは、日本には落語というお笑いジャンルがあることだろう。なかでも古典落語は、知られている噺でいかに客を笑わせるか、そのための間合いに芸のすべてがある。それは盗もうとしても、簡単に盗めるものではない。また他の一門の噺家に、師弟関係を越えて口から口へとタダで噺を教えることもふつうに行われている。本書が説いているような、あえて規制しないことで世界を広げる戦略は、落語ではとっくの昔から実践されている。

本書を読む上での最後の注意点として、たとえばファッションにしても料理にしてもタイプフェースにしても、当の業界では強い法的保護を求める声がずっと存在していることを指摘しておかなければならない。これらの業界が意図的にフリー戦略をとったのではなく、保護が認められなかった「怪我の功名」で繁栄したということだ。しかし本書の指摘などによって、こうしたフリー戦略がどの業界でも積極的に採用される時代が来ているのはまちがいない。

2015年10月

索 引

ヴォルカー，ポール Volker, Paul 231
ウォルシュ，ビル（アメフト） Walsh, Bill 189-92
ウォルマート 28, 68
ウォン，ヴェラ（デザイナー） Wang, Vera 77
ウォン，カイシク Wong, Kaisik 57, 75
エオリアン社（楽器メーカー） 208
エジソン，トマス Edison, Thomas 26, 196, 197, 247
エスコフィエ，オーガスト（シェフ） Escoffier, Auguste 89
エリクソン，ロバート（法学者） Ellickson, Robert 116
『エル』 *Elle* 37
エルバス，アルバ Elbaz, Alber 56
エル・ブリ（レストラン） El Bulli 93, 109, 282
エンカルタ 275
エンジェル，クリス（マジシャン） Angel, Criss 179
オーウェンズ，ティム Owens, Tim 271
オズワルト，パットン Oswalt, Patton 149
オービソン，ロイ Orbison, Roy 110
オールト，クリス Ault, Chris 200, 201, 281

【カ行】

カイオティ・ピザカフェ Caioti Pizza Café 91
『風と共に去りぬ』 110, 11, 213
『風は去り過ぎぬ』 110, 111, 213
ガリアーノ，ジョン Galliano, John 77
ガリー，ネッド（マスワークス社） Gulley, Ned 203, 205
ガリフィアナキス，ザック（コメディアン） Galifianakis, Zach 149
カリフォルニア・ピザキッチン California Pizza Kitchen 91
カーリン，ジョージ Carlin, George 157
カレーム，アントワーヌ（シェフ） Careme, Antoine 89
川久保玲 37
カントゥ，ホーマロ（シェフ） Cantu, Homaro 93, 105, 106, 109, 115
カンプ，デヴィッド Kamp, David 89
キートン，バスター Keaton, Buster 26
キノ，ダン（コメディアン） Kinno, Dan 168
キャレイ，コルビー Caillat, Colbie 330, 331
キャンプ，ウォルター（アメフト） Camp, Walter 187
ギルハート，ジョリー Gilhart, Julie 76
キンケード，トマス（画家） Kinkade, Thomas 131
グーグル＋ 289
グーグルブックス 213, 214
グーグル社 208, 213, 280
クック，デイン Cook, Dane 18-21, 154, 265, 309
グッチ Gucci 9, 37
グーテンベルク，ヨハネス Gutenberg, Johannes 215-17
クーパー，ジェームズ・フェニモア（小説家） Cooper, James Fenimore 89
クライン，カルヴァン Klein, Calvin 77
クラウド・ソーシング 309
グラッドウェル，マルコム Gladwell, Malcolm 210, 211
『グラマー』 *Glamour* 72

クリフドッグス（レストラン） Crif Dogs 135
クルーガー，アラン（経済学者） Krueger, Alan 272
グルーデン，ジョン（アメフト） Gruden, Jon 190, 205
グレイトフル・デッド Grateful Dead 334
クレイボーン，クレイグ Claiborne, Craig 92
クレディ・スイス 238
グロクスター Grokster 321
クロンカイト，ウォルター Cronkite, Walter 151
ゲスキエール，ニコラ Ghesquiere, Nicholas 57, 75-77
ケラー，トマス Keller, Thomas 93, 114, 120, 126, 134, 282
コーエン，ブラム（プログラマ） Cohen, Bram 335
コギ（レストラン） Kogi 15, 16, 273, 274
コクトー，ジャン Cocteau, Jean 61, 64
コズビー，ビル Cosby, Bill 156-58
ゴスリン，レネ Gosline, Renee 296
コリーナ，アンナ（デザイナー） Corinna, Anna 30-33, 39, 55, 58, 67, 68
ゴールディン，ホレース（マジシャン） Godin, Horace 178
ゴールド，ジョナサン（フード・ライター） Gold, Jonathan 137
ゴールドマン，ウィリアム（脚本家） Goldman, William 77
ゴールドマン・サックス 238
コルトレーン，ジョン Coltrane, John 210

【サ行】

サインフェルド，ジェリー（コメディアン） Seinfeld, Jerry 149
サヴィル・ロウ Savile Row 35
サヴェリン，エドゥアルド Saverin, Eduardo 314
ザガット，ティム Zagat, Tim 90
ザガット，ニナ Zagat, Nina 90
サバン，ニック（アメフト） Saban, Nick 205
ザラ Zara 38, 39, 54
サール，モート（コメディアン） Sahl, Mort 148, 149
シェイクスピア，ウィリアム Shakespeare, William 26, 64, 258
ジェイコブズ，マーク Jacobs, Marc 9, 58, 76, 77, 82
ジェファーソン，トマス Jefferson, Thomas 11, 12, 250
「シェフォグラフィー」（テレビ番組） Chefography 129
シティグループ 238
シトリン，ジョサイア（シェフ） Citrin, Josiah 114
ジャガー，ミック Jagger, Mick 271, 329
シャネル Chanel 37, 45, 77
シャネル，ココ Chanel, Coco 51
シャフィール，アリ Shaffir, Ari 142, 143, 152
ジャンクボンド 235
シュムレン，レオン・ベンデル Schmulen, Leon Bendel 50
シュルツ，マーク（法学者） Schultz, Mark 334-36
シュワルツ，アラン・B Schwartz, Allen B. 31
ジョージア（フォント） 219
ジョブズ，スティーブ Jobs, Steve 210, 325, 343
ジョン・ヴァルヴェイトス John Varvatos 61

【タ行】

【ナ行】

【ハ行】

【マ行】

【ヤ行】

【ラ行】

【ワ行】

原 注

はじめに

1. Faviana, http://www.faviana.com/catalog/category-celebrity-dresses（2015年8月6日アクセス）。

2. だが、これを変えようとする多くの試みがあった。もっとも最近のものとしては創造的デザイン保護及び海賊行為防止法（S. 3728, 111th Cong）がある（上院司法委員会の2010年12月6日の報告に基づく）。生地プリントは（著作権保護可能な）二次元画像と同等であるという理屈から著作権保護対象となる。しかし、衣服の主要な要素——その全体的デザイン——は、アメリカにおいてこれまで法的に保護されたことはない。その他の国ではファッションデザインを保護しており、この差から、おおむね1世紀近くにわたってアメリカ法の改正が求められてきた（しかしこれまでのところ不首尾に終わっている）。

3. 競争と知財の関係は複雑で、反トラスト法や不当競争法を含むアメリカ法の様々な領域で議論が発展してきた。アメリカ法体系の基本構造は当然、競争を促進するものだ。知財権は、そのような競争促進的姿勢からの意図的な一時的逸脱だ。このような逸脱はイノベーションを保護、促進する必要性から、欠かせないと考えられている。ある判事はこれを次のように上手く言い表している。「競争相手の産物を模倣するという基本的競争権が存在し、その権利は特許法や著作権法によって一時的に否定されるにすぎない」。*In re Morton-Norwich Products, Inc.*, 671 F.2d 1332（C.C.P.A.1982）. 許容される競争と知財権侵害の境界線ははっきり決まっているわけではない。アメリカ法は、かつては許容していたいくつかのことを、次第に禁じるようになってきた。例として1990年に第17アメリカ法典（1990年）101、102、120条として法制化された建築物保護法がある。

4. 知財法と政策をめぐる議論のなかで道徳的主張が時折もちあがることはあっても、アメリカの法的枠組みのなかでそれらは小さな役割しか果たしていない。ソニー対ユニバーサル・シティ・スタジオの裁判で最高裁は知財法は「無制限ではないし、最初から私的便益を与えるために作られたものでもない。それどころか、その制限的な付与によって重要な公的目的を達成するための手段である。それは特別な報酬を与えることで、作者や発明家の創作活動を動機付けるよう意図している」と言っている。464 US 417（1984）at 429. 知財保護の道徳的正当化はヨーロッパのほうがいくらか重視されている。本書の議論の対象はアメリカ法におけるコピー防止ルールの理由付けであり、それは主に経済的かつ道徳的なものとなっている。

5. Thomas Jefferson, *Letter to Isaac McPherson*, August 13, 1813. 保護と競争の均衡に関する歴史的理解と、ジェファーソンの手紙に対する卓越した綿密な解釈として、James Boyle, *The Public Domain: Enclosing the Commons of the Mind*（Yale, 2008）を参照。

6.「独占」と「イノベーション」という語について一言。私たちは、知財が法的に見てどのくらい独占力に依存しているかについては議論があることを知っていても、「独占」

という言葉を意図的に使っている。ほとんどの特許、そして実質的にすべての著作権は、経済学者が教科書的な意味での独占権――すなわち、代替物がすぐにはないような製品、あるいはサービスの唯一の供給者という地位――は与えてはくれない。それでもいくつかの特許や著作権はその所有者に、競争市場で許される価格を大幅に上回る価格をつける能力を含む、かなりしっかりとした市場支配力を与えている。実のところ、これこそがまさにアメリカ法システムに特許と著作権が含まれている理由である――それらは創作者に、自由にコピーしてよい市場における価格よりも高い価格をつける能力を与えようと意図している。利用価値の高い薬の特許を持つ企業は、ジェネリック（すなわちコピー製品）との競争に直面する場合よりも高い価格を設定し、そのような高価格でも多くの薬を売れる。同じことが著作権についても当てはまる。本書の著作権は私たちに、だれでも自由にこの本をコピーして競合版を販売できる市場における価格よりも、高い価格設定を可能にしてくれる。

私たちは「イノベーション」という言葉を、機械、薬といった新たな特許化可能な発明だけでなく、特許ではなく著作権がカバーする新しい文学、芸術的作品に対しても広く使う。私たちは著作権が比較的緩い独創性の条件に依拠しているのに対し、特許にはもっと厳密な「新規性」の基準があることは承知している。しかし著作権も特許もともに、新しい知見と文化の創出を目的にした、創造的な試みを促すメカニズムである。この広い意味において、特許と著作権は、種類は違ってもともにイノベーションを創出している。

7. 知財の政治経済は、知財権を所有する人々の利害に圧倒される傾向にあるが、それは「もう一方」――すなわち、公共の利益――が散漫で通常まとまりがないからだ。結果として、これらの権利は拡大する傾向にある。特許という背景のなかではその傾向はそれほど強くない。なぜなら自分たちが説明する発明を使用するために、特許の抑制に関心を持つ多くの経済的主体がいるからだ。しかし著作権の場合には知財権を所有する大企業には強力な組織的優位性があり、その結果著作権の及ぶ範囲は著しく広がってきた．

8. Robert Levine, *Free Ride: How Digital Parasites Are Destroying the Culture Business, and How the Culture Business Can Fight Back* (Doubleday, 2010).

9. 廃止を勧める著名な批判者たちとは違い、私たちは知財権制度の保持に賛成だ。例として Michele Boldrin and David K. Levine, *Against Intellectual Monopoly* (Cambridge, 2008)〔邦訳　ミケーレ・ボルドリン、デイヴィッド・K・レヴァイン『〈反〉知的独占――特許と著作権の経済学』山形浩生・守岡桜訳、NTT 出版、2010 年〕を参照。私たちは、知財法が政府主導の独占的なもので、競争を妨げているという点についてはボルドリンとレヴァインに確かに同意する。ボルドリンとレヴァインの主張には敬意を払うが、彼らが知財制度の廃止を求めていることについては意見を異にする。私たちはもっと慎重で、もっとしっかりしていると思えるような、改善のほうを革命より好む。

10. 結論で詳しく論じるが、重要な違いの一つは創作費用だ。費用の高い産業はコピーによる害に弱い。しかしまた同時に、多くの技術的変化によって、創作とその頒布にかかる費用は従来の費用に関する前提を覆すような転換を見せている．

11. "New Football a Chaos, the Experts Declare: Ground Gaining by Carrying the Ball Made Impossible; Onside Kick Is Only Hope," *New York Times*, September 30, 1906.

12. ありがちな主張は、コピーする者がイノベーティブな創作物の市場の価値を下げな

いという確信がなければ、配布者たち（出版社、映画会社など）は、創作物を市場に売り込むために投資などしないというものだ。私たちもおおむねこれには賛成だ。しかしこれから説明するように、これが正しいこともあるが、常にそうとは限らない。場合によっては、仲介者の果たす役割が小さいこともある。仲介者が重要な場合であっても、技術的変化が、非常に有意義なコピーの影響を受けにくい新たな頒布手段を生み出すこともある。そして結局のところ、知財法による動機付けがなくても、仲介者が創作物の市場取引と配布という役割を果たす重要な市場は存在する。この本ではこれらすべての事例を見る。

13. Edward J. Epstein, *Hollywood Demystified, The Reel Show*, Winter 2005, http://www.scribd.com/doc/5885934/How-film-studios-make-money（2015年8月7日アクセス）。訴訟は *Sony Corp. of Am. v. Universal City Studios, Inc.*, 464 U.S. 417（1984）.

第1章　コピー商品とファッションの虜たち

1. Eric Wilson, "Simply Irresistible," *New York Times*, May 21 2008.

2. Serena French, "Knock It Off !! Fashion Fights Back at Year of the Copycat," *New York Post*, May 1, 2007.

3. Marie Claire: Splurge vs. Steal, http://www.marieclaire.com/fashion/tips/splurge-vs-steal/（アクセス不可）。

4. 例えば下記参照。Dana Thomas, *Deluxe: How Luxury Lost Its Luster* (Penguin, 2007)〔邦訳 ダナ・トーマス『堕落する高級ブランド』実川元子訳、講談社、2009年〕。

5. Pankaj Ghemawat and Jose Luis Nueno, "Zara: Fast Fashion," *Harvard Business School Case* #9-703-497 (2003).

6. 例えば下記参照。François Baudot, *Fashion: The Twentieth Century* (Universe, 1999) と Teri Agins, *The End of Fashion: How Marketing Changed the Clothing Business Forever* (Harper, 2000)〔邦訳 テリー・エイギンス『ファッションデザイナー――食うか食われるか』安原和見訳、文春文庫、2000年〕。もちろん、服飾の歴史は何千年にも及ぶが、一般的に学者たちはファッションの誕生をルネサンス期としている。ここでファッションとは地位によって個人を識別するために利用される服のことをさす。例えばジャン・ボードリヤールによる、ファッションは「ブルジョア的秩序によって封建的秩序が崩壊し、差異化のしるしのレベルであからさまな競争が勃発したルネサンス期に生まれた」という言葉を参照。下記で引用されている。Veronica Manlow, *Designing Clothes: Culture and Organization in the Fashion Industry* (Transaction, 2007), 9.

7. Manlow, *Designing Clothes*, 35. また Nancy Green, *Ready to Wear and Ready to Work* (Duke University Press, 1997), 45. および Paul Nystrom, *Economics of Fashion* (Ronald Press Company, 1928), chapter 16 も参照。

8. Eric Musgrave, *Sharp Suits* (Pavilion, 2009), 97.

9. Manlow, *Designing Clothes*, 47.

10. Baudot, *Fashion*, 123.

11. Agins, *The End of Fashion*, 34.

12. Thomas, *Deluxe*, 4.

13. Thomas, *Deluxe*, 316. ザラは商品の4分の3程度を毎月変えている。Ghemawat and

Nueno, "Zara," 13.

14. 下記参照。"Fashion Scoops: Vigilante Justice," *Women's Wear Daily*, September 11, 2007, 13.

15. Nystrom, *Economics of Fashion*, 190. Nystrom の本は、ヨーロッパとアメリカ両方の 20 世紀初期のファッションに関する情報の宝庫で、Nystrom は私たちがここで論じている問題について体系的考察を行っている。

16. この点で著作権は完全に首尾一貫しているとは言えない。非常に機能的ではあるが、1790 年の最初の著作権法以来、地図と海図の著作権は保護されてきた。

17. 例えば下記などを参照。*Galiano v. Harrah's Operating Co., Inc.*, 416 F.3d 411, 422（5th Cir. 2005）（カジノの制服は保護対象ではない。表現要素は実用から切り離して販売ができない）; *Poe v. Missing Persons*, 745 F.2d 1238（9th Cir. 1984）（水着のようなかたちの「基本的に柔らかい透明ビニールと石で覆った部分からなる三次元芸術作品」に著作権が認められる。証言ではこれを「芸術作品であって、実用性が高い服ではない」としている）。

18. 35 U.S.C. 102. *In re Application of Bartlett*, 300 F.2d 942, 49 C.C.P.A. 969,133 U.S.P.Q. 204（C.C.P.A. 1962）（「新規性に必要な違いは、平均的評者がその新しいデザインを他とは違う、既存のものに手を加えただけではないデザインと感じるほどでなければならない」）も参照。

19. 私たちはこの「リミックス」型イノベーションが内生的なものである可能性は認識している。すなわち、もしもデザイン特許取得を制限する実務的な障壁がなければ、ファッション産業が既存デザインの改変にばかり血道をあげるのではなく、特許の新規性の要件を満たすデザインに注意を向けるようになる可能性は、少なくとも理論的にはあり得る。

20. すべてが安っぽいわけではない。コピー品の品質が非常に良くて、オリジナルとイミテーションの区別が難しいこともある。"Counterfeit for Christmas: Gift Givers Tap New Source as Travel to China Eases, Knockoff Quality Improves," *Wall Street Journal*, December 9, 2005, B1. 知財一般の関係に関する詳しい議論については Jonathan M. Barnett, "Shopping for Gucci on Canal Street: Reflections on Status Consumption, Intellectual Property, and the Incentive Thesis," 91 *Virginia Law Review* 1381（2005）を参照のこと。

21. Lanham Act, Sec. 2（e）（5）. トレードドレスに求められる非機能性は著作権のそれよりもいくらか低い。なぜなら多くの法廷が、機能的デザイン要素がもしも重要な非機能的事項を含むトレードドレス的要素の集合の一部であるなら、トレードドレスとして保護可能と考えているからだ。*Fuddruckers, Inc. v. Doc's B.R. Others, Inc.*, 826 F.2d 837, 842（9th Cir. 1987）を参照。（「我々の調査は、トレードドレスの個々の要素が機能的という定義に含まれるかではなく、すべての要素がひとつになったときに機能的かどうかを調べることを意図している」）。

22. 例として *Knitwaves, Inc. v. Lollytogs, Ltd.*, 71 F.3d 996（2d Cir. 1995）を参照（出所がはっきりしない女性用セーターの美的特性は、保護可能なトレードドレスには含まれない）。また下記も参照のこと。*Wal-Mart Stores, Inc. v. Samara Bros., Inc.*, 529 U.S. 205, 213（2000）（製品デザインは「本質的に他と違うということはなく」「ほぼ常に出所が指し示す以外のことに役立っている」）。

23. *Samara*, 529 U.S. at 213.

24. *Inwood Laboratories, Inc. v. Ives Laboratories, Inc.*, 456 U.S. 844, 851 n.11（1982）（強調は引用

者)。

25. *Jack Adelman v. Sonners & Gordon*, 112 F. Supp. 187 (S.D.N.Y. 1934).

26. Arnold Plant, "The Economic Aspects of Copyright in Books," 1 *Economica* 167-192 (Blackwell, 1934). 同様の議論については下記も参照。Nystrom, *Economics of Fashion*.

27. Cathy Horyn, "Is Copying Really a Part of the Creative Process?" *New York Times*, April 9, 2002; Manlow, *Designing Clothes*, 95.

28. Robert Merges, "Contracting into Liability Rules: Intellectual Property Rights and Collective Rights Organizations," 84 *California Law Review* 1293, 1363 (1996).

29. *Fashion Originators' Guild v. FTC*, 312 US 457 (1941).

30. "Dress War," *Time*, March 23, 1936.

31. 同上。

32. *Fashion Originators' Guild v. FTC*, 312 US 457 (1941), 467. ファッション・オリジネーター協会に対する措置に並行して、連邦取引委員会は女性用帽子製造業者が組織したカルテルの無効化にも成功した。下記参照。*Millinery Creators' Guild, Inc. v. FTC*, 109 F.2d 175 (2d Cir. 1940).

33. しかし、ファイリーンズの事例は次のような点で重要だった。最高裁は最初の補足説明で、事件の審理に合意したのは、ファイリーンズの主張を取り入れたギルドの合法性に関する第一審における見解と、FTC のギルドは合法だとする主張に同意した第二審との相違によるものだとした。

34. "Fashion Designer Asks 'Piracy' Ban," *New York Times*, July 22, 1947.

35. Thomas, *Deluxe*, 269.

36. 歌手で元連邦議会議員ソニー・ボノにちなんだ名がつけられた最新の修正条項によって、標準的な著作権保護期間は個人の場合は作者の死後 70 年間、法人の場合は発行後 95 年間か制作後 120 年間となった。

37. この変化については下記参照。Jamie Boyle, *The Public Domain* (Yale University Press, 2008); Adrian Johns, *Piracy: The Intellectual Property Wars from Gutenberg to Gates* (University of Chicago, 2010).

38. フランスとの対比は少なくとも 1928 年にまでさかのぼる。Nystrom はフランスのファッション・デザインに対する法的保護に対して好意的に「田舎とパリの両方のスタイルを創造するハウスが、アメリカ人によるアメリカとフランスのデザインのコピーを阻止するために、そのような法の整備を望んでいた」と明かしている。Nystrom, *Economics of Fashion*, 191.

39. Press Release, "Delahunt, Goodlatte and Nadler Reintroduce Legislation to Combat Design Privacy," April 30, 2009, http://www.cfda.com/index.php?option=com_cfda_content&;task=news_display_all (アクセス不可)。

40. アレン・B・シュワルツの経歴については http://www.absstyle.com/allen.asp (アクセス不可)、加えて Sarah Childress, "Proms Go Hollywood," MSNBC.com, May 18, 2005, http://www.msnbc.msn.com/id/7888491/site/newsweek/?GT1=6542 (アクセス不可) も参照 (シュワルツのデザインコピーの歴史について論じている)。

41. Eric Wilson, "Before Models Can Turn Around, Knockoffs Fly," *New York Times*, September 4,

2007.

42. Vanessa Lau, "Can I Borrow That? When Designer 'Inspiration' Jumps the Fence to Full-On Derivation, the Critics' Claws Pop Out," *W Magazine*, February 2008.

43. Cara M. DiMassa, "Designers Pull New Styles Out of the Past," *L.A. Times*, January 30, 2005; Cathy Horyn, "Defying Knockoffs and Inviting Them," *New York Times*, October 2, 2009. Cathy Horyn, "Is Copying Really Part?" も参照。

44. Horyn, "Is Copying Really Part?"

45. *Societe Yves Saint Laurent Couture S.A. v. Societe Louis Dreyfus Retail Management S.A*, [1994] E.C.C. 512 (Trib. Comm. (Paris)) ("YSL"). 面白いことに、イヴ・サン＝ローランの立場は、ファッション産業において合法的なコピーがかなり横行していることを例証していた。サン＝ローランによると、「他のデザイナーからインスピレーションを得ることもあるが、ラルフ・ローレンのようにその型を何から何まで盗むのはまた話が別だ」（同上 519, 520)。下記も参照のこと。Agins, *The End of Fashion*（あるファッション・コンサルタントの言葉を引いて「イヴ・サン＝ローランはファッション産業の最も汚い秘密を暴露した。彼らはみな手っ取り早く儲けられると思ったらお互いを平気でコピーする」)。

46. Lau, "Can I Borrow That?"

47. *International News Service v. Associated Press*, 248 U.S. 215, 250 (1918)（Brandeis 判事反対意見）(「人が創りあげたもののなかで最も優れたもの――知識、明確な真実、観念、理性――が他者への自発的な情報伝達によって、空気のように自由に誰でも使えるようになり」それが「所有されるようになるのは、公の秩序がそれを求めるような場合に限る」)。

48. Thorstein Veblen, *The Theory of the Leisure Class* (Macmillan, 1899)〔邦訳　ソースティン・ヴェブレン『有閑階級の理論――制度の進化に関する経済学的研究』高哲男訳、筑摩文庫、1998 年〕。

49. "Economics A-Z," *The Economist*, at http://www.economist.com. Juliet Schor, *The Overspent American: Why We Want What We Don't Need* (Harper, 1999)〔邦訳　ジュリエット・B・ショア『浪費するアメリカ人――なぜ要らないものまで欲しがるか』森岡孝二訳、岩波書店、2000 年〕と Robert Frank, *Luxury Fever: Why Money Fails to Satisfy in An Era of Excess* (Princeton, 1999) も参照（消費者購買のほとんどは軍拡競争のようで、新しい購買がそれぞれ他人に類似の購買を行うように拍車をかけるが、それで地位はまったく高まることはない。地位というのは本質的に相対的なものだからである)。Barnett, "Shopping for Gucci" はこの点に着目して、スノッブ的効用、熱望的効用、流行的効用という効用の三層モデルを作り出している。ファッションを扱った初期のものとしては Paul M. Gregory, "An Economic Interpretation of Women's Fashions," 14 *Southern Economic Journal*, 2 (1947) がある。

50. この点で、二面性を持った地位表示物は、明確な外部性とネットワーク効果を持つ物とは全く異なる。ファックスやコンピュータの OS は広く普及すれば普及するほど価値が大きくなる。価値が大きくなるスピードは、普及がある閾値を超えると遅くなるが、いくら普及してもその価値が下がってしまうような変曲点はない。

51. *New York World Telegram & Sun*, August 21, 1960.

52. Manlow, *Designing Clothes*.

53. Gregory, "An Economic Interpretation," 161.

54. "Symbolic Exchange and Death," 2000 at 98.

55. Lorrie Grant, "UGG Boots a Fashion Kick," *USA Today*, December 10, 2003, http://www.usatoday.com/money/industries/retail/2003-12-10-ugg_x.htm（2015 年 8 月 7 日アクセス）を参照。

56. "Ugg Poncho, the New Ugg Evil," *Defamer*, August 9, 2004, http://www.defamer.com/hollywood/culture/ugg-poncho-the-new-ugg-evil-019192.php（アクセス不可）。

57. Tad Friend, "Letter from California: The Pursuit of Happiness," *New Yorker*, January 23-30, 2006.

58. Georg Simmel, "Fashion," 10 *International Quarterly* 130, 138-39（1904）. Nystrom, *Economics of Fashion* も参照。彼はスカートの裾丈の変化に関する詳細なグラフなどを満載した 1 章まるごとを、ファッション・サイクルのメカニズムにさいている。

59. 私たちは差別化と集団化の言葉を Scott Hemphill and Jeannie Suk, "The Law, Culture, and Economics of Fashion," 61 *Stanford Law Review* 1147（2009）から借用している。

60. 湿気を逃し、熱を逃さない新しい生地の発明は通常はアウトドアや専門的な衣服に限られ、また特許化されることが多い——デザインではなく生地そのものが。

61. この喩えについては James Suroweicki に感謝する。1940 年代の経済学者 Paul Gregory などの初期の経済分析では、衣服の品質の低下には言及しているが、著作権に関する問題には触れていない。そのかわりに Gregory は意図的な質の悪さを強調している。Paul M. Gregory, "A Theory of Purposeful Obsolescence," *Southern Economic Journal*（July 1947）. Nystrom, *Economics of Fashion* も参照。Nystrom は「イミテーションはファッションの最も本質的な要素である」（26）と指摘している。それにもかかわらず、彼はコピーの自由に反対し、数年後の Maurice Rentner 同様、フランス式のデザイン保護を支持した。Nystrom にとって「コピーがもたらす害悪」は、服飾産業の中心的課題であった（190）。

62. インタビューのなかでデザイナーたちは、フォーエバー 21 版の存在を知って、泣きながらドレスを返品しにきた女性のことを話してくれた。

63. 私たちはこの小売り販売店とブランドについて、例証目的のためだけに言及している。この小売店とブランドのデータが部外秘である BLS データに含まれていると示唆するものではない。

64. Nystrom, *Economics of Fashion*, 26.

65. David Colman, "Choices, Up to Your Knees," *New York Times*, August 25, 2005, E1.

66. Lauryn Howard, "An Uningenious Paradox: Intellectual Property Protections for Fashion Designs," 32 *Columbia Journal of Law & Arts* 333（2009）.

67. Horyn, "Is Copying Really Part?"

68. 同上。

69. Lau, "Can I Borrow That?"

70. 同上。

71. 先行者利益に関する古典的言及としては Marvin B. Lieberman and David B. Montgomery, "First Mover Advantages," *Strategic Management Journal* 9, 1（1988）.

72. "Dress War," *Time*.

73. Kenneth D. Hutchinson, "Design Piracy," *Harvard Business Review* 191, 198（1940）.

74. Nystrom, *Economics of Fashion*.

75. Barnett, “Shopping for Gucci,” 30.

第２章　料理、コピー、創造性

1. 1 対 3 の訴訟 *Powerful Katinka, Inc. v. McFarland*, 2007 WL 2064059 (S.D.N.Y. 2007). これはチャールズと前従業員との最初の揉め事ではない。少しアップタウン寄りの Mary's Fish Camp もその数年前に同様の紛争に巻き込まれている。

2. Pete Wells, “Chef Sues over Intellectual Property (the Menu),” *New York Times*, June 27, 2007.

3. National Restaurant Association, *Restaurants by the Numbers* (2011), http://www.restaurant.org/pdfs/research/2011forecast_pfb.pdf（アクセス不可）から得た数値。

4. David Kamp, *The United States of Arugula: How We Became a Gourmet Nation* (Random House, 2006), 15.

5. 同上。第二次世界大戦勃発によって多くのフランス人は帰国したがらず、博覧会のパビリオンがマンハッタンの Le Pavillion となった。

6. Malla Pollack, “Intellectual Property Protection for the Creative Chef, or How to Copyright a Cake: A Modest Proposal,” *Cardozo Law Review* 12.5 (1991): 1477, 1490.

7. 物語全体については Jennifer 8 Lee, *The Fortune Cookie Chronicles: Adventures in the World of Chinese Food* (Twelve, 2008) を参照。

8. Kamp, *The United States of Arugula,* 70–71.

9. 当時の貨幣価値の数字は National Restaurant Association http://www.restaurant.org/pdfs/research/2011forecast_pfb.pdf（アクセス不可）より。

10. Lauren Sherman, “The Most Unusual Restaurants in the World,” *Forbes*, December 19, 2006.

11. Nathan Myrhvold, Chris Young, and Maxime Bilet による 2500 ページ近くの学術書 *Modernist Cuisine: The Art and Science of Cooking* (Cooking Lab, 2011) にざっと目を通せば（などということができる厚さではないが）、この騒動のすべてが説明されている。

12. アドリア自身もこの言い回しを他の人々同様に否定している。トマス・ケラー、ヘストン・ブルメンタール、そして作家であり科学者でもあるハロルド・マギーとともにアドリアはイギリスの『ガーディアン』紙に次のような公開書簡を送っている。「流行の言葉、モレキュラー・ガストロノミー（分子料理学）とは比較的最近、1992 年にある特定の学術学会を名付けるために導入された言葉で［…］その学会は私たちのアプローチに影響を及ぼすものではなく、モレキュラー・ガストロノミーという言葉は、私たちの料理、あるいはいかなるスタイルの料理であってもそれを説明したものではない」。Ferran Adria et al., “Statement on the ‘Ne. Cookery,”’ *Guardian Observer*, December 10, 2006, http://www.guardian.co.uk/uk/2006/dec/10/foodanddrink.obsfoodmonthly（2015 年 8 月 7 日アクセス）。

13. Katy McLaughlin, “That Melon Tenderloin Looks Awfully Familiar...” *Wall Street Journal*, June 24, 2006, http://online.wsj.com/article/SB115109369352989196.html（2015 年 8 月 7 日アクセス）。

14. フォンゲリヒテンやマツシタが本当にこれらの料理の発明者なのかどうかということについては、いくらか議論の余地があるが、それはまた別の問題だ。私たちはすでに、おそらく黒タラの味噌焼きはマツシタが本当に開拓した料理ではないことを指摘した。同じことがモルテン・チョコレートにも言える。例えばミシェル・リシャール、ミシェル・ブラス、ジャック・トレスらは、みなある時期にモルテン・チョコレートの発案者として

褒めそやされた．

15. http://www.recipesecrets.net/forums/recipe-exchange/23906-chilis-molten-chocolatecake.html

16. 合衆国法では、作品が定着しているメディアは特に耐久性がなくてもかまわない。作品の定着が「つかの間」以上と認識されれば差し支えない。私たちはモルテン・チョコレートケーキは通常はかなり早く消費されると認識しているが、ケーキはほぼ常につかの間よりは長く持続するので、著作権の対象となる資格がありそうに思える。しかしこれから説明するように、この場合は当てはまらない。

17. Architectural Works Copyright Protection Act（AWCPA）, Pub. L. 101-650, Title VII, 104 Stat. 5133, December 1, 1990.

18. *Publications Int'l, Ltd. v. Meredith Corp.*, 88 F.3d 473（7th Cir. 1996）at 476.

19. 同上、480。メレディスに依拠したものと全く同様の論法が、数年後の *Lambing v. Godiva Chocolatier*, 142 F.3d 434（6th Cir. 1998）にも見られる。

20. U.S. Copyright Office, *Recipes*, http://www.copyright.gov/fls/fl122.html（2015 年 8 月 7 日アクセス）。

21. Nigella Lawson, *Nigella Bites —— Comfort Food*, http://www.channel4.com/life/microsites/N/nigella/bites2.shtml（アクセス不可）。

22. U.S. Copyright Office, *Recipes*, 101 を参照。また Pollack, "Intellectual Property Protection" も参照。デヴィッド・ニマーが私たちに指摘してくれたように、料理本で説明と一緒にされている料理の指示は通常は著作権保護の対象となる。よって、ローソンがハルーミについて「ブラックペッパーで味付けしますが、チーズが代わりになるので塩は使いません」と適切に書いている一節は、おそらく著作権保護対象となる。*Nimmer on Copyright*（Matthew Bender, 1978）の著者デヴィッド・ニマーとのインタビューより。

23.「レシピは著作権保護できない手順、あるいはプロセスであると言うのは、ダンスのステップを図解したものは手順である、あるいはもっとはっきりとした例として、交響楽に必要な楽器と音符は（著作権保護できない）手順を構成していると言うのに等しい。実際、レシピ、スケッチ、楽譜は単に作品（料理、ダンス、交響楽）を具体的な表現媒体に定着させるための手段に過ぎない」。Christopher J. Buccafusco, "On the Legal Consequences of Sauces: Should Thomas Keller's Recipes Be per se Copyrightable?" *Cardozo Arts & Entertainment Law Journal* 24.3（2007）: 1121, 1131.

24. Nimmer, *Nimmer on Copyright*, § 2.18［I］.

25. ドレスや料理の美的魅力を、どうにかして機能から「切り離さ」ない限りこうなる。ドレスと料理ではどちらにおいても、美的魅力——その素晴らしい外観、美味——がもの自体に埋め込まれていて切り離せず、この事実のため著作権保護が成り立たない。このため、食物は現代の著作権法の適用範囲から外れている。

26. *Powerful Katinka, Inc. v. McFarland* の訴状。加えてチャールズはマクファーランドがパール・オイスターバーの副料理長としての信託義務に背いたと主張した。

27. トレードドレスは一般的にパッケージングとプロダクト・デザインに分けられる。パッケージングのみのトレードドレス保護には必ずしも派生的意味は必要ないのに対し、プロダクト・デザインの一部であるトレードドレスにはそれが必要だ。*Walmart Stores v. Samara Bros.* 529 U.S. 205（2000）を参照。

28. *Two Pesos v. Taco Cabana*, 505 U.S. 763 (1992).

29. Ron Ruggless, “Taco Cabana Buys Rival Two Pesos,” *Restaurant News*, January 25, 1993.

30. 2012年2月23日、ある陪審員団が一部有罪で一部無罪の評決を下したが、それでもフィリップ・チャウが不当競争と不当広告にかかわっていたという判決にはなった。係争の詳細については Aaron Gell, “How Now Mr. Chow? The Sweet and Sour Saga behind the City’s Epic Food Fight,” *New York Observer*, February 28, 2012, http://www.observer.com/2012/02/mr-chow-02-28-2012/5/ (2015年8月7日アクセス)。

31. Sara S. Munoz, Patent No. 6, 004, 596; “Peanut Butter and Jelly Sandwich,” *Wall Street Journal*, April 5, 2005.

32. Pete Wells, “New Era of the Recipe Burglar,” *Food & Wine*, November 2006.

33. 上記に同じ。The Age における批評は2004年3月。John Lethlean, “Interlude,” *The Age*, March 16, 2004, http://www.theage.com.au/articles/2004/03/15/1079199150268.html (2015年8月7日アクセス)。

34. McLaughlin, “That Melon Tenderloin,” はウィッキンスがインタールードの常連客に対し、問題の料理はアメリカのレストランに由来すると伝えていると報じている。弁明はアリネアのスタッフによって eGullet の注釈に記されている。

35. *Campbell v. Acuff-Rose Music*, 510 U.S. 569 (1994).

36. 下記に引用。Buccafusco, “On the Legal Consequences of Sauces,” 1152.

37. 上記、1153。

38. ジョアキム・スプリチャル（パティナ・ケータリング社のシェフ）とのインタビュー。

39. ローラン・トロンデル（ビストロ・ローラン・トロンデルのシェフ）とのインタビュー。

40. ブカフスコ論文とフォン・ヒッペル＆フォシャール論文は例外。これについては本書の別のところで触れた。

41. Robert Ellickson, *Order without Law: How Neighbors Settle Disputes* (Harvard University Press, 1994).

42. Emmanuelle Fauchart, Eric von Hippel, “Norms-Based Intellectual Property Systems: The Case of French Chefs,” *Organization Science* 19.2 (2008): 187.

43. Eric von Hippel, “Cooperation between Rivals: Informal Know-How Trading,” *Research Policy* 16.6 (1987): 291.

44. Emily Cunningham, “Protecting Cuisine under the Rubric of Intellectual Property Law: Should the Law Play a Bigger Role in the Kitchen?” *Journal of High Technology Law* 9.1 (2009): 21.

45. Pete Wells, “New Era of the Recipe Burglar.”

46. Fauchart and von Hippel, “Norms-Based Intellectual Property,” 191.

47. *Bridgeport Music, Inc. v. Dimension Films*, 410 F.3d 792 (6th Cir. 2005).

48. Bret Thorn, “Catch-22: For Celebrity Chefs, the Bigger They Are, the Less They Usually Cook,” *Nation’s Restaurant News*, April 26, 2004.

49. Fauchart and von Hippel, “Norms-Based Intellectual Property.”

50. Michel Orecklin and Laura Locke, “Food for Thought,” *Time*, 2004, http://www.time.com/

time/magazine/article/0,9171,994185,00.html（California Culinary Academy の Nancy Seryfert を引用。2015 年 8 月 7 日アクセス）。*Chefography*（Food Network Broadcast）.

51. James Hibberd, Cable Year End Ratings, *The Live Feed*, November 30, 2011, http://www.hollywoodreporter.com/blogs/live-feed/cable-year-ratings-usa-hbo-52808（アクセス不可）。

52. Michael Pollan, "Out of the Kitchen, Onto the Couch," *New York Times Magazine*, August 2, 2009.

53. 同上。

54. Katy McLaughlin, "Chefs Gone Wild: Where to Eat this Fall," *Wall Street Journal*, September 17, 2005.

55. *Twentieth Century Music Corp. v. Aiken*, 422 U.S. 151 at 156（1975）.

56. Adria et al., "Statement".

57. Jonathan Gold, "The New Cocktailians," *L.A. Weekly*, March 4, 2009.

58. Chantal Martineau, "The Era of Copyrighted Cocktails?" *The Atlantic*, August 31, 2010.

59. Jonathan Miles, "The Right Stuff（By Law）," *New York Times*, July 2, 2009.

60. Nick Fauchald, "Secrets of a Cocktail Master," *Food & Wine*, http://www.foodandwine.com/articles/secrets-of-a-cocktail-master（2015 年 8 月 7 日アクセス）。

61. Martineau, "The Era of Copyrighted Cocktails?"

第 3 章　コメディ自警団

1. Melvin Helitzer, *Comedy Writing Secrets: How to Think Funny, Write Funny, Act Funny and Get Paid For It*（Writers Digest Books, 1987）, 4.

2. この章は Dotan Oliar and Christopher Sprigman, "There's No Free Laugh（Anymore）: The Emergence of Intellectual Property Norms and the Transformation of Stand-Up Comedy," *Virginia Law Review* 94.8（2008）: 1787 に基づいている。この章のすべてのインタビューは、特記したものを除き Oliar / Sprigman の記事から引用 .

3. SILO's Silver Screen, Joe Rogan and Carlos Mencia Fight, http://www.youtube.com/verify_age?next_url=http%3A//www.youtube.com/watch%3Fv%3D5gVYfDCgYxk（2015 年 8 月 7 日アクセス）。

4. 下記参照。SILO's Silver Screen, Joe Rogan and Carlos Mencia Fight. nomencia, Mencia Steals from Cosby? http://www.youtube.com/watch?v=lCixAktGPlg の 1:18–2:03（2015 年 8 月 7 日アクセス。メンシアとコスビーのそれぞれのバージョンを具体的に比較）。Dead-Frog's You Tube Channel, George Lopez v. Dave Chappelle: Is This Joke Stealing? http://www.youtube.com/watch?v=-OHMeDqhAgU の 0:15–1:16（2015 年 8 月 7 日アクセス。メンシアとシャペルのそれぞれのバージョンを具体的に比較）。Dead-Frog's You Tube Channel, Whose Joke Is It? Carlos Mencia? D.L. Hughley? George Lopez? http://www.youtube.com/watch?v=kPuu_VE7KOA の 0:14–0:27（2015 年 8 月 7 日アクセス。複数のコメディアンの具体例を比較）。

5. Oliar and Sprigman, "There's No Free Laugh（Anymore）."

6. これらのジョークファイルは価値ある資産で、時として売りに出されることもあった。Joey Adams and Henry Tobias, *The Borscht Belt*（Bentley Pub. Co., 1966）, 61（「[Henny] Youngman と Henry Tobias はボードビルで最も面白い Richy Craig, Jr. のスタンダップ・コメディが売

りに出されていると聞くと、人から拝み倒して借金し、自分の服を売ってそれを買う金をつくった。そして彼らはそれを二人で分けた。それは投資のようなものだった。彼らは新鮮なネタを得ただけでなく、それをコピーして取り分を上乗せして他の MC に売った」）。

7. Milton Berle もまた膨大なジョークファイルを持っていた。彼はそのなかでも最高のジョークだけを２冊の大部にまとめて出版し、厚かましくもその著作権を取得した。Milton Berle, *Milton Berle's Private Joke File*（Three Rivers Press, 1992）; Milton Berle, *More of the Best of Milton Berle's Private Joke File*（Book Sales, 1996）を参照。Bob Hope も自分自身のジョークファイルを持っていたが、死ぬ前にそれを国会図書館に寄贈した。*Bob Hope and American Variety: Joke File*（December 29, 2004）, http://www.loc.gov/exhibits/bobhope/jokes.html（2015 年 8 月 7 日アクセス）。

8. 例として下記を参照のこと。Adams and Tobias, *The Borscht Belt*, 61（「[Henny] Youngman の話し方のスタイルはジョークの人気を上げた。コメディアン全員と同様に、新しい新鮮なネタの必要性は、彼が毎シーズン同じことを繰り返す出演者であるという事実によってもっと複雑になっている。ネタを得る通常の方法は、もっとも優れたもののなかから選ぶことだ。ローズステートやパレスの初日には客のなかに鉛筆を握りしめたコメディアンが多く見られる」）。

9. 以下参照。Thrilling Days of Yesteryear, http://blogs.salon.com/0003139/2004/02/22.html（February 22, 2004）（*The Milton Berle Show* 1948 年 1 月 20 日版の速記録を含む、アクセス不可）。

10. 下記参照。Dead-Frog's You Tube Channel, Whose Joke Is It? Carlos Mencia? D.L. Hughley? George Lopez? http://www.youtube.com/watch?v=kPuu_VE7KOA の 0:14–0:27（2015 年 8 月 7 日アクセス）。

11. 同上。

12. 本章のこの部分のほとんどはこの研究を利用している。もともとは下記として出版。Oliar and Sprigman, "There's No Free Laugh," 60.

13. 下記参照。nomencia, Mencia Steals from Cosby? http://www.youtube.com/watch?v=lCixAktGPlg の 1:18–2:03（2015 年 8 月 7 日アクセス。メンシアとコスビーのそれぞれのバージョンを具体的に比較）。

14. 上記動画の 0:09–1:17。

15. Robert W. Welkos, "Funny, That Was My Joke," *L.A. Times*, July 24, 2007, A1 を参照（コスビーがジョークの盗みには、オリジナリティを「偽った」ことへの称賛を受け入れることが含まれると主張し、コスビー自身は他のコメディアンのネタを使うたびに、それを明らかにしていると言っているのを引用している）。

16. Lopez, http://www.redban.com/audio/lopez.mp3 の 0:40–1:46（アクセス不可）を参照（ジョージ・ロペスによる、ハワード・スターン・ラジオショーでのメンシアに対する肉体攻撃についての説明）。加えて Q&A 12-01-06, http://www.redban.com/audio/dco.mp3 の 27:23–27:50（アクセス不可。メンシアとロペスは「互いに相手を殺さんばかりだった」と主張するロサンゼルスの Laugh Factory のオーナー Jamie Masada による説明がある）。

17. 下記参照。Dead-Frog's You Tube Channel, George Lopez v. Dave Chappelle: Is This Joke Stealing? http://www.youtube.com/watch?v=-OHMeDqhAgU の 0:15–1:16（2015 年 8 月 10 日ア

クセス)。

18. 下記参照。Judy Carter, *The Comedy Bible: From Stand-up to Sitcom —— the Comedy Writer's Ultimate How-to Guide* (Touchstone, 2001), 56. 加えて下記も。Dave Schwensen, *How to be a Working Comic: An Insider's Guide to a Career in Stand-Up Comedy 16* (Back Stage Books, 1998) (「あんたが決してやりたくないことといったら、人のネタを盗用することだ。言い換えれば、人のカーボンコピーをすることなかれということだ。それは様々なかたちで禍根を遺す。コメディアンはネタをとても大事にする。[…] 彼らがステージで演じるものは彼らのキャリアの基盤で、他人がそれを「盗んで」儲けていいものではない。初心者は時としてパクリに走ることがあるが、それは最初にステージに出るときに何を期待されているかわかってないからだ。[…] この本の要点はスタンダップ・コメディを作るときには、オリジナルでなければならないということだ」)。

19. あるコメディアンは協力的な議論による解決法について次のように説明している。「子供の時に学ぶのは、だれかとトラブルになったら、直接彼らに会って話せということだ。[…] 自分のジョークと同じものを人が話していたら […] そいつのところに行って、「いいかい、このジョークは俺が使ってきたものにそっくりだ」と言えば話はつく。それでもまだ奴らが文句をたらたら言うようなら、どちらかが「わかった、もうこのネタを使うのはやめる」といって話は終わりだ」。

20. 下記参照。Dean Johnson, "Stop! Thief!: Comics Say They're Getting a Bad Rap," *Boston Herald*, August 14, 1998, S03, available at 1998 WLNR 270264.

21. 下記参照。Brian McKim, "Stolen Goods," *SHECKYmagazine.com*, December 2002, http://www.sheckymagazine.com/mckim/mck_0301.htm (2015 年 8 月 1 日アクセス)。

22. 同上、78。

23. この議論の大部分は下記の翻案。Jacob Loshin, "Secrets Revealed: How Magicians Protect Intellectual Property without Law," in *Law and Magic: A Collection of Essays*, Christine A. Corcos, ed. (Carolina Academic Press, 2010).

24. 有名な「変態」のイルージョンが一例だ。トリックを発明したのは 19 世紀のマジシャン、ネヴィル・マスケリンだが、それを有名にしたのはハリー・フーディーニだ。Nevil Maskelyne and David Devant, *Our Magic: The Art in Magic, the Theory of Magic, the Practice of Magic* (George Routledge and Sons Limited, 1912), 67.

25. 同上。

26. *Rice v. Fox Broadcasting Co.*, 330 F.3d 1170 (2003).

27. Eriq Gardner, "Teller of Penn & Teller Breaks Silence to Sue Over Magic Trick," The Hollywood Reporter, April 15, 2012.

28. 加えて、著作権保護できないトリックの実演にパントマイムが本当に必要であれば、「合同原則」として知られている長い歴史のある著作権法の原理がパントマイムにおけるいかなる著作権も無効にしてしまうはずだ。

29. *Goldin v. Clarion Photoplays, Inc.*, 202 A.D. 1, at 4 (N.Y. App. Div. 1922).

30. Paul Brownfield, "What's This Guy Got Up His Sleeve?" *L.A. Times*, March 3, 1998.

31. "Criss Angel Makes Magicians Disappear —— With Help from Security," *Radar Online*, September 10, 2010,http://www.radaronline.com/exclusives/2010/09/crissangel-makes-magicians-

disappear-with-help-security（アクセス不可）。

第 4 章　アメフト、フォント、金融、ファイスト裁判

1. http://www.vanguard.com/bogle_site/lib/sp19970401.html（2015 年 8 月 10 日アクセス）。

2. "Bill Walsh and Joe Montana: The Genius and the Gun," *Football Digest*, December 1982. 興味深いことに 1986 年の法廷での連邦政府の主張では、野球のゲームは著作権で保護可能な作品であるとされている。下記参照。*Baltimore Orioles v. Major League Baseball Players Association*, 805 F.2d 663 (7th Cir. 1986). しかし 2005 年になると、同じ法廷が過去の判決に従わないと示唆している。下記参照。*Toney v. L'Oreal USA*, 406 F.3d 905 (7th Cir. 2005).（オリオールズ裁判における判決が「類似巡回区、そして幾人かのコメンテーターによって広く批判された」ことを挙げている）。

3. 同上。

4. 改変の重要性についての詳細については下記参照。Malcolm Gladwell, "The Tweaker: The Real Genius of Steve Jobs," *The New Yorker*, November 14, 2011.

5. Tim Layden, *Blood, Sweat and Chalk, The Ultimate Football Playbook: How the Great Coaches Built Today's Game* (Sports Illustrated Books, 2010).

6. Pete Thamel, "Nevada's Runaway Offense," *New York Times*, October 10, 2010.

7. Nicholas Dawido., "Rex Ryan: Bringing It Big," *New York Times Magazine*, September 12, 2010.

8. 209 U.S. 1 (1908).

9. Gladwell, "The Tweaker."

10. 同上。グラッドウェルは Ralf Meisenzahl と Joel Mokyr を引用している。"The Rate and Direction of Invention in the British Industrial Revolution: Incentives and Institutions," NBER Working Paper 16993 (April 2011), http://www.nber.org/papers/w16993.pdf（2015 年 8 月 10 日アクセス）。彼らは「多くの職人がイノベーションによる利益を得るために秘密と先行者利益に頼った。そしてここでの事例の 40%以上が特許を取得しなかった」にもかかわらず、特許がこの過程でちょっとした役割を果たしたことに留意している。同上、アブストラクト。

11. *Madey v. Duke University*, 307 F. 3d. 1351 (2002). 法廷は、マディが大学を去った後も、マディが特許権を持つレーザーをデューク大学が研究目的で使用し続けたことは、著作権侵害にあたる、と考えた。それ以前、法廷は研究者が特許権のある技術を、直接商業利用を目的としないなら基礎科学研究に使うことを許していた。マディ対デューク大学判決はこの例外がとても狭く解釈されることを明確にした――「単なる好奇心」以上のものに動機付けされ、最終的に商業利用へと導く実験利用は問題外だった。これは狭い例外であって、特許化された発明に法的責任を脅かすことなく改変を加えることを難しくしている。さらに法廷による実験的使用に対する締め付けは、特許法に大きな緊張感を生み出している。一方で特許法は改善をもたらす改変者にいくらかの権利を認めている。しかしもう一方で、改変者がその改良をするためにまず必要な基礎研究をすることを難しくしている。

12. この一般法則について昔からある例外の一つが、高踏芸術世界だ。そこでは改変は（「アプロプリエーション」という名のもとで）かなり一般的で、訴えられることはめったにない。しかし 2011 年、アーティスト、リチャード・プリンスに対する判決が、この慣

例に注目に値する疑念をなげかけ、アート界に衝撃をもたらし、メトロポリタン美術館や近代美術館を含む多くの方面から抗議の声があがった。

13. フォントに先行するカリグラフィーもこれを認めていたが、多様さの幅はもっと狭く、再現可能性はずっと困難だった。

14. 2007年公開。下記参照。http://www.helveticafilm.com/（2015年8月10日アクセス）。

15. H.R. Rep. No. 94-1476, at 55.

16. *Eltra v. Ringer*, 579 F.2d 294（4th Cir. 1978）; *Leonard Storch Enters., Inc. v. Mergenthaler Linotype Co.*, No. 78-C-238, 1979 WL 1067（E.D.N.Y. 1979）.

17. フォントは「本質的に独特」なものではない——すなわち、（正しくは）商標法はフォントを見た消費者が、それを特定の製作者と結びつけるとは仮定していない。そして不可能ではないにしても、特定のフォントが市場の外でも独自性を持っていることを示すのは難しい。

18. Alexander Lawson, *Anatomy of a Typeface*（Godine, 1990）, 386-89.

19. Anthony Cahalan, *Type, Trends and Fashion: A Study of the Late Twentieth Century Proliferation of Typefaces*（Mark Batty, 2008）, 61.

20. Randall Rothenberg, "Computers Change the Face of Type," *New York Times*, July 23, 1990, D1.

21. Caitlin Liu, "Creating a New Generation of Vivid Typefaces," *New York Times*, August 5, 1996, D5.

22. Cahalan, Type, *Trends and Fashion*.

23. 例として下記参照。Philip W. Snyder, "Typeface Design after the Desktop Revolution: A New Case For Legal Protection," 16 *Columbia-VLA Journal of Law & the Arts* 16.1（1991）: 97, 98 n.3.

24. Blake Fry, "Why Typefaces Proliferate without Copyright Protection," *Journal on Telecommunications & High Technology Law* 8.2（2010）: 425.

25. 下記参照。http://seekingalpha.com/article/216283-stock-market-capitalization-exceedsgdp（2015年8月10日アクセス）。

26. Peter Tufano, "Financial Innovation and First Mover Advantages," 25 *Journal of Financial Economics* 25.2（1989）: 213.

27. *State Street Bank and Trust Co. v. Signature Financial Group Inc.*, 149 F.3d 1368（Fed. Cir. 1998）.

28. Robert M. Hunt, "Business Method Patents and U.S. Financial Services," *Contemporary Economic Policy* 28.3（July 2010）: 322-52.

29. Robert P. Merges, "The Uninvited Guest: Patents on Wall Street," *Economic Review* Q4（2003）: 1-14.

30. Josh Lerner, "Trolls on State Street? The Litigation of Financial Patents, 1976-2005," mimeo, Harvard Business School（2006）.

31. Hunt, "Business Method Patents," p. 333.

32. 同上。

33. Peter Tufano, "Financial Innovation," in George M. Constantindes, Milton Harris and Rene M. Stulz eds., *The Handbook of the Economics of Finance*（Elsevier, 2003）.

34. 同上。
35. 同上。
36. Merges, "The Uninvited Guest."
37. 下記参照。Sugato Battacharyya and Vikram Nanda, "Client Discretion, Switching Costs, and Financial Innovation," *Review of Financial Studies* (Winter 2000): 1101-127.
38. Robert C. Merton, "On the Application of the Continuous-Time Theory of Finance to Financial Intermediation and Insurance," *The Geneva Papers on Risk and Insurance* 14 (July, 1989): 225.
39. 下記参照。http://www.ncbi.nlm.nih.gov/omim（2015 年 8 月 10 日アクセス）。
40. 499 U.S. 340 (1991).
41. http://www.dialog.com（現在は http://www.proquest.com/）。
42. Commission of the European Communities, *DG Internal Market and Services Working Paper, First Evaluation of Directive 96/9/EC on the Legal Protection of Databases*, at § 1.4, Brussels, 12 December 2005. http://ec.europa.eu/internal_market/copyright/docs/databases.evaluation_report_en.pdf（アクセス不可）。
43. 同上、§4.2.1。
44. 上記 Figure 7 参照。
45. http://projects.latimes.com/value-added/faq/#database_grades（2015 年 8 月 10 日アクセス）。

結論　コピーと創造性

1. 下記参照。Dennis Dutt, *The Art Instinct: Beauty, Pleasure and Human Evolution* (Bloomsbury Press, 2009).
2. Douglas G. Lichtman, "The Economics of Innovation: Protecting Unpatentable Goods," *Minnesota Law Review* 81.3 (1997): 693.
3. 独占の特質は様々だ。例えば著作権法下では、誰かが独自にまったく同じ作品を作った場合、彼らは最初の作品を「コピー」したのではなく、法を破ったことにはならない。知らないうちに（そしてコピーすることなく）同じものや方法を発明した第二の発明者は、最初の発明者の特許を侵害することなく、それを商業的に使用することはできない。
4. 例えば、Robert Levine, *Free Ride: How Digital Parasites Are Destroying the Culture Business, and How the Culture Business Can Fight Back* (Doubleday, 2011).
5. これは私たちの知的財産法に対して深刻な批判がないということではない。こういった批判のなかで最も優れたものとして下記参照。Jamie Boyle, *The Public Domain: Enclosing the Commons of the Mind* (Yale, 2008); Neil Netanel, *Copyright's Paradox* (Oxford, 2008); Larry Lessig, *Free Culture: The Nature and Future of Creativity* (Penguin, 2004)〔邦訳　ローレンス・レッシグ『Free Culture』山形浩生・守岡桜訳、翔泳社、2004 年〕。
6. この仮説で提示されているのは、経済学者が正の外部性、負の外部性と呼んでいるものだ。*The New Palgrave Dictionary of Economics* (Palgrave Macmillan, 2008) は外部性を「消費、あるいは生産活動の間接的影響、すなわち価格制度を通じて機能しないような活動の創始者以外の代理人への影響」と定義している。コピーと外部性との相互作用は興味深い。2 軒目のカフェは 1 軒目のカフェが一度に対応可能な以上の仕事がある場合には、客は 2 軒目のカフェに「溢れ出す」ことで、1 軒目から肯定的な外部性を受けるかもしれない。そ

して両方のカフェの新しいファンは、この通りが目的地に変わることで最初の2軒のプラスの外部性を受ける。しかし、1軒目のカフェのオーナーはある特定の顧客に関して、2軒目のオーナーが彼を打ち負かすことでマイナスの外部性を受ける。もちろん顧客は以前より多くの選択肢を得て、最終的に競争がもたらす高品質と低価格によって総合的な勝者となる。

7. *The Sopranos*, "46 Long" (1999).

8. カプチーノは誰のものかというポーリーの考え方は極端だが、今日の知的財産をめぐる考えでは現に現実的な問題だ。通常それは「伝統的知識」、あるいは「文化的遺産」と分類される。一般論については下記参照。Steven Munzer and Kal Raustiala, "The Uneasy Case for Intellectual Property Rights in Traditional Knowledge," *Cardozo Arts & Entertainment Law Journal* 27.1 (2009): 37; Kristen A. Carpenter, Sonia K. Katyal, and Angela R. Riley, "In Defense of Property," *Yale Law Journal* 118.6 (2009): 1022; Susan Scafidi, *Who Owns Culture: Authenticity and Appropriation in American Law* (Rutgers, 2005); Michael Brown, *Who Owns Native Culture?* (Harvard, 2004).

9. *In re Morton-Norwich Products, Inc.*, 671 F.2d 1332 (C.C.P.A. 1982).

10. Congressional Budget Office, *Research and Development in the Pharmaceutical Industry* (October 2006), 2.

11. Brooks Barnes, "'Avatar' Is No. 1 but without a Record," *New York Times*, December 20, 2009.

12. Hearings before the Subcommittee on Courts, Civil Liberties, and the Administration of Justice on Home Recording of Copyrighted Works, April 12, 1982.

13. 注目すべき例外として下記参照。Paul Nystrom, *Economics of Fashion* (Ronald Press, 1928); Paul M. Gregory, "An Economic Interpretation of Women's Fashions," *Southern Economic Journal* 14.2 (1947): 148; Wolfgang Pesendorfer, "Design Innovation and Fashion Cycles," *American Economic Review* 85.4 (1995): 771; Jonathan Barnett, "Shopping for Gucci on Canal Street: Reflections on Status Consumption, Intellectual Property and the Incentive Thesis," *Virginia Law Review* 91.6 (2005): 1381; Kal Raustiala and Christopher Sprigman, "The Piracy Paradox: Innovation and Intellectual Property in Fashion Design," *Virginia Law Review* 92.8 (2006): 1687; C. Scott Hemphill and Jeannie Suk, "The Law, Culture, and Economics of Fashion," *Stanford Law Review* 61.5 (2009): 1147.

14. Hemphill と Suk がこれらの便利な言葉を、*Stanford Law Review* の論文で作り出している。これら二つには社会階級的側面もあり、過去にはこれがずっとあからさまだったが、彼らはもちろん単に異なるタイプとして扱っている。偉大なフランスの歴史家フェルナン・ブローデルは「世界で最も低級な男が着ているのを見ることほど、高貴な人に金ピカの衣装を軽蔑させるものはない。[…] だから上流階級は新しい「金ピカの衣装」を発明する必要があるのだ」と述べた18世紀初頭のパリにおけるシチリア人貴族の話を引用している。下記参照。Pesendorfer, "Design Innovation and Fashion Cycles," 771-72.

15. 転換点の認識は Malcolm Gladwell, *The Tipping Point: How Little Things Can Make a Big Difference* (Back Bay Books, 2002)〔邦訳　マルコム・グラッドウェル『ティッピング・ポイント——いかにして「小さな変化」が「大きな変化」を生み出すか』高橋啓訳、飛鳥新社、2000年〕の主題である。

16. Emmanuelle Fauchart and Eric von Hippel, “Norms-based Intellectual Property Systems: The Case of French Chefs,” *Organization Science* 19.2 (2008): 187.

17. Robert Ellickson, *Order without Law: How Neighbors Settle Disputes* (Harvard, 1994); Eric Posner, *Law and Social Norms* (Harvard, 2002)〔邦訳　エリク・ポズナー『法と社会規範——制度と文化の経済分析』太田勝造監訳、藤岡大助ほか訳、木鐸社、2002 年〕; Lisa Bernstein, “Opting Out of the Legal System: Extralegal Contractual Relations in the Diamond Industry,” *Journal of Legal Studies* 21.1 (1992): 115.

18. 口頭弁論、*Two Pesos, Inc.*, 505 U.S. 763, 1992 WL 687823 *16（スカリア判事の話。強調は引用者）。

19. “Having a Ball: What’s Working in Music,” *The Economist*, October 7, 2010.

20. Zoe Heller, “Mick without Moss,” *New York Times*, December 3, 2010.

21. 同上での引用。

22. Marie Connolly and Alan B. Krueger, “Rockonomics: The Economics of Popular Music,” in *Handbook of the Economics of Art and Culture*, Victor Ginsburg and David Throsby, eds. (Elsevier, 2006), 670; “Music Industry Decides that All the World’s a Stage,” *The Independent*, January 3, 2009.

23. Connolly and Krueger, “Rockonomics,” 673.

24. Jon Pareles, “David Bowie, 21st Century Entrepreneur,” *New York Times*, June 9, 2002.

25. Sasha Frere Jones, “Critic’s Notebook: Pay Scale,” *The New Yorker*, March 23, 2009, 9.

26. Daniel H. Pink, *Drive: The Surprising Truth about What Motivates Us* (Penguin, 2009), 15-16〔邦訳　ダニエル・ピンク『モチベーション 3.0 ——持続する「やる気！」をいかに引き出すか』大前研一訳、講談社、2010 年〕。

27. オープンソースについてさらに知るには下記を参照。Yochai Benkler, *The Penguin and the Leviathan: How Cooperation Triumphs over Self-Interest* (Random House, 2011)〔邦訳　ヨハイ・ベンクラー『協力がつくる社会——ペンギンとリヴァイアサン』山形浩生訳、NTT 出版、2013 年〕; Steven Weber, *The Success of Open Source* (Harvard, 2005)〔邦訳　スティーブン・ウェバー『オープンソースの成功——政治学者が分析するコミュニティの可能性』山形浩生・守岡桜訳、毎日コミュニケーションズ、2007 年〕; Eric S. Raymond, *The Cathedral and the Bazaar: Musings on Linux and Open Source by an Accidental Revolutionary* (O’Reilly Media, 2001)〔邦訳　E. S. Raymond『伽藍とバザール』山形浩生訳、http://cruel.org/freeware/cathedral.html〕。

28. Richard Rothwell, “Creating Wealth with Free Software,” *Free Software Magazine* (August 2008), http://www.freesoftwaremagazine.com/community_posts/creating_wealth_free_software# (2015 年 8 月 10 日アクセス)。また下記の議論も参照。Chris Anderson, *Free* (Hyperion, 2009), chapter 7〔邦訳　クリス・アンダーソン『フリー——〈無料〉からお金を生みだす新戦略』小林弘人監修、高橋則明訳、NHK 出版、2009 年〕。

29. Nicholas Dawidoff, “Rex Ryan: Bringing it Big,” *New York Times*, September 8, 2010.

30. Ferran Adria et al., “Statement on the ‘New Cookery,’” *The Guardian*, December 9, 2006.

31. Eric Wilson, “Before Models Can Turn Around, Knockoffs Fly,” *New York Times*, September 4, 2007。この主張の初期のバージョンについては下記参照。Paul Nystrom, *Economics of Fashion* (Ronald Press,1928).

32. Hemphill and Suk, “The Law,” 24.

33. 議会は商標裁判に 1881 年商標法の制定によって対応している。議会はそれを州間通商を規制する憲法の通商条項における権限に基づいて行った。その法律制定は後に合憲性審査を通過している .

34. Levine, *Free Ride*.

35. Michele Boldrin and David K. Levine, *Against Intellectual Monopoly* (Cambridge, 2008)〔邦訳 ミケーレ・ボルドリン、デイヴィッド・K・レヴァイン『〈反〉知的独占――特許と著作権の経済学』山形浩生、守岡桜訳、NTT 出版、2010 年〕。

36. 楽観主義バイアスの存在を示す研究は数百とは言わないまでも存在する。Russell Korobkin and Thomas Ulen, "Law and Behavioral Science: Removing the Rationality Assumption from Law and Economics," *California Law Review* 88.4 (2000): 1091; Neil Weinstein, "Unrealistic Optimism about Future Life Events," *Journal of Personality and Social Psychology* 39.5 (1980): 806.

37. Christopher J. Buccafusco and Christopher J. Sprigman, "Valuing Intellectual Property: An Experiment," *Cornell Law Review* 96.1 (2010): 1.

38. 参加者は賞を勝ち取る機会を売るだけで、詩そのものを売るわけではないと告げられる――この仕組みを採用するために実験では、知財取引を具現化して、例えば経済学者が「非競争的」財産と呼ぶところの詩の作者は、詩を利用する機会（例えば出版するとか）を売ることはできても詩を完全に処分することはできないとする。例えばマグカップのようなものはこれとは対照的な「競争的」財産である。後者は、それを売った者は譲渡したその物に対するあらゆるアクセスができなくなる――誰かにそのマグを売ると二度とそれを使って飲めなくなってしまう。

39. これらの試みは、経験的に成果の進展を示すものではないが、ものに対する事前評価を上げる。しかし同じことが特許、あるいは特許の誘因基準についてもおおむねあてはまる。それらはともにかけられた期待が大きいほど、イノベーションがもたらすものより大きくなるという考えに基づいている。潜在的により重要な警告は、企業は制度的に楽観バイアスを減らすために構築されており、イノベーションについては合理的かつ理性的な評価を念頭においているということだ。個人がこれに関して企業とどのくらい違うかはこれらの試みでは対応できない興味深い問題である。

40. Sherwin Rosen, "The Economics of Superstars," 71.5 *American Economic Review* (1981): 845; Robert H. Frank and Philip J. Cook, *The Winner Take All Society* (Free Press, 1995)〔邦訳 ロバート・H・フランク、フィリップ・J・クック『ウィナー・テイク・オール――「ひとり勝ち」社会の到来』香西泰訳、日本経済新聞社、1998 年〕。

41. Doug Lichtman et al., "Strategic Disclosure in the Patent System," *Vanderbilt Law Review* 53.6 (2000): 2200. 2 番めか 3 番めの到達者の努力が無駄かどうかは難しい問題で、なぜならこれらの努力には有益な余剰効果があるかもしれないからだ。しかし根本的な問題は残る。

42. Jonathan Barnett et al., "The Fashion Lottery: Cooperative Innovation in Stochastic Markets," *Journal of Legal Studies* 39.1 (2010): 159.

43. Buccafusco and Sprigman, "Valuing Intellectual Property," 7. 楽観バイアスとトーナメント効果という相殺力に対する反相殺力として、損失回避がここでもある役割を果たしているかもしれない。一般的に様々な心理学的バイアスが明確だと主張しているのではなく、単に創作者に創作動機を過大評価させるような、場合によっては重要な力が働いていると考

えるに足る理由が存在すると指摘したいだけだ。

44. これらには若干異なる含意があるが、オープンなイノベーション・システムへの信頼を共有している。そこでは多くの通常は正式には関係のない参加者が関係している。クラウド・ソーシングについては下記参照。James Surowiecki, *The Wisdom of Crowds* (Anchor, 2005)〔邦訳　ジェームズ・スロウィッキー『「みんなの意見」は案外正しい』小高尚子訳、角川文庫、2009年〕。

45. https://buy.louisck.net/statement（2015年8月10日アクセス）。

エピローグ　音楽の未来

1. Greg Kot, Ripped: *How the Wireless Generation Revolutionized Music* (Scribner, 2009); Steve Knopper, *Appetite for Self-Destruction: The Spectacular Crash of the Record Industry in the Digital Age* (Free Press, 2009); Donald Passman, *All You Need to Know about the Music Business* (7th ed., Free Press, 2009); M. William Krasilovsky et al., *This Business of Music: Definitive Guide to the Music Industry* (10th ed., Billboard Books, 2007).

2. Recording Industry of America, http://www.riaa.com（2015年8月10日アクセス）。

3. "Napster: A Cool Billion," *The Economist*, February 22, 2001.

4. 実際、レコード・レーベルの反海賊行為キャンペーンがファイル共有技術のイノベーションを引き起こし、その後の反海賊行為キャンペーンの効果を小さくしたようだ。産業がナップスターと和解していれば、これらの進歩は起きていたかもしれないが、それはそれほど急速なものでなく、普通のユーザーにはあまり感じられないものだったかもしれない。

5. Box Office Mojo の国内発売数による統計。http://boxofficemojo.com/yearly/?view2=domestic&view=releasedate&p=.htm（2015年8月10日アクセス）。

6. Zoe Heller, "Mick without Moss," *New York Times*, December 3, 2010. 宣伝用アルバムについては「結論」の章のフレール＝ジョーンズを参照のこと。マドンナについては下記参照。Sean Michaels, "Madonna Records Biggest Second-week Sales Drop in US Chart History," *The Guardian*, http://www.guardian.co.uk/music/2012/apr/11/madonna-second-week-sales-drop（2015年8月10日アクセス）。

7. Jon Caramanica, "For Some, Free Music Is an Investment that Pays Off," *New York Times*, November 18, 2011.

8. Josh Tyrangiel, "Radiohead Says: Pay What You Want," *Time Magazine*, October 1, 2007, http://www.time.com/time/arts/article/0,8599,1666973,00.html（2015年8月10日アクセス）。

9. Mark F. Schultz, "Fear and Norms and Rock & Roll: What Jambands Can Teach Us about Persuading People to Obey Copyright Law," *Berkeley Technology Law Journal* 21.2 (2006): 651.

10. Schultz, "Fear and Norms," 680–81.

11. Ryan Singel, "Netflix Beat BitTorrent's Bandwidth," *Wired*, May 17, 2011, http://www.wired.com/epicenter/2011/05/netflix-traffic/（2015年8月10日アクセス）。

12. Glenn Peoples, "Spotify Has 250,000 U.S. Subscribers," *Billboard*, October 14, 2011, http://www.billboard.biz/bbbiz/industry/digital-and-mobile/spotify-has-250-000-u-ssubscribers-report-1005411992.story（2015年8月10日アクセス）。

著者略歴

(Kal Raustiala)

カリフォルニア大学ロサンゼルス校（UCLA）法律学教授．デューク大学を卒業後，ハーヴァード・ロー・スクールで法務博士号（J.D.）を，カリフォルニア大学サンディエゴ校で政治学の博士号（Ph.D.）を取得．専門分野は国際法，国際関係，知的財産．著書 "NGOs in International Treaty-Making," in *The Oxford Guide to Treaties*（Oxford University Press, 2012）; *Does the Constitution Follow the Flag?: The Evolution of Territoriality in American Law*（Oxford University Press, 2009）.

(Christopher Sprigman)

ニューヨーク大学法学部教授．ペンシルヴェニア大学を卒業後，シカゴ大学ロー・スクールで法務博士号（J.D.）を取得．専門分野はコピーライト，知的財産，法と経済学，特許，商標．

訳者略歴

山形浩生〈やまがた・ひろお〉1964年東京生まれ．東京大学都市工学科修士課程およびMIT不動産センター修士課程修了．大手調査会社に勤務，途上国援助業務のかたわら，翻訳および各種の雑文書きに手を染める．著書『第三の産業革命　経済と労働の変化』（角川インターネット講座10，2015）ほか．訳書 ピケティ『21世紀の資本』（みすず書房，2014）メネズ『無敵の天才たち』（翔泳社，2014）ほか．

森本正史〈もりもと・まさふみ〉翻訳家．訳書 ピケティ『21世紀の資本』（みすず書房，2014）ケンリック『野蛮な進化心理学』（白揚社，2014）ほか．

解説者略歴

山田奨治〈やまだ・しょうじ〉国際日本文化研究センター教授．専門分野は情報学，文化交流史．著書『日本の著作権はなぜこんなに厳しいのか』（人文書院，2011）『コモンズと文化』（東京堂出版，2010）『〈海賊版〉の思想』（みすず書房，2007）ほか．

カル・ラウスティアラ／クリストファー・スプリグマン

パクリ経済

コピーはイノベーションを刺激する

山形浩生・森本正史訳
山田奨治解題

2015年11月13日　印刷
2015年11月25日　発行

発行所 株式会社 みすず書房
〒113-0033 東京都文京区本郷5丁目32-21
電話 03-3814-0131(営業) 03-3815-9181(編集)
http://www.msz.co.jp

本文組版 キャップス
印刷所 萩原印刷
製本所 誠製本

ISBN 978-4-622-07940-8
[パクリけいざい]